D1728396

John le Carré

Federball

Roman

Aus dem Englischen
von Peter Torberg

Büchergilde Gutenberg

Die Originalausgabe erschien 2019
unter dem Titel *Agent Running in the Field*
bei Viking, einem Imprint von
Penguin Random House UK, London

Lizenzausgabe für die Mitglieder
der Büchergilde Gutenberg Verlagsges. mbH,
Frankfurt am Main, Zürich, Wien
www.buechergilde.de
Mit freundlicher Genehmigung
der Ullstein Buchverlage GmbH, Berlin

Umschlaggestaltung: Joe Villion, Berlin
Gesetzt aus der Quadraat Pro
Satz: LVD GmbH, Berlin
Druck und Bindearbeiten: CPI books GmbH, Leck
Printed in Germany
ISBN 978-3-7632-7181-8

Für Jane – dies ist ihr Buch

1.

Unsere Begegnung war nicht arrangiert worden. Weder von mir noch von Ed noch von einem der unsichtbaren Mitspieler, nach deren Pfeife Ed angeblich tanzte. Man hatte mich nicht ins Visier genommen. Ed war nicht angestiftet worden. Wir wurden weder heimlich noch offen observiert. Er forderte mich sportlich heraus. Ich nahm die Herausforderung an. Wir spielten gegeneinander. Es bestand kein Plan, keine Verschwörung, keine Absprache mit irgendjemandem. Es gibt Ereignisse in meinem Leben – nur wenige dieser Tage, zugegeben –, die nur Raum für eine einzige Version lassen. Unsere Begegnung ist von dieser Sorte. Und was ich darüber sage, hat sich bei all den Gelegenheiten, bei denen ich mich wiederholen musste, nicht verändert.

Es ist Samstagabend. Ich sitze im Athleticus Club in Battersea (ich bin hier Vereinsvorsitzender, ein im Grunde bedeutungsloser Titel) auf einem gepolsterten Liegestuhl. Der Vereinsraum ist riesig und hat eine hohe Balkendecke, er ist Teil einer umgebauten Brauerei, mit einem Swimmingpool am einen Ende, einer Bar am anderen und einem Gang dazwischen, der zu den getrennten Umkleideräumen und den Duschen führt.

Ich sitze mit dem Rücken zur Bar und schaue in Richtung Pool. Hinter der Bar liegt der Zugang zum Vereinsraum, davor der Eingangsbereich, davor wiederum die Tür zur Straße. Ich war also nicht in der Lage, zu sehen, wer den Raum betrat oder wer sich davor herumtrieb, die Ankündigungen studierte, ein Spielfeld buchte oder seinen Namen auf die Turnierliste setzte. Um die Bar herum herrscht lebhaftes Treiben. Junge Frauen und ihre Verehrer planschen im Pool und plaudern.

Ich trage meine Badmintonbekleidung: Shorts, Sweatshirt und ein neues Paar knöchelschonender Sportschuhe. Die habe ich mir im Kampf gegen leichte Schmerzen im linken Knöchel gekauft, die mich seit einer Wanderung durch die estnischen Wälder im Monat zuvor plagen. Nach mehreren ausgedehnten, unmittelbar aufeinanderfolgenden Einsätzen im Ausland genieße ich eine wohlverdiente Auszeit in der Heimat. Über meinem Berufsleben liegt ein Schatten, den ich zu verdrängen versuche, so gut es geht. Ich rechne damit, am Montag rausgeworfen zu werden. Nun, dann soll es so sein, versuche ich mir einzureden. Ich werde siebenundvierzig, ich hatte eine gute Zeit, so lauteten die Bedingungen von Anfang an, also hör schon auf zu jammern.

Umso tröstlicher zu wissen, dass ich trotz meines fortgeschrittenen Alters und eines lästigen Knöchels weiterhin allein regierender Vereinsmeister bin, nachdem ich erst am vergangenen Samstag den Einzeltitel gegen einen talentierten jüngeren Gegner verteidigt habe. Die Einzeltitel werden gemeinhin als exklusives Vorrecht energiegeladener Spieler in ihren Zwanzigern angesehen, doch bislang habe ich mich behaupten können. Heute habe ich mich der Vereinstradition gemäß als neu gekrönter Meister in einem Freundschaftsmatch mit dem Champion unseres gegnerischen Vereins auf der anderen Seite des Flusses in Chelsea gemessen und mich gegen ihn durchgesetzt. Und nun sitzt dieser ehrgeizige und faire junge Rechtsanwalt aus Indien im Nachglanz unseres Kampfes mit einem Glas Bier in der Hand neben mir. Bis zu den letzten Aufschlägen stand ich ziemlich unter Druck, doch dann wendete sich dank meiner Erfahrung und ein wenig Glücks das Blatt doch noch zu meinen Gunsten. Vielleicht erklären diese Umstände, warum ich in dem Augenblick, als Ed mich herausforderte, Nachsicht walten ließ und ich den – wenn auch nur flüchtigen – Eindruck hatte, dass es ein Leben nach dem Rauswurf gab.

Mein geschlagener Gegner und ich unterhalten uns freundlich. Es ging – ich erinnere mich daran, als sei es gestern gewesen – um unsere Väter. Beide waren sie begeisterte Badmintonspieler gewesen, wie sich herausstellte. Seiner war Zweiter bei den indischen Meisterschaften geworden, meiner durfte sich eine glückliche Saison lang Meister der Britischen Armee in Singapur nennen. Während wir in beschwingter Stimmung Anekdoten austauschen, bemerke ich Alice, unsere karibische Empfangsdame und Buchhalterin, wie sie in Begleitung eines sehr großen und noch recht schlaksigen jungen Mannes auf mich zukommt. Alice ist sechzig, hat ihre Launen, ist korpulent und stets leicht außer Atem. Wir beide gehören dem Verein am längsten an, ich als Spieler, sie als Mädchen für alles. Wo immer ich auch auf der Welt im Einsatz war, haben wir es kein einziges Jahr versäumt, uns gegenseitig Weihnachtskarten zu schicken. Meine waren gewagt, ihre religiös. Wenn ich sage, dass die beiden auf mich zukommen, dann meine ich damit, dass sie sich erst von hinten nähern müssen, um sich dann umzudrehen, was sie lustigerweise synchron tun.

»Mister Sir Nat, Sir«, verkündet Alice mit feierlicher Miene. Meist bin ich Lord Nat für sie, doch heute Abend gehe ich nur als gewöhnlicher Ritter durch. »Dieser attraktive und höfliche junge Mann möchte gerne *ganz persönlich* mit Ihnen reden. Er wollte Sie im Augenblick Ihres Triumphs nur nicht *stören*. Das ist *Ed*. Ed, darf ich Ihnen *Nat* vorstellen.«

In meiner Erinnerung steht Ed, dieser über eins neunzig große, schlaksige junge Mann mit Brille, der eine gewisse Einsamkeit ausstrahlt, eine ganze Weile peinlich berührt lächelnd ein paar Schritte hinter Alice. Ich weiß noch, wie ihn zwei konkurrierende Lichtquellen trafen: die orange Lichtleiste von der Bar, die ihm einen himmlischen Glanz verleiht, und hinter ihm die Deckenstrahler des Swimmingpools, die ihn in eine übergroße Silhouette gießen.

Er tritt vor und seine Konturen werden scharf. Ein großer, unbeholfener Schritt, linker Fuß, rechter Fuß, Halt. Alice macht sich davon. Ich warte, dass er etwas sagt. Setze ein geduldiges Lächeln auf. Mindestens eins fünfundneunzig, dunkle, verwuschelte Haare, große braune wissbegierige Augen, die durch die Brille etwas Ätherisches haben, und die Art von knielanger weißer Sporthose, wie man sie meist bei Jachtbesitzern oder Söhnen aus reichem Bostoner Hause findet. Um die fünfundzwanzig, aber mit diesen Zügen des ewigen Studenten, vielleicht auch etwas jünger oder älter.

»Sir?«, sagt er schließlich, wenn auch nicht sonderlich respektvoll.

»*Nat*, wenn es Ihnen nichts ausmacht«, korrigiere ich ihn mit einem weiteren Lächeln.

Er nimmt es in sich auf. Nat. Denkt darüber nach. Zieht seine Höckernase kraus.

»Also, ich heiße *Ed*«, sagt er, aus Rücksicht auf mich Alice' Auskunft wiederholend. In dem England, in das ich erst kürzlich zurückgekehrt bin, hat niemand mehr einen Nachnamen.

»Nun, hallo, *Ed*«, erwidere ich fröhlich. »Was kann ich für Sie tun?«

Wieder eine Pause, in der er nachdenkt. Dann platzt er damit heraus:

»Ich möchte gegen Sie spielen, okay? Sie sind der Meister. Das

Problem ist nur, ich bin dem Verein gerade erst beigetreten. Letzte Woche. Ja. Ich habe meinen Namen eingetragen und all das, aber der Rangliste nach dauert das verfluchte *Monate*« – und die Wörter befreien sich aus ihrer Gefangenschaft. Dann gibt es wieder eine Pause, er schaut uns beide an, erst meinen freundlichen Gegner, dann wieder mich.

»*Hören Sie*«, fährt Ed fort, versucht, mich zu überzeugen, dabei habe ich nicht mal widersprochen. »Ich kenne mich mit den Regeln hier nicht aus, okay?« – die Stimme hebt sich vor Entrüstung. »Kann ich ja nichts dafür. Also habe ich Alice gefragt. Und *sie* meinte, fragen Sie ihn doch selbst, er beißt nicht. Also frage ich Sie.« Und für den Fall, dass es weiterer Erklärungen bedarf: »Ich hab Sie spielen sehen, okay? Und ich hab schon ein paar Leute geschlagen, die Sie auch geschlagen haben. Und ein oder zwei, die *Sie* geschlagen haben. Ich bin mir ziemlich sicher, wir könnten uns einen Kampf liefern. Einen ordentlichen. Ja. Einen *ziemlich* ordentlichen, ehrlich gesagt.«

Und die Stimme an sich, von der ich nun eine recht gute Probe erhalten habe? Bei dem altehrwürdigen britischen Brauch, unsere Landsleute aufgrund ihrer Sprechweise auf der sozialen Leiter einzuordnen, bin ich allerhöchstens ein schlechter Mitspieler, da ich zu lange im Ausland gewesen bin. Doch ich schätze, in den Ohren meiner Tochter Stephanie, einer eingeschworenen Gleichmacherin, dürfte Eds Aussprache als ganz okay durchgehen, soll heißen, es gibt keine direkten Hinweise auf eine Privatschulerziehung.

»Darf ich fragen, wo Sie spielen, Ed?«, möchte ich wissen, was unter uns Badmintonspielern eine Standardfrage ist.

»Überall. Wo immer ich einen passenden Gegner finden kann. Ja.« Und dann im Nachsatz: »Dann habe ich gehört, dass Sie hier Mitglied sind. In manchen Vereinen, da zahlt man und spielt dann. Hier nicht. Hier muss man erst Mitglied werden. Reiner Beschiss, meiner Meinung nach. Also bin ich Mitglied geworden. Kostet ein verfluchtes Vermögen, aber sei's drum.«

»Tut mir leid, dass Sie so viel haben blechen müssen, Ed«, erwidere ich freundlich und schiebe das unnötige ›Beschiss‹ auf seine Nervosität. »Aber wenn Sie gegen mich spielen wollen, dann geht das in Ordnung«, füge ich hinzu; mir fällt auf, dass die Gespräche an der Bar verstummen und sich die ersten Köpfe umdrehen. »Wir sollten mal einen Termin ausmachen. Ich freue mich darauf.«

Doch das reicht Ed noch nicht.

»Also, wann wäre es Ihnen denn recht, was meinen Sie? Jetzt mal ganz konkret. Nicht *irgendwann*«, sagt er unvermittelt und kassiert vereinzeltes Gelächter von der Bar, was ihn irritiert, wie ich seinem finsteren Blick entnehme.

»Nun, die nächsten ein, zwei Wochen klappt es nicht, Ed«, erwidere ich wahrheitsgemäß. »Ich habe mich um eine wichtige Angelegenheit zu kümmern. Einen lange überfälligen Urlaub mit der Familie, um genau zu sein«, füge ich hinzu, hoffe auf ein Lächeln, ernte aber nur einen starren Blick.

»Und wann sind Sie dann wieder zurück?«

»Samstag in einer Woche, wenn wir uns nichts gebrochen haben. Wir gehen Ski fahren.«

»Wo denn?«

»In Frankreich. Bei Megève. Fahren Sie auch Ski?«

»Hab ich schon mal gemacht. In Bayern allerdings. Wie wär's mit dem Sonntag danach?«

»Ich fürchte, es geht nur unter der Woche, Ed«, erwidere ich fest, denn die Familienwochenenden sind, nun da Prue und ich sie frei gestalten können, unantastbar; heute ist eine seltene Ausnahme.

»Also unter der Woche, ab dem Montag in einer Woche, richtig? Welcher Tag? Suchen Sie sich einen aus. Ihre Wahl. Mir ist es gleich.«

»Ein *Montag* würde mir wahrscheinlich am besten passen«, schlage ich vor, denn an den Montagabenden bietet Prue ihre wöchentliche *Pro-bono*-Rechtsberatung an.

»Also Montag, in vierzehn Tagen. 18 Uhr? 19? Wann?«

»Nun, sagen Sie mir, was Ihnen am besten passt«, meine ich. »Meine Pläne hängen da noch ein wenig in der Luft« – ich könnte zum Beispiel auch bis dahin schon draußen auf der Straße sitzen.

»Manchmal werde ich montags länger festgehalten«, sagt Ed, und es klingt wie ein Vorwurf. »Wie wär's mit 20 Uhr? Passt Ihnen 20 Uhr?«

»20 Uhr passt mir bestens.«

»Court eins, okay, wenn ich ihn kriege? Alice meint, sie geben die Felder nicht gern für Einzel her, aber bei Ihnen ist das was anderes.«

»Jedes Spielfeld ist mir recht, Ed«, versichere ich ihm unter noch lauterem Gelächter und verhaltenem Applaus von der Bar, wohl als Anerkennung für seine Hartnäckigkeit.

Wir tauschen Handynummern aus, was mich immer in Verlegenheit bringt. Ich gebe ihm meine Privatnummer und schlage vor, dass er mir eine SMS schickt, falls etwas dazwischenkommt. Er bittet mich ebenfalls darum.

»Und hey, Nat?« – mit plötzlich erheblich sanfterer Stimme.

»Was denn?«

»Haben Sie nur ja einen wirklich guten Familienurlaub, okay?« Und für den Fall, dass ich es mir nicht gemerkt habe: »Also Montag in zwei Wochen. 20 Uhr. Hier.«

Alle lachen oder klatschen, Ed macht sich mit der Andeutung eines Winkens mit dem ganzen rechten Arm in Richtung Umkleide davon.

»Kennt jemand ihn?«, frage ich.

Kopfschütteln. Tut uns leid, Mann.

»Hat ihn schon mal jemand spielen sehen?«

Leider wieder nein.

Ich begleite meinen gegnerischen Besucher in den Eingangsbereich und stecke auf dem Weg zurück zur Umkleide meinen Kopf durch die Tür der Verwaltung. Alice ist in ihren Computer vertieft.

»Ed, und wie weiter?«, frage ich sie.

»Shannon«, antwortet sie, ohne den Kopf zu heben. »Edward Stanley. Einzelmitgliedschaft. Einzugsermächtigung, Anwohner.«

»Beruf?«

»Mr Shannon ist *Rechercheur* von Beruf. Wen er recherchiert, hat er nicht gesagt. Was er recherchiert, hat er nicht gesagt.«

»Anschrift?«

»Hoxton, gehört zu Hackney. Da, wo meine zwei Schwestern wohnen und meine Cousine Amy.«

»Alter?«

»Mr Shannon ist *nicht* berechtigt für eine Juniormitgliedschaft. Um wie viel er nicht berechtigt ist, hat er nicht gesagt. Ich weiß nur, das ist ein ziemlich unersättlicher Kerl, radelt quer durch ganz London, nur um den Meister des Südens herauszufordern. Er hat von Ihnen gehört, jetzt ist er gekommen, um Sie zu kriegen, so sicher, wie David Goliath gekriegt hat.«

»Hat er das *so* gesagt?«

»Was er nicht gesagt hat, habe ich in meinem eigenen Kopf vermutet. Sie sind schon zu lange der Meister hier für Ihr Alter, Nat, genau wie Goliath. Wollen Sie etwas über seine Eltern wissen? Wie hoch die Hypothek? Wie lange im Gefängnis?«

»Gute Nacht, Alice. Und danke.«

»Ich wünsche Ihnen auch eine gute Nacht, Nat. Und richten

Sie Ihrer Prue liebe Grüße aus. Und machen Sie sich keine Sorgen wegen dem jungen Mann. Sie werden ihn schon aus dem Weg räumen, genau wie all die anderen Grünschnäbel.«

2.

Würde es sich hier um einen offiziellen Bericht zu seiner Klar-identität handeln, dann würde ich mit Eds vollem Namen anfangen, seinen Eltern, dem Geburtsdatum und -ort, Beruf, seiner Religionszugehörigkeit, ethnischen Herkunft, sexuellen Orientierung und mit all den anderen wichtigen Daten, die in Alice' Computer fehlen. So aber fange ich mit meinen eigenen an.

Ich wurde auf den Namen Anatoly getauft, der später zu Nathaniel anglisiert und dann zu Nat verkürzt wurde. Ich bin eins achtundsiebzig, glatt rasiert, habe buschiges, immer grauer werdendes Haar, bin verheiratet mit Prudence, Partnerin in einer alteingesessenen, tendenziell barmherzigen Anwaltskanzlei in der City of London für Rechtsfragen allgemeiner, vor allem aber kostenloser Art.

Ich bin schlank gebaut, Prue sagt lieber *drahtig* dazu. Ich liebe jede Art von Sport. Neben Badminton jogge ich, ich laufe und trainiere einmal in der Woche in einer Sporthalle, zu der die Öffentlichkeit keinen Zutritt hat. Ich verfüge über einen *rauen Charme* und die *offene Persönlichkeit eines Mannes von Welt*. In Erscheinungsbild und Benehmen entspreche ich dem *Urbild des Briten* und bin *spontan in der Lage, eine flüssige und überzeugende Debatte zu führen*. Ich *passe mich den Umständen an* und habe keine *unüberwindlichen moralischen Skrupel.* Ich kann *aufbrausend* sein und bin *keineswegs gegen weiblichen Charme gefeit.* Ich bin *von Natur aus eher nicht für Schreibtischarbeit oder ein sesshaftes Leben geeignet,* was die Untertreibung des Jahrhunderts ist. Ich kann *halsstarrig* sein und *reagiere meiner Natur gemäß nicht auf Maßregelungen.* Das kann *so positiv wie negativ* sein.

Ich zitiere aus den jüngsten vertraulichen Berichten meines Arbeitgebers zu meinen Leistungen und meiner allgemeinen Einstellung in den vergangenen fünfundzwanzig Jahren. Sie möchten sicherlich auch gern wissen, dass man im Ernstfall darauf *vertrauen kann,* dass ich die *nötige Abgebrühtheit* zeige, doch ist nicht angegeben, wer darauf vertraut und in welchem Umfang. Im Gegensatz dazu habe ich *eine gewisse Leichtigkeit* an mir *und verfüge über eine freundliche Natur, die Vertrauen vermittelt.*

Nüchtern betrachtet bin ich britischer Staatsangehöriger gemischter Herkunft, ein in Paris geborenes Einzelkind; mein verstorbener Vater war zum Zeitpunkt meiner Zeugung ein mittelloser Major der Scots Guards, im Einsatz beim NATO-Hauptquartier in Fontainebleau, meine Mutter die Tochter eines unbedeutenden weißrussischen Adligen, der in Paris residierte. *Weißrussisch* soll heißen, dass es auf der Seite ihres Vaters einen ordentlichen Schuss deutsches Blut gab, was sie je nach Laune entweder betonte oder leugnete. Der Geschichte zufolge lernte sich das Paar bei einem Empfang kennen, der von den Überbleibseln der selbst ernannten russischen Exilregierung gegeben wurde, und zwar in der Zeit, als meine Mutter sich noch Kunststudentin nannte und mein Vater fast vierzig war. Am Morgen danach waren sie verlobt; zumindest erzählte es meine Mutter so, und angesichts ihrer Lebensumstände in anderen Bereichen habe ich kaum Grund, ihre Behauptung anzuzweifeln. Nach seinem Abschied vom Militär – zwangsweise und schleunigst umgesetzt, da mein Vater zu dem Zeitpunkt bereits eine Frau und weitere Verpflichtungen hatte –, bezogen die Frischvermählten im Pariser Vorort Neuilly ein hübsches weißes Haus, zur Verfügung gestellt von den Eltern meiner Mutter. Bald wurde ich dort geboren, was meine Mutter in die Lage versetzte, sich einem neuen Zeitvertreib zu widmen.

Für den Schluss habe ich mir Madame Galina aufgehoben, meine imposante, allwissende, geliebte Sprachlehrerin, Aufpasserin und de facto Gouvernante, angeblich eine enteignete Gräfin aus der Wolgaregion Russlands, die behauptete, mit den Romanows verwandt zu sein. Wie sie jemals in unseren zänkischen Haushalt geriet, bleibt mir schleierhaft; ich vermute allerdings, dass sie die abgelegte Geliebte eines Großonkels mütterlicherseits war, der nach der Flucht aus dem damaligen Leningrad ein neues Vermögen als Kunsthändler gemacht hatte und sein Leben fortan der Aufgabe widmete, schöne Frauen zu sammeln.

Madame Galina war mindestens fünfzig, als sie in unserem Haushalt auftauchte, sehr mollig, aber mit einem koketten Lächeln. Sie trug lange Kleider aus todschickem schwarzen Samt, fertigte ihre eigenen Hüte an und wohnte mit all ihrer weltlichen Habe in den beiden Mansardenzimmern: mit ihrem Grammophon, ihren Ikonen, einem stockfinsteren Gemälde der Jungfrau Maria, von dem sie behauptete, es sei von Leonardo da Vinci, und Schachteln über Schachteln voll alter Briefe und Fotografien von großelterlichen Prinzen und Prinzessinnen, umgeben von Hunden und Bediensteten im Schnee.

Neben meinem persönlichen Wohlergehen galt Madame Galinas große Leidenschaft den Sprachen, die sie in Mehrzahl beherrschte. Kaum hatte ich die Grundlagen der englischen Rechtschreibung durchdrungen, zwang sie mir schon die kyrillische Schrift auf. Unsere Gute-Nacht-Lektüre bestand aus einer einzigen Kindergeschichte, die sie mir jeden Abend in einer anderen Sprache vorlas. Bei den Treffen der rasch dahinschwindenden Pariser Gesellschaft aus weißrussischen Nachfahren und Exilanten aus der Sowjetunion trat ich als ihr polyglottes Vorzeigekind auf. Man sagt mir nach, ich spräche Russisch mit einem französischen Akzent, Französisch mit einem russischen Akzent und das wenige Deutsch, das ich beherrsche, mit einer Mischung aus beidem. Mein Englisch wiederum ist wohl oder übel das meines Vaters. Man behauptet, ich hätte seinen schottischen Tonfall, wenn nicht sogar das ihn begleitende alkoholisierte Getöse.

Als ich zwölf war, erkrankte mein Vater an Krebs und Melancholie, und mit Madame Galinas Hilfe kümmerte ich mich um seine letzten Bedürfnisse; meine Mutter war mit dem reichsten unter ihren Verehrern anderweitig beschäftigt, einem belgischen Waffenhändler, für den ich nichts übrighatte. Innerhalb des unangenehmen Dreiecks, das nach dem Tod meines Vaters entstand, wurde ich für überflüssig erachtet, also verfrachtete man mich nach Schottland. Während der Ferien war ich bei einer mürrischen Tante väterlicherseits in den Scottish Borders einquartiert und verbrachte die Schulzeit in einem spartanischen Internat in den Highlands. Trotz aller Bemühungen der Schule, mich in keinem Fach zu unterrichten, bei dem man in einem Klassenzimmer sitzen musste, wurde ich zu einer Universität in den industrialisierten englischen Midlands zugelassen, wo ich meine ersten zaghaften Schritte auf das weibliche Geschlecht zumachte und einen gerade mal mäßigen Abschluss in Slawistik zustande brachte.

Die letzten fünfundzwanzig Jahre über war ich aktiver Mitarbeiter beim Britischen Geheimdienst, von den Eingeweihten *die Behörde* genannt.

Noch heute erscheint es mir wie vorherbestimmt, dass ich bei der Geheimen Flagge angeheuert habe, denn ich kann mich nicht erinnern, je eine andere Karriere in Erwägung gezogen oder mir erträumt zu haben, außer vielleicht Badmintonspielen oder Wanderungen in den Cairngorms. In dem Augenblick, als mein Dozent an der Universität mich bei einem Glas warmen Weißweins schüchtern fragte, ob ich jemals darüber nachgedacht hätte, »ein wenig Geheimniskrämerei für mein Vaterland« zu betreiben, ging mir das Herz auf bei dieser Offenbarung. Meine Gedanken kehrten zurück in eine dunkle Wohnung in Saint-Germain, die Madame Galina und ich jeden Sonntag bis zum Tod meines Vaters aufgesucht hatten. Dort war ich zum ersten Mal ganz elektrisiert gewesen angesichts all der antibolschewistischen Verschwörung, die meine Halbcousins, Stiefonkel und spinnerten Großtanten umgab, wenn sie sich Nachrichten aus der Heimat zuflüsterten, in die die wenigsten von ihnen jemals einen Fuß gesetzt hatten; und wenn sie sich dann meiner Anwesenheit bewusst wurden, verpflichteten sie mich zur Geheimhaltung, unabhängig davon, ob ich das, was ich nicht hätte mit anhören dürfen, verstanden hatte oder nicht. Dort nahm auch meine Faszination für Mütterchen Russland ihren Anfang, dessen Blut ich teile, für seine Vielfalt, Unermesslichkeit und die unerforschlichen Sitten.

Ein unauffälliger Umschlag flattert durch meinen Briefschlitz und sein Inhalt informiert mich darüber, dass ich mich an einem Gebäude mit Säulengang in der Nähe des Buckingham Palace einfinden solle. Hinter einem Schreibtisch von der Größe eines Geschützturms thront ein Admiral der Royal Navy a. D. und fragt mich, welche Sportart ich betreibe. Badminton, antworte ich, und er ist sichtlich gerührt.

»Wissen Sie, dass ich gegen Ihren lieben Vater in Singapur Badminton gespielt habe und er mich vernichtend geschlagen hat?«

Nein, Sir, antworte ich, das hätte ich nicht gewusst, und frage mich, ob ich mich im Namen meines Vaters entschuldigen soll. Wir müssen auch noch über andere Dinge gesprochen haben, aber daran erinnere ich mich nicht mehr.

»Und wo liegt er *begraben*, der gute Kerl?«, fragt er, als ich aufstehe, um zu gehen.

»In Paris, Sir.«

»Ah, na dann. Alles Gute.«

Mir wird aufgetragen, mich mit einem Exemplar des *Spectator* von der vergangenen Woche am Bahnhof Bodmin Parkway einzufinden. Nachdem ich festgestellt habe, dass alle unverkauften Exemplare an den Grossisten zurückgegangen sind, stehle ich das Magazin aus einer örtlichen Bücherei. Ein Mann mit einem grünen Trilby fragt mich, wann der nächste Zug nach Camborne gehe. Ich erwidere, dass ich ihm leider nicht helfen könne, da ich auf dem Weg nach Didcot sei. Ich folge ihm in einiger Entfernung zum Parkplatz, wo ein weißer Van wartet. Nach drei Tagen voller rätselhafter Fragen und gestelzter Dinner, bei denen meine gesellschaftlichen Fähigkeiten und meine Trinkfestigkeit geprüft werden, ruft man mich vor den Ausschuss.

»*Also*, Nat«, spricht eine grauhaarige Dame, die in der Mitte am Tisch sitzt. »Nachdem wir die ganze Zeit Sie befragt haben – gibt es zur Abwechslung etwas, das Sie *uns* fragen wollen?«

»Nun, um ehrlich zu sein, *ja*«, erwidere ich, nachdem ich zunächst eine Miene ernsthaften Nachdenkens aufgesetzt habe. »Sie haben mich gefragt, ob Sie sich auf meine Loyalität verlassen könnten, aber kann ich mich denn auch auf *Ihre* verlassen?«

Sie lächelt, und gleich darauf tun es ihr alle am Tisch gleich: dieses traurige, listige, nach innen gerichtete Lächeln, die größte Anerkennung, die man beim Dienst jemals erhalten wird.

Schlagfertig. Latente Angriffslust vorhanden. Zur Aufnahme empfohlen.

In dem Monat, als ich die Grundkurse zu den dunklen Künsten abgeschlossen hatte, war mir auch das Glück beschieden, meine spätere Frau Prudence kennenzulernen. Unsere erste Begegnung war nicht vielversprechend. Nach dem Tod meines Vaters war ein ganzes Regiment an Leichen aus dem Familienkeller aufgetaucht. Halbbrüder und -schwestern, von denen ich noch nie gehört hatte, erhoben Ansprüche auf ein Vermögen, das von seinen schottischen Treuhändern schon fein säuberlich geplündert worden war. Ein Freund empfahl mir eine Kanzlei. Nachdem er sich meine Sorgen fünf Minuten lang angehört hatte, drückte der dortige Seniorpartner auf einen Knopf.

»Eine unserer besten jungen Anwältinnen«, versicherte er mir.

Die Tür ging auf, und eine Frau in meinem Alter kam hereinmarschiert. Sie trug ein schwarzes Kostüm von der Art, wie ihn der Advokatenstand klassischerweise bevorzugt, eine strenge Lehrerinnenbrille und schwere schwarze Militärstiefel an sehr kleinen Füßen. Wir gaben uns die Hand. Sie würdigte mich keines zweiten Blickes. Unter dem Knallen ihrer Stiefel führte sie mich in ein kleines Büro, auf der Milchglastür stand *Ms P. Stoneway LLB.*

Wir sitzen uns gegenüber, sie schiebt sich streng die kastanienbraunen Haare hinter die Ohren und zieht einen gelben Schreibblock aus einer Schublade.

»Und Sie sind von Beruf?«, will sie wissen.

»Mitglied des Auslandsgeheimdienstes«, antworte ich und werde aus irgendeinem unerfindlichen Grund rot.

Danach erinnere ich mich vor allem an ihren kerzengeraden Rücken, an das vorgereckte Kinn und einen Streifen aus Sonnenlicht, wie er über die kleinen Härchen an ihrer Wange tanzt, während ich ihr eine erbärmliche Einzelheit unserer Familiensaga nach der anderen vorlege.

»Darf ich Sie Nat nennen?«, fragt sie am Ende unserer ersten Beratung.

Sie darf.

»Ich werde *Prue* genannt«, sagt sie, dann legen wir ein Datum in vierzehn Tagen fest, an dem sie mir mit derselben teilnahmslosen Stimme die Ergebnisse ihrer Recherchen mitteilt:

»Ich muss Sie leider darüber informieren, Nat, selbst wenn Sie morgen über alle strittigen Vermögenswerte aus dem Besitz Ihres Vaters verfügen würden, wäre die Summe zu gering, um auch nur meine Beratungskosten zu bezahlen, geschweige denn, um alle Ansprüche gegen Sie zu regeln. *Allerdings*«, fährt sie fort, bevor ich Gelegenheit habe zu erklären, dass ich sie nicht weiter belästigen würde, »haben wir Partner dieser Kanzlei eine Regelung getroffen, nach der wir bedürftige Mandanten in lohnenden Fällen *pro bono* vertreten. Ich freue mich, Ihnen sagen zu können, dass Ihr Fall in diese Kategorie fällt.«

Sie möchte eine Woche später noch einen weiteren Beratungstermin ansetzen, doch muss ich den leider verschieben. Ein lettischer Agent soll in eine Nachrichtenaufklärungseinheit der Roten Armee in Weißrussland eingeschleust werden. Nach meiner Rückkehr nach Großbritannien rufe ich Prue an und lade sie zum Essen ein, doch werde ich barsch darauf hingewiesen, dass es zu den Regeln ihrer Kanzlei gehöre, rein professionelle Beziehungen zu Mandanten zu pflegen. Allerdings freut sie sich, mir sagen zu können, dass infolge der Vertretung meiner Interessen durch ihre Kanzlei alle Ansprüche an mich zurückgezogen worden seien. Ich bedanke mich herzlich bei ihr und frage sie, ob in diesem Falle nicht doch der Weg für sie frei sei, mit mir zu essen. Das ist er.

Wir gehen zu Bianchi. Prue trägt ein tief ausgeschnittenes Sommerkleid, ihre Haare stecken nicht mehr hinter den Ohren, und alle im Raum glotzen sie an. Mir wird schnell klar, dass ich mit meinen üblichen Sprüchen nicht weit kommen werde. Wir haben kaum den Hauptgang erreicht, als sie mir ein Referat über die Kluft zwischen Recht und Gerechtigkeit hält. Sobald der Kellner kommt, schnappt sie sich die Rechnung, teilt sie auf den Penny genau, rechnet zehn Prozent Trinkgeld hinzu und zieht das Bargeld aus ihrer Handtasche. Ich tue entrüstet, sage, dass mir noch nie eine derart unverfrorene Rechtschaffenheit untergekommen sei, und sie fällt vor Lachen fast vom Stuhl.

Sechs Monate später frage ich sie, nach vorheriger Zustimmung meines Arbeitgebers, ob sie in Erwägung ziehen würde, einen Spion zu heiraten. Das würde sie. Nun ist es am Dienst, sie zum Essen einzuladen. Zwei Wochen später teilt sie mir mit, dass sie beschlossen hat, ihre Karriere als Anwältin ruhen zu lassen und die Schulung des Büros für Ehepartner von Mitarbeitern, die in nächster Zeit in feindlicher Umgebung eingesetzt werden, zu absolvieren. Ich müsse wissen, sagt sie, dass sie die Entscheidung aus eigenem Willen getroffen habe, nicht aus Liebe zu mir. Sie sei hin- und hergerissen gewesen, habe sich aber von ihrem Pflichtgefühl dem Land gegenüber überzeugen lassen.

Sie schließt die Schulung mit fliegenden Fahnen ab. Eine Woche später werde ich als Zweiter Sekretär (Wirtschaft) an die Britische Botschaft in Moskau versetzt, begleitet von meiner Frau Prudence. Letztlich war Moskau der einzige Posten, an dem wir gemeinsam waren. Die Gründe dafür gereichen Prue nicht zur Schande. Dazu komme ich aber später noch einmal.

Zwei Jahrzehnte lang, erst zusammen mit Prue, dann ohne sie, habe ich der Queen unter diplomatischer oder konsularischer Tarnung in Moskau, Prag, Bukarest, Budapest, Tiflis, Triest, Helsinki und in jüngster Zeit in Tallinn gedient und

Quellen jeglicher Couleur angeworben und geführt. Ich bin niemals in die oberen Ausschüsse der Strategieplanung geladen worden, und darüber bin ich froh. Der geborene Quellenführer ist sein eigener Herr. Er mag seine Befehle aus London erhalten, aber in der Praxis wacht er über sein eigenes Schicksal und das seiner Quellen. Und wenn seine aktiven Jahre vorüber sind, gibt es nicht allzu viele Ankerplätze für einen Wandergesellen auf dem Gebiet der Spionage von Ende vierzig, der Schreibtischarbeit hasst und über den Lebenslauf eines Diplomaten im mittleren Dienst verfügt, der es nicht sonderlich weit gebracht hat.

Weihnachten steht vor der Tür. Mein Tag der Abrechnung ist gekommen. Tief in den Katakomben der Zentrale meines Dienstes an der Themse werde ich in einen kleinen, sauerstoffarmen Befragungsraum geführt, wo mich eine lächelnde, intelligente Frau unbestimmten Alters erwartet. Es handelt sich um Moira aus der Personalabteilung. An den Moiras im Dienst ist schon immer etwas Fremdartiges gewesen. Sie wissen mehr über einen als man selbst, verraten aber nicht, um was es sich dabei handelt oder ob es ihnen missfällt.

»Also, Ihre *Prue*«, fragt Moira eifrig, »hat sie die jüngste Fusion ihrer Kanzlei überlebt? Das war doch bestimmt hart für sie.«

Danke der Nachfrage, Moira, nein, es war überhaupt nicht hart, und Glückwunsch, Sie haben Ihre Hausaufgaben gemacht. Ich erwarte nichts anderes von Ihnen.

»Und geht es ihr *gut*? Geht es *Ihnen beiden* gut?« – dies mit einem Unterton der Sorge, den ich geflissentlich überhöre. »Jetzt, wo Sie *zu Hause* und außer Gefahr sind.«

»Absolut bestens, Moira. Wir sind sehr glücklich wiedervereint, danke der Nachfrage.«

Und jetzt lesen Sie mir freundlicherweise mein Todesurteil

vor, damit wir das hinter uns hätten. Aber Moira verfolgt ihre eigenen Methoden. Als Nächste auf ihrer Liste steht unsere Tochter Stephanie.

»Und keine *Wachstumswehwehchen* mehr, hoffe ich doch, jetzt, wo sie auf der Universität ist?«

»Nichts dergleichen, Moira, danke der Nachfrage. Ihre Dozenten sind sehr angetan von ihr«, erwidere ich.

Doch ich kann nichts anderes denken als: Jetzt sag schon, dass für meinen Abschiedstrunk ein Donnerstagabend festgelegt wurde, denn an Freitagen mag niemand kommen, und ob ich nicht meinen kalten Kaffee drei Türen weiter den Flur hinunter bei der Abteilung für Wiedereingliederung einnehmen möchte. Dort wird man mir verlockende Angebote in der Waffenindustrie, auf dem freien Markt oder anderen Abstellgleisen für alte Spione unterbreiten, beim National Trust, im Automobilclub, an Privatschulen auf der Suche nach stellvertretenden Schatzmeistern. Es kommt daher ziemlich überraschend, als sie freudig verkündet:

»Also, wir haben *einen weiteren* Job für Sie, Nat, wenn Sie bereit dafür sind.«

Bereit? Moira, ich bin so bereit wie sonst niemand auf der Welt. Aber auch sehr misstrauisch, denn ich glaube, ich weiß, was Sie mir anbieten werden: ein Verdacht, der zur Gewissheit wird, als sie mir einen Anfängerkurs in Sachen aktuelle russische Bedrohung erteilt.

»Ich muss Ihnen ja nicht erzählen, dass das Moskauer Hauptquartier uns hier und überall sonst völlig *fertigmacht*, Nat.«

Nein, Moira, das brauchen Sie mir nicht zu erzählen. Genau das erzähle ich der Zentrale schon seit Jahren.

»Sie werden dort immer fieser, frecher, vorwitziger, und sie werden immer mehr. Würden Sie das für eine angemessene Beschreibung halten?«

Das würde ich, Moira, ganz bestimmt. Lesen Sie dazu mal meinen Abschlussbericht aus dem sonnigen Estland.

»Und seit wir die *offiziellen* Mitarbeiter in Scharen des Landes verwiesen haben« – womit sie die Spione mit diplomatischem Schutz meint, also meine Sorte –, »überschwemmen sie uns mit *inoffiziellen*«, fährt sie empört fort, »und das sind, wie Sie mir sicher zustimmen werden, die lästigsten *und* am schwierigsten aufzuspürenden ihrer Art. Sie haben eine Frage.«

Einen Versuch ist es ja wert. Also los. Ich habe ja nichts zu verlieren.

»Nun, bevor Sie fortfahren, Moira.«

»Ja?«

»Mir kam gerade in den Sinn, es könne vielleicht in der Russlandabteilung ein Plätzchen für mich geben. Die stecken ja bis obenhin voller hochqualifizierter junger Schreibtischmenschen, wir wir *alle* wissen. Aber was ist, wenn mal ein erfahrener Feuerwehrmann vorbeischaut, ein gestandener russischer Muttersprachler wie ich, der in null Komma nichts irgendwohin fliegen und sich einen ersten Eindruck von möglichen russischen Überläufern oder Agenten verschaffen kann, die bei irgendeinem Außenposten auftauchen, wo niemand auch nur ein Wort der Sprache spricht?«

Moira schüttelt bereits den Kopf.

»Keine Chance, tut mir leid, Nat. Ich habe Sie bei Bryn ins Gespräch gebracht. Er lässt nicht mit sich reden.«

Es gibt nur einen Bryn in der Behörde: Bryn Sykes-Jordan mit vollem Namen, im Alltagsgebrauch verkürzt zu Bryn Jordan, Herrscher auf Lebenszeit in der Russlandabteilung und der damalige Leiter der Außenstelle in Moskau.

»Und *warum* nicht?«, hake ich nach.

»Sie wissen selbst, warum. Weil das Durchschnittsalter in der Russlandabteilung dreiunddreißig ist, Bryn mitgerechnet.

Die meisten haben promoviert, *alle* haben unverbrauchte Gehirne, *alle* verfügen über umfassende Computerkenntnisse. So perfekt Sie in vielerlei Hinsicht sind, aber in diesen Punkten hinken Sie hinterher. Nicht wahr, Nat?«

»Bryn ist nicht zufällig in der Nähe?«, frage ich in einem letzten verzweifelten Versuch.

»Bryn Jordan steckt in diesem Augenblick bis zur Halskrause in Washington, D. C., und tut, was nur Bryn tun kann, um für unsere *Special Relationship* zu Präsident Trumps Geheimdiensten in Zeiten nach dem Brexit zu kämpfen, und er darf *auf keinen Fall* gestört werden, auch nicht von Ihnen. Herzliche Grüße, und er spricht Ihnen sein Bedauern aus. Verstanden?«

»Verstanden.«

»Allerdings«, fährt sie strahlend fort, »gibt es eine offene Stelle, für die *Sie* besonders qualifiziert sind. Ja, sogar *über*qualifiziert.«

Jetzt kommt es. Das Albtraumangebot, das ich schon von Anfang an befürchtet hatte.

»Tut mir leid, Moira«, unterbreche ich sie. »Wenn es um die Ausbildungsabteilung geht, dann hänge ich meinen Hut an den Nagel. Sehr freundlich von Ihnen, sehr rücksichtsvoll, und so weiter.«

Ich habe sie offenbar beleidigt, also entschuldige ich mich erneut, ich hätte das den herausragenden Männern und Frauen in der Ausbildungsabteilung gegenüber nicht respektlos gemeint, trotzdem danke, aber nein danke, woraufhin sie ein unerwartet freundliches, aber mitleidsvolles Lächeln aufsetzt.

»*Nein*, es geht nicht um die Ausbildung, Nat, obwohl ich mir sicher bin, dass Sie sich dort sehr gut machen würden. Dom möchte gern kurz mit Ihnen reden. Oder soll ich ihm mitteilen, dass Sie den Hut an den Nagel gehängt haben?«

»*Dom*?«

»Dominic Trench, unser neu ernannter Leiter des Großraums London. Ihr ehemaliger Außenstellenleiter in Budapest. Er meint, Sie beide hätten sich blendend verstanden. Ich bin sicher, das wird jetzt nicht anders sein. Warum schauen Sie mich so komisch an?«

»Wollen Sie mir ernsthaft erzählen, dass Dom Trench der Leiter des Großraums London ist?«

»Ich würde es nicht wagen, Sie *anzulügen*, Nat.«

»Wann ist das denn passiert?«

»Vor einem Monat. Während Sie in Tallinn vor sich hin gedöst und unsere Mitteilungen nicht gelesen haben. Dom möchte Sie morgen pünktlich um 10 Uhr sprechen. Melden Sie sich vorher bei Viv.«

»Viv?«

»Seiner Assistentin.«

»Ach ja.«

3.

»*Nat!* Du siehst blendend aus! Der Seemann kehrt heim. Fit wie ein Turnschuh und mit jedem Tag jünger!«, ruft Dominic Trench aus, springt von seinem Direktorenschreibtisch auf und packt meine Rechte mit beiden Händen. »Das ganze Training im Fitnessstudio, nehme ich an. Geht es Prue gut?«

»Topfit, Dom, danke der Nachfrage. Und Rachel?«

»Hervorragend. Ich bin der glücklichste Mann auf der Welt. Du musst sie kennenlernen, Nat. Prue und du. Wir essen mal gemeinsam, wir vier. Du wirst sie mögen.«

Rachel. Herrscherin ihres Reichs, hohes Tier in der Tory-Partei, zweite Frau, kürzlich geheiratet.

»Und die Kinder?«, frage ich vorsichtig. Zwei mit der netten ersten Frau.

»Bestens. Sarah schlägt sich auf der South Hampstead High School ganz großartig. Oxford fest im Blick.«

»Und Sammy?«

»Dümpelt vor sich hin. Aber das hat er bald hinter sich und wird in die Fußstapfen seiner Schwester treten.«

»Und Tabby, wenn ich fragen darf?« Tabitha, seine erste Frau und zum Zeitpunkt ihrer Trennung das reinste Nervenbündel.

»Der geht es gut. Kein Neuer in Sicht, soweit ich weiß, aber man soll die Hoffnung nicht aufgeben.«

Jeder hat irgendwo einen Dom im Leben, nehme ich an: den Mann – und es scheint sich dabei ausschließlich um Männer zu handeln –, der einen beiseitenimmt, zu seinem einzigen Freund auf der Welt ernennt, der einen mit allen Details aus seinem Privatleben überschüttet, von denen man lieber nichts erfahren hätte, der einen um Rat fragt, den man ihm nicht gibt, von dem er aber schwört, ihn zu befolgen, nur um einen am nächsten Morgen wie Luft zu behandeln. Vor fünf Jahren in Budapest war er dreißig; heute ist er dreißig: das gelackte Aussehen eines Croupiers, gestreiftes Hemd, gelbe Hosenträger, die einem Fünfundzwanzigjährigen besser stehen würden, goldene Manschettenknöpfe und ein Allerweltslächeln; die ärgerliche Angewohnheit, die Fingerspitzen immer wieder zu einem Hochzeitsspalier zusammenzulegen, sich zurückzulehnen und einem über die Hände hinweg verständnisinnig zuzulächeln.

»Gratuliere, Dom«, sage ich und deute auf den Chefsessel und den gefliesten Beistelltisch, wie ihn die Zentrale nur für die Dienstgrade drei und höher vorsieht.

»Danke, Nat. Sehr freundlich von dir. Ich war durchaus überrascht, aber wenn die Pflicht ruft, dann stellen wir uns der Aufgabe. Kaffee? Tee?«

»Kaffee, bitte.«

»Milch? Zucker? Die Milch ist Soja, sollte ich hinzufügen.«

»Schwarz, danke, Dom. Keine *Sojamilch*.«

Sojamilch? Ist *Sojamilch* heutzutage die Kaffeesahne des klugen Mannes? Er steckt den Kopf zur getüpfelten Glastür hinaus, scherzt ein wenig mit Viv und setzt sich dann wieder.

»Und der Großraum London hat noch immer denselben Aufgabenbereich?«, frage ich leichthin, während ich mich daran erinnere, dass Bryn Jordan die Abteilung einmal als das Tierasyl der Zentrale bezeichnet hat.

»Ja, tatsächlich, Nat. Tatsächlich. Immer noch denselben.«

»Also unterstehen alle Nebenstellen in London nominell deinem Kommando.«

»Landesweit. Nicht nur in London. Im ganzen Vereinigten Königreich. Mit Ausnahme von Nordirland. Und ich freue mich sagen zu können, der Großraum London ist immer noch völlig autonom.«

»Verwaltungstechnisch autonom? Oder einsatztechnisch autonom?«

»Was meinst du damit, Nat?«, und er schaut mich stirnrunzelnd an, als bewege ich mich auf vermintem Gelände.

»Kannst du als Leiter des Großraums London eigene Einsätze genehmigen?«

»Das ist recht vage, Nat. Zurzeit muss jeder Einsatz, der von einer Nebenstelle vorgeschlagen wird, theoretisch von der betreffenden Regionalabteilung abgezeichnet werden. Ich kämpfe um das Recht zur Genehmigung, quasi in diesem Augenblick.«

Er lächelt. Ich lächle. Im Kampf vereint. In aufeinander abgestimmten Bewegungen probieren wir unseren sojamilchfreien Kaffee und stellen die Tassen wieder auf den Untertassen ab. Wird er mir gleich unaufgefordert etwas Vertrauliches über seine neue Frau beichten? Oder mir erklären, warum ich hier bin? Offenbar nicht. Erst müssen wir noch über alte Zeiten schwatzen: gemeinsame Quellen, ich als Agentenführer, Dom als mein nutzloser Vorgesetzter. Der Erste auf seiner Liste ist POLONIUS, vor Kurzem noch Teil des SHAKESPEARE-Netzwerks. Als ich vor ein paar Monaten dienstlich in Lissabon beschäftigt war, hatte ich den alten POLONIUS in der Algarve besucht, in einem hallenden Neubau neben einem leeren Golfplatz, den wir als einen Beitrag zu seiner Umsiedlung für ihn erstanden hatten.

»Dem geht es gut, Dom, danke der Nachfrage«, sage ich bestimmt. »Hat keine Probleme mit der neuen Identität. Hat den Tod seiner Frau verwunden. Dem geht's gut, wirklich. Ja.«

»*Aber?*«, bemerkt er vorwurfsvoll.

»Nun, wir haben ihm einen britischen Pass versprochen, Dom, falls du dich erinnerst. Scheint wohl nach deiner Rückkehr nach London in der Post verloren gegangen zu sein.«

»Das prüfe ich sofort nach«, und macht sich zum Beweis umgehend eine Notiz.

»Er ist auch ein wenig niedergeschlagen, dass wir seine Tochter nicht in Oxbridge unterbringen konnten. Er hat den Eindruck, dass dazu nur ein kleiner Schubs von uns nötig gewesen wäre, den wir nicht geleistet haben. Oder du geleistet hast. So sieht er das jedenfalls.«

Dom hat es mit Schuldgefühlen nicht so. Entweder ist er beleidigt oder macht ein nichtssagendes Gesicht. Diesmal entscheidet er sich für beleidigt.

»Das liegt an den *Colleges*, Nat«, jammert er müde. »Alle denken, die alten Universitäten *gehören zusammen*. Das stimmt aber nicht. Man muss mit dem Hut in der Hand von College zu College laufen. Ich gehe der Sache nach«, und wieder macht er sich eine Notiz.

Zweite auf seiner Liste ist DELILAH, eine schillernde Mittsiebzigerin, Parlamentsabgeordnete in Ungarn, die den russischen Rubel annahm, bis sie sich für das britische Pfund entschied, bevor der Kurs des Pfunds einbrach.

»DELILAH geht es blendend, Dom, danke der Nachfrage, einfach bestens. Sie war ein wenig deprimiert, dass mein Nachfolger eine Nachfolgerin war. Solange ich sie geführt habe, sagte sie, konnte sie immer davon träumen, dass die Liebe gleich um die nächste Ecke wartet.«

Er grinst und wackelt mit den Schultern wegen DELILAH und

ihrer vielen Liebhaber, doch ein Lachen wird nicht daraus. Ein Schluck Kaffee. Tasse zurück auf die Untertasse.

»*Nat*«, mit traurigem Unterton.

»Dom.«

»Ich hatte wirklich gedacht, du würdest dich riesig freuen.«

»Und wie kommst du darauf, Dom?«

»Also, du meine Güte! Ich biete dir die einmalige Gelegenheit, persönlich eine inländische russische Außenstation umzubauen, die schon viel zu lange im Schatten stand. Mit deiner Expertise kriegst du sie in – was? – sechs Monaten allerhöchstens zum Laufen. Ein kreativer Einsatz, ganz wie für dich geschaffen. Was erwartest du denn noch in deinem Alter?«

»Ich fürchte, ich verstehe kein Wort, Dom.«

»Kein Wort?«

»Nein. Kein Wort.«

»Willst du damit sagen, dass sie dir *nichts* gesagt haben?«

»Sie haben gesagt, ich solle mit dir reden. Ich rede mit dir. Weiter sind wir noch nicht gekommen.«

»Du bist also *völlig blind* hier hereinspaziert? Du meine Güte. Manchmal frage ich mich schon, was diese verfluchten Leute aus der Personalabteilung glauben, was sie tun. Hast du mit Moira gesprochen?«

»Vielleicht fand sie es besser, wenn du es mir selbst mitteilst, Dom, worum immer es sich auch handelt. Du sprachst doch gerade von einer inländischen russischen Außenstation, die schon zu lange im Schatten steht. Da kenne ich nur eine einzige, und das ist die Oase, *keine* Außenstation, sondern eine stillgelegte Nebenstelle in der Schirmherrschaft des Großraums London – eine Mülldeponie für umgesiedelte Überläufer ohne Wert und für fünftklassige Informanten auf dem absteigenden Ast. Als ich das letzte Mal davon gehört habe, wollte das Finanzministerium den Hahn zudrehen. Das muss dann wohl untergegangen sein. Und die willst du mir ernsthaft anbieten?«

»Die Oase ist *keine* Mülldeponie, Nat – überhaupt nicht. Das sehe ich ganz anders. Zugegeben, da gibt es ein paar Beamte, die in die Jahre gekommen sind. Und Quellen, die noch darauf warten, ihr Potenzial zu entwickeln. Aber für den Mann oder die Frau, die Person, die weiß, wo sie zu suchen hat, liegt da ein Schatz verborgen. *Und* natürlich« – das als Nachgedanke – »besteht die große Chance für jeden, der seine Sporen in der Oase verdient, in die Russlandabteilung versetzt zu werden.«

»Und wäre das nicht zufällig auch für dich eine Überlegung wert, Dom?«, frage ich.

»Was denn, alter Knabe?«

»Ein Karrieresprung in die Russlandabteilung. Auf dem Rücken der Oase.«

Er runzelt die Stirn und schürzt die Lippen voller Missfallen. Dom ist absolut durchschaubar. Die Russlandabteilung, vorzugsweise der Chefsessel, ist sein Lebenstraum. Nicht weil er sich auf dem Gebiet auskennt, Erfahrung hat oder Russisch spricht. Er kann nichts dergleichen vorweisen. Dom ist ein erst spät in den Dienst eingetretener Bursche aus der City, wurde aus Gründen angeworben, die er selbst nicht greifen kann, und verfügt über keinerlei fremdsprachliche Qualifikationen, die auch nur einen Pfifferling wert wären.

»Denn falls du das im Geiste durchgehst, Dom, dann würde ich ganz gern diesen Weg mit dir machen, wenn das in Ordnung ist«, setze ich sarkastisch oder spielerisch oder wütend hinterher, was nun, weiß ich selbst nicht genau. »Oder planst du vielleicht, die Etiketten von meinen Berichten zu entfernen und deine eigenen draufzukleben, wie du es in Budapest getan hast? Nur eine Frage, Dom.«

Dom denkt darüber nach, was heißt, erst betrachtet er mich

über seine Hochzeitsspalierfinger hinweg, dann starrt er ein Loch in die Luft und schaut mich wieder an, um zu kontrollieren, ob ich immer noch da bin.

»Hier ist mein Angebot, Nat, nimm es oder lass es bleiben. In meiner Funktion als Leiter des Großraums London biete ich dir ganz formell die Gelegenheit, die Nachfolge von Giles Wackford als Leiter der Nebenstelle Oase anzutreten. Solange ich dich auf vorübergehender Basis beschäftige, gehörst du meinem Bereich an. Du übernimmst umgehend Giles' Agenten *und* sein Spesenkonto. Ebenso seine Aufwandspauschale, zumindest das, was davon noch übrig ist. Ich schlage vor, du legst sofort los und nimmst den Rest von deinem Heimaturlaub später. Noch eine Frage?«

»So funktioniert das nicht, Dom.«

»Und wieso nicht, wenn ich fragen darf?«

»Ich muss die ganze Angelegenheit erst mit Prue durchsprechen.«

»Und wenn Prue und du miteinander gesprochen habt?«

»Unsere Stephanie feiert ihren neunzehnten Geburtstag. Ich habe versprochen, mit ihr und Prue für eine Woche Skifahren zu gehen, bevor sie wieder nach Bristol muss.«

Er streckt den Hals und wirft, theatralisch die Stirn runzelnd, einen Blick auf den Wandkalender.

»Wann geht es los?«

»Sie ist im zweiten Semester.«

»Wann du in den Urlaub fährst, will ich wissen.«

»Samstagmorgen um fünf ab Stansted, falls du dich uns anschließen willst.«

»Wenn wir mal davon ausgehen, dass Prue und du bis dahin alles durchgesprochen habt und zu einer zufriedenstellenden Lösung gekommen seid, dann schätze ich, kann Giles die Stellung in der Oase noch bis Montag in einer Woche halten, wenn er bis dahin noch nicht vom Ast gefallen ist. Wärst du damit zufrieden oder nicht?«

Gute Frage. Wäre ich zufrieden damit? Ich wäre weiterhin im Geheimdienst, ich hätte Russland im Visier, selbst wenn ich von den Brosamen von Doms Tisch leben müsste.

Aber wird Prue zufrieden damit sein?

Die Prue von heute ist nicht mehr die engagierte Agentengattin, die sie vor mehr als zwanzig Jahren war. So selbstlos und aufrecht ist sie schon noch. Und ebenso lustig, wenn sie aus sich herausgeht. Und so entschlossen wie eh und je, der Welt im Allgemeinen zu Diensten zu sein, allerdings nie wieder in geheimer Mission. Die beeindruckende Junganwältin, die Schulungen in Gegenüberwachung, zu Sicherheitssignalen und dem Befüllen und Entleeren von toten Briefkästen besucht hatte, hatte mich tatsächlich nach Moskau begleitet. Für vierzehn anspruchsvolle Monate hatten wir gemeinsam den ununterbrochenen Stress ertragen, zu wissen, dass unsere intimsten Gespräche belauscht, beobachtet und daraufhin analysiert wurden, ob sich Hinweise auf menschliche Schwächen oder nachlassende Wachsamkeit finden ließen. Unter der beeindruckenden Führung unseres Standortleiters – ebenjenen Bryn Jordans, der in diesem Moment in banger Konklave mit unseren Geheimdienstpartnern in Washington hockt – hatte sie die Starrolle in gescripteten Mann-und-Frau-Standardfarcen gespielt, um die lauschenden Auswerter des Gegners zu täuschen.

Allerdings hatte Prue ebenfalls in Moskau festgestellt, dass sie schwanger war, und mit der Schwangerschaft ging eine abrupte Ernüchterung, was den Geheimdienst und seine Machenschaften anging, einher. Ein Leben der Täuschungen faszinierte sie nicht länger, falls es das je getan hatte. Ebenso wenig faszinierte sie die Vorstellung, unser Kind im Ausland zu bekommen. Vielleicht wird sie sich wieder besinnen, wenn das Baby geboren ist, redete ich mir ein. Aber damit verkannte ich Prue. Am Tag von Stephanies Geburt starb Prues Vater an einem Herzinfarkt. Das Erbe nutzte sie für die Baranzahlung auf ein viktorianisches Haus in Battersea mit einem großen Garten und einem Apfelbaum. Selbst wenn sie eine Fahne in den Boden gerammt und gesagt hätte: »Hier bleibe ich«, hätte sie ihre Absichten nicht deutlicher machen können. Unsere Tochter Steff, wie wir sie bald nannten, sollte keine von diesen verzogenen Diplomatengören werden, von denen wir zu viele kennengelernt hatten, die überbehütet und im Gefolge ihrer Mütter und Väter von Land zu Land und von Schule zu Schule geschleift wurden. Sie sollte ihren natürlichen Platz in der Gesellschaft einnehmen und öffentliche Schulen besuchen, niemals eine Privatschule oder ein Internat.

Und was wollte Prue mit dem Rest ihres Lebens anstellen? Sie wollte dort weitermachen, wo sie aufgehört hatte. Sie wollte Menschenrechtsanwältin werden, die juristisch bewanderte Fürsprecherin der Unterdrückten. Und ihre Entscheidung führte nicht zur Trennung. Sie konnte meine Hingabe an die Queen, unser Land und den Geheimdienst nachvollziehen. Ich konnte ihre Hingabe an Recht und menschliche Gerechtigkeit nachvollziehen. Sie hatte dem Dienst alles gegeben, mehr ging nicht. Vom Anfang unserer Ehe an war Prue nie die Art Gattin gewesen, die der Weihnachtsfeier beim Chef entgegengefiebert hatte, Beerdigungen hochgeschätzter Kollegen, regelmäßigen Hausgesellschaften mit jüngeren Kollegen und deren Begleitungen. Und ich für meinen Teil bin mit Prues radikal orientierten Juristenkollegen bei deren Zusammenkünften nie recht warm geworden.

Keiner von uns konnte jedoch voraussehen, dass ein Auslandsposten auf den anderen folgen würde, während sich das postkommunistische Russland, entgegen aller Hoffnungen und Erwartungen, als eindeutige und gegenwärtige Bedrohung der liberalen Demokratie auf der ganzen Welt entpuppte und ich *de facto* zu einem abwesenden Ehemann und Vater wurde.

Doch nun war ich ja heimgekehrt von der See, wie Dom sich so freundlich ausgedrückt hatte. Es war für uns nicht leicht gewesen, vor allem nicht für Prue, und sie hatte allen Grund zu der Hoffnung, dass ich nun endgültig trockenes Land unter den Füßen behielt und nach einem neuen Leben in der echten Welt suchte, wie sie sich ein wenig zu oft auszudrücken pflegte. Ein ehemaliger Kollege von mir hatte einen erlebnispädagogischen Verein für benachteiligte Kinder in Birmingham gegründet und schwor, noch nie im Leben sei er so glücklich gewesen. Hatte ich nicht mal davon gesprochen, genau so etwas auch zu tun?

4.

Die restliche Woche vor unserem unchristlich frühen Abflug von Stansted tat ich aus Gründen der familiären Harmonie so, als würde ich darüber nachdenken, ob ich den *ziemlich öden* Job annehmen sollte, den mir die Behörde angeboten hatte, oder einen klaren Schlussstrich ziehen, wie Prue ihn schon lange verfochten hatte. Prue war damit einverstanden, zu warten. Steff beteuerte, dass es ihr einerlei sei, so oder so. Was sie betraf, war ich nur ein mittlerer Beamter, der es nie weit bringen würde, ganz gleich, was er tat. Sie liebte mich, aber ein wenig von oben herab.

»Mal ehrlich, Mann, die werden dich nicht gerade zum Botschafter in Peking ernennen oder zum Ritter schlagen, oder?«, erinnerte sie mich fröhlich, als das Thema beim Essen aufkam. Wie üblich ertrug ich ihren Spott mit Fassung. Solange ich Diplomat im Ausland war, hatte ich wenigstens einen gewissen Status. Daheim im Vaterland gehörte ich zur grauen Masse.

Erst am zweiten Abend in den Bergen, als Steff mit ein paar italienischen Burschen unterwegs war, die auch in unserem Hotel wohnten, und Prue und ich bei Marcel ein gemütliches Käsefondue und ein paar Gläschen Kirschwasser genossen, wurde ich von dem Drang gepackt, Prue gegenüber reinen Tisch zu machen, was mein Jobangebot bei der Behörde anging. Reinen

Tisch, nicht auf Zehenspitzen tapsend, wie ich es zunächst vorgehabt hatte, keine weiteren Verschleierungen, sondern frei von der Leber weg, das war das Mindeste, was sie nach all dem verdiente, was sie meinetwegen in den ganzen Jahren hatte durchmachen müssen. Ihre Miene verhaltener Resignation verriet mir, dass sie schon geahnt hatte, wie weit ich noch von der Eröffnung eines erlebnispädagogischen Vereins für benachteiligte Kinder entfernt war.

»Es handelt sich um eine dieser heruntergewirtschafteten Londoner Nebenstellen, die sich seit den glorreichen Tagen des Kalten Kriegs auf ihren Lorbeeren ausruht und keinerlei Ergebnisse liefert, die auch nur einen Pfifferling wert sind«, erkläre ich grimmig. »Eine Hinterhofklitsche, Lichtjahre vom Geschehen entfernt, und meine Aufgabe soll es sein, den Laden entweder wieder flottzumachen oder auf den Friedhof zu befördern.«

Bei den seltenen Gelegenheiten, zu denen Prue und ich uns entspannt über die Behörde unterhalten, weiß ich nie, ob ich gegen ihren Strom schwimme oder mit ihm, daher neige ich dazu, ein wenig von beidem zu tun.

»Ich dachte, du hättest immer gesagt, du möchtest keine Führungsposition«, wendet sie leichthin ein. »Du würdest es vorziehen, zweiter Mann zu sein, um nicht Erbsen zählen und Leute herumkommandieren zu müssen.«

»Nun, hier geht es eigentlich nicht um eine *führende* Position, Prue«, versichere ich ihr vorsichtig. »Ich bleibe zweiter Mann.«

»Na, dann ist ja alles gut, oder?«, meint sie und strahlt. »Bryn wird dafür sorgen, dass du in der Spur bleibst. Du hast Bryn schon immer bewundert. Wir beide«, und wischt ihre eigenen Skrupel tapfer beiseite.

Wir lächeln uns nostalgisch an, als wir uns beide an unsere kurzen Flitterwochen als Moskauer Spione erinnern, in denen

Standortleiter Bryn unser stets wachsamer Wegweiser und Mentor war.

»Na ja, ich bin nicht *direkt* Bryn unterstellt, Prue. Bryn ist mittlerweile Zar aller Reußen. Ein Nebenschauplatz wie die Oase liegt ein ganzes Stück unter seiner Gehaltsstufe.«

»Und wer ist der Glückliche, der direkt über dir steht?«, fragt Prue.

Das entspricht nun nicht länger der umfassenden Offenlegung, die ich im Sinn gehabt hatte. Prue kann Dom nicht leiden. Sie hatte ihn kennengelernt, als sie mich mit Steff in Budapest besuchte, einen Blick auf Doms verstörte Frau und Kinder geworfen und die Zeichen entsprechend gedeutet.

»Nun, offiziell unterstehe ich einer Abteilung mit dem Titel *Großraum London*«, erkläre ich. »Aber natürlich wird alles, was *wirklich* groß ist, die Pyramide hinauf zu Bryn gereicht. Es soll nur für eine Weile sein, Prue, nur so lange, wie sie mich brauchen. Keinen Tag länger«, füge ich als tröstende Ergänzung hinzu, doch wen von uns beiden ich damit eigentlich trösten will, ist uns beiden nicht klar.

Sie greift nach der Fonduegabel, nimmt einen Schluck Wein und einen vom Kirschwasser, streckt dann, so gestärkt, ihre Arme über den Tisch und nimmt meine Hände. Errät sie das mit Dom? Hat sie eine Vorahnung? Prues nahezu übersinnliche Einsichten können recht beunruhigend sein.

»Also, ich sag dir jetzt was, Nat«, erklärt sie nach gründlichem Nachdenken. »Ich finde, es ist dein gutes Recht, genau das zu tun, was du tun willst, solange du es tun willst; alles andere kann dich mal. Und ich werde es genauso halten. Und außerdem bin ich diesmal mit der Rechnung dran. Die komplette Rechnung. Das bin ich dir mit meiner unverfrorenen Rechtschaffenheit schuldig«, fügt sie hinzu, ein Scherz, der nie schal wird.

Und in dieser freundlichen Stimmung, als wir im Bett liegen und ich mich bei ihr für ihre mentale Großzügigkeit bedanke und sie im Gegenzug nette Sachen über mich anbringt und Steff die Nacht durchtanzt, zumindest hoffen wir das, äußere ich den Gedanken, dass der Zeitpunkt gekommen sei, unserer Tochter alles zu beichten, was die wahre Natur der Tätigkeit ihres Vaters angeht, zumindest so viel, wie vom Dienst gestattet ist. Es sei höchste Zeit, dass sie davon erfährt, argumentiere ich, und erheblich besser, wenn sie es von mir hört und nicht von jemand anderem. Ich könnte noch hinzufügen, spare mir das aber, dass ich mich seit meiner Rückkehr zu Heim und Herd immer mehr über ihre heitere Verachtung meiner Person ärgere. Da wäre auch ihre aus Zeiten der Pubertät übrig gebliebene Angewohnheit, mich entweder als notwendige häusliche Last zu betrachten oder sich einfach auf meinen Schoß plumpsen zu lassen, als sei ich eine Art komischer Kauz in seinen letzten Lebensjahren, meist mit Blick auf ihren neuesten Verehrer. Mich ärgert zudem, um brutal ehrlich zu sein, wie Prues hochverdientes Ansehen als Menschenrechtsanwältin Steff in ihrer Annahme bestärkt, ich sei abgehängt worden.

Zunächst ist die Anwaltsmutter in Prue skeptisch. Wie viel *genau* hatte ich vor, Steff zu verraten? Vermutlich gab es da Grenzen. Wo genau lagen die? Wer hatte sie gezogen? Der Dienst oder ich? Und beabsichtigte ich, Folgefragen zu beantworten, falls solche aufkämen, hatte ich *daran* gedacht? Und wie konnte ich mir sicher sein, es nicht zu übertreiben? Wir beide wussten, dass Steffs Reaktionen niemals vorhersagbar waren, und Steff und ich konnten einander in null Komma nichts in Rage versetzen. In dieser Hinsicht waren wir spitze. Und so weiter.

Prues mahnende Worte waren wie immer ausgesprochen vernünftig und wohlbegründet. Steffs früher Eintritt in die Pubertät war ein ziemlicher Albtraum gewesen, daran musste Prue mich nicht erinnern. Jungs, Drogen, Schreiduelle – die üblichen Probleme der modernen Jugend, könnte man sagen, aber Steff hatte daraus eine Kunstform gemacht. Während ich von einem Auslandsposten zum anderen wechselte, verbrachte Prue jede freie Stunde damit, mit Schuldirektoren und Lehrern zu diskutieren, Elternabende zu besuchen, sich durch Bücher und Zeitungsartikel zu blättern und das Internet nach Ratgebern durchzukämmen, wie man am besten mit einer sturköpfigen Tochter umging, während sie sich auch noch selbst die Schuld für den ganzen Schlamassel gab.

Ich für meinen Teil hatte alles in meiner Macht Stehende getan, um meinen bescheidenen Anteil der Last zu tragen, flog an Wochenenden nach Hause, saß in geheimen Beratungen mit Psychiatern, Psycho- und allen möglichen sonstigen *-ologen*. Das Einzige, worauf sie sich offenbar einigen konnten, war, dass Steff hochbegabt war – was uns nicht weiter überraschte –, sich unter Gleichaltrigen zu Tode langweilte, Disziplin als existenzielle Bedrohung betrachtete und ablehnte, ihre Lehrerinnen unerträglich langweilig fand und einer intellektuellen Umgebung bedurfte, die ihrem Tempo entsprach: eine Einschätzung, die schon zuvor auf der Hand lag, was mich anging, aber nicht für Prue, die mehr auf Expertenmeinungen gibt als ich.

Nun, jetzt hatte Steff ihre intellektuelle Umgebung. An der Bristol University. Philosophie und Reine Mathematik. Und sie hatte gerade das zweite Semester begonnen.

Also sag es ihr.

»Und du findest nicht, das du das besser könntest, Liebling?«, meine ich in einem schwachen Augenblick zu Prue, Hüterin der Familienweisheit.

»Nein, mein Schatz. Da du entschlossen bist, es ihr zu sagen, ist es *viel* besser, wenn sie es auch aus deinem Mund hört. Denk nur daran, dass du schnell aufbrausend wirst, und versuch dich gar nicht erst in Selbstironie. Selbstironie treibt sie in den Wahnsinn.«

Nachdem ich mich nach einer passenden Umgebung umgeschaut hatte, in etwa so, wie ich auch die riskante Annäherung an eine potenzielle Quelle überschlage, entschied ich, dass der beste und passendste Ort wohl der wenig genutzte Skilift für das Slalomtraining am Nordhang von Le Grand Domaine war. Ein Schlepplift der alten Sorte: Man wurde Seite an Seite nach oben geschoben, man brauchte einander nicht in die Augen zu schauen, es gab niemanden, der mithören konnte, Fichtenwald zur Linken, Steilhang ins Tal zur Rechten. Eine kurze, scharfe Abfahrt bis zum Fuß dieses einzigen Lifts dort, es besteht also keine Gefahr, sich aus den Augen zu verlieren, und die obligatorische Unterbrechung, wenn man auf dem Gipfel ankommt, sodass alle weiteren Fragen bis zur nächsten Auffahrt warten müssen.

Es ist ein strahlender Wintermorgen mit perfekten Schneeverhältnissen. Prue hat eine Magenverstimmung vorgetäuscht und sich einen Einkaufsbummel verordnet. Steff hat bis weiß Gott wie spät mit ihren jungen Italienern einen draufgemacht, scheint aber in bester Verfassung zu sein und sich zu freuen, mal ein wenig Zeit nur mit ihrem Dad zu verbringen. Natürlich war es keine Option, in die Einzelheiten meiner zwielichtigen Vergangenheit einzusteigen, jenseits der Erklärung, nie ein richtiger Diplomat gewesen zu sein, sondern nur ein vorgetäuschter, was ja der Grund dafür war, dass ich zu keiner Zeit zum Ritter geschlagen oder als Botschafter nach Peking versetzt wurde; vielleicht könnte sie ja dann aufhören, darauf herumzuhacken, weil mir das langsam wirklich auf die Nerven ging.

Ich hätte ihr *gerne* erzählt, warum ich sie an ihrem vierzehnten Geburtstag nicht hatte anrufen können, denn ich wusste, das wurmte sie noch immer. Ich hätte ihr *gerne* erklärt, dass ich an diesem Tag auf der estnischen Seite der russischen Grenze im tiefen Schnee gehockt und gebetet hatte, dass es mein Agent, unter einer Ladung gesägter Bretter versteckt, über die Grenze schaffte. Ich hätte ihr *gerne* eine Vorstellung davon vermittelt, was es für ihre Mutter und mich bedeutet hatte, als Angehörige der Moskauer Außenstelle in Moskau unter ständiger Überwachung zu stehen, sodass es schon mal zehn Tage dauern konnte, um einen toten Briefkasten zu leeren oder zu befüllen, immer in dem Bewusstsein, dass mein Agent höchstwahrscheinlich in der Hölle schmoren würde, wenn ich einen Fuß auf die falsche Stelle setzte. Doch Prue hatte darauf bestanden, dass unsere Zeit in Moskau die Episode ihres Lebens war, an die sie nicht anknüpfen wollte, wobei sie gerne auf ihre übliche direkte Art hinzufügte:

»Und ich glaube, sie muss auch nicht erfahren, dass wir vor den russischen Kameras gevögelt haben, Schatz« – obwohl Prue unser neu entdecktes Sexualleben durchaus genoss.

Steff und ich schnappen uns einen Bügel des Lifts, und schon geht es los. Bei der ersten Auffahrt unterhalten wir uns über meine Heimkehr und darüber, wie wenig ich über das Land weiß, dem ich mein halbes Leben lang gedient habe, ich habe also eine Menge zu lernen, Steff, eine Menge, an das ich mich erst gewöhnen muss, das verstehst du doch sicher.

»Zum Beispiel keinen netten zollfreien Schnaps mehr, wenn du uns besuchen kommst!«, jammert sie, und Vater und Tochter müssen herzlich lachen.

Zeit, uns loszumachen, und schon segeln wir den Berg hinunter, Steff vorneweg. Eine wirklich sanfte Eröffnung unseres Zwiegesprächs.

»Es ist ja keine *Schande*, seinem Land auf welche Weise auch immer zu dienen, Schatz« – Prues Rat klingt mir im Gedächtnis –, »du und ich mögen ja unterschiedlicher Ansicht sein, was Patriotismus betrifft, aber Steff betrachtet Patriotismus schlicht als Fluch der Menschheit, gleich nach dem Thema Religion. Und spare dir Witzeleien. Steffs Ansicht nach ist Humor in ernsten Situationen nur ein Mittel zur Flucht.«

Wir greifen ein zweites Mal nach dem Bügel und lassen uns den Hügel hinaufschieben. *Jetzt.* Keine Witzeleien, keine Selbstironie, keine Entschuldigungen. Und halte dich an die Kurzdarstellung, die Prue und du entwickelt haben, keine Abweichungen. Ich starre nach vorn und wähle einen ernsten, aber nicht unheilschwangeren Tonfall.

»Steff, deine Mutter und ich finden, dass es an der Zeit ist, dass du es erfährst.«

»Ich bin nicht eure Tochter«, sagt sie eifrig.

»Nein, ich bin ein Spion.«

Auch sie starrt geradeaus. Das war nicht ganz der Einstieg, den ich haben wollte. Egal. Ich sage meinen Text auf wie geplant, sie hört zu. Kein Augenkontakt, kein Stress. Ich fasse mich kurz und knapp. Also, jetzt weißt du es, Steff. Ich habe eine Notlüge gelebt, mehr darf ich dir gar nicht verraten. Ich mag zwar wie ein Versager wirken, aber ich habe einen gewissen Ruf innerhalb meines Dienstes. Steff sagt nichts darauf. Wir kommen oben an, machen uns los und fahren den Hügel hinunter, ohne dass wir ein Wort gewechselt hätten. Sie ist schneller als ich, jedenfalls denkt sie das gern, also lasse ich sie in dem Glauben. Wir treffen uns unten am Lift wieder.

Wir stehen in der Schlange und sagen kein einziges Wort, Steff schaut nicht in meine Richtung, aber das beunruhigt mich nicht. Steff lebt in ihrer eigenen Welt, jetzt weiß sie, dass ich ebenfalls in meiner eigenen Welt lebe, und es handelt sich dabei nicht um die Abdeckerei für irgendwelche Tiefflieger im Auswärtigen Amt. Sie ist vor mir dran, also schnappt sie sich den Bügel als Erste. Kaum sind wir losgefahren, fragt sie mich ganz nüchtern, ob ich jemals jemanden umgebracht hätte. Ich kichere, antworte, nein, Steff, ganz bestimmt nicht, Gott sei Dank, was die Wahrheit ist. Andere schon, wenn auch nur indirekt, aber ich nicht. Nicht aus der Distanz oder um drei Ecken, nicht mal im Sinne *zweifelhafter Verantwortlichkeit*, wie die Behörde so was nennt.

»Und wenn du *niemanden* umgebracht hast, was ist das *Zweit*schlimmste, was du als Spion je getan hast?«, fragt sie in demselben sachlichen Ton.

»Also, Steff, ich schätze, das *Zweit*schlimmste war, Kerle dazu zu überreden, Dinge zu tun, die sie vielleicht nicht getan hätten, wenn ich sie nicht dazu überredet hätte.«

»Schlimme Dinge?«

»Möglicherweise. Kommt darauf an, auf welcher Seite des Zauns man steht.«

»Was denn zum Beispiel?«

»Na ja, ihr Land zu verraten.«

»Und du hast sie dazu überredet.«

»Wenn sie sich nicht schon selbst dazu überredet hatten, ja.«

»Nur *Kerle*, oder hast du auch *Frauen* überredet?« – eine Frage, die längst nicht so unbekümmert daherkommt, wie sie in anderen Zusammenhängen klingen mag, wenn man Steff schon mal zum Thema Feminismus gehört hat.

»Meistens Männer, Steff. Ja, Männer, weit überwiegend«, versichere ich ihr.

Wir sind oben angekommen. Wieder machen wir uns los und fahren ab, Steff vorneweg. Wieder stehen wir unten am Lift. Keine Schlange. Bislang hat sie für die Liftfahrt immer die Skibrille in die Stirn geschoben. Diesmal behält sie sie auf. Die Gläser sind von dieser verspiegelten Sorte, in die man nicht hineinschauen kann.

»Und *wie* genau überredet?«, fährt sie fort, kaum dass wir losgefahren sind.

»Na ja, wir reden hier nicht von *Daumenschrauben*, Steff«, erwidere ich, aber das ist ein Fahrfehler meinerseits: *Humor in ernsten Situationen ist Steffs Ansicht nach nur ein Mittel zur Flucht.*

»Und wie dann?«, hakt sie nach; mit dem Thema Überredung ist sie noch nicht fertig.

»Na ja, viele Leute tun für *Geld* eine ganze Menge, und andere tun Dinge aus reiner *Gehässigkeit* oder aus *Stolz*. Dann gibt es noch die Leute, die etwas aus *Idealismus* tun und das Geld nicht mal annehmen, wenn man es ihnen in den Rachen stopft.«

»Und um welches Ideal geht es hier genau, *Dad*?«, fragt sie hinter der verspiegelten Skibrille. Das ist das erste Mal seit Wochen, dass sie mich Dad nennt. Außerdem fällt mir auf, dass sie nicht flucht, was bei Steff so etwas wie ein Warnsignal ist.

»Na, sagen wir zum Beispiel, jemand hegt idealistische Vorstellungen von England als Vaterland aller Demokratien. Oder einer liebt unsere teure Queen mit übertriebenem Feuereifer. Da mag es zwar um kein für uns real existierendes England gehen, falls es das überhaupt jemals gegeben hat, aber diese Leute glauben daran, also lassen wir das stehen.«

»Glaubst *du* daran?«

»Mit Einschränkungen.«

»Großen Einschränkungen?«

»Na, wer würde die denn nicht machen, um alles in der Welt?«, entgegne ich, so sehr trifft mich die Andeutung, mir könne irgendwie entgangen sein, dass sich unser Land im freien Fall befindet. »Ein zehntklassiges Minderheitenkabinett der Tories. Ein schauderhafter Außenminister, dem ich zu dienen habe. Labour ist auch nicht besser. Der blanke Irrsinn des

Brexits« – ich unterbreche mich. Auch ich habe Gefühle. Soll mein zorniges Schweigen für sich sprechen.

»Dann *hast* du also große Vorbehalte?«, beharrt Steff mit Unschuld in der Stimme. »Sehr große. Richtig?«

Zu spät fällt mir auf, dass ich ohne Deckung dastehe, aber vielleicht war es das, was ich die ganze Zeit schon wollte: ihr den Sieg überlassen, zugeben, dass ich ihren hervorragenden Professoren nicht das Wasser reichen kann, dann können wir uns wieder denen widmen, die wir eigentlich sind.

»Wenn ich das also richtig verstehe«, fasst sie zusammen, als wir den nächsten Lift nehmen, »überredest du, im Namen eines Landes, demgegenüber du große, ja *riesige* Vorbehalte hast, *andere*, ihr *eigenes* Land zu verraten.« Und als Nachgedanke: »Und der Grund dafür ist, dass sie nicht dieselbe Art von Vorbehalten *deinem* Land gegenüber haben wie du, aber dem *eigenen* Land gegenüber schon. Richtig?«

Daraufhin verkünde ich fröhlich meine ehrenhafte Niederlage und bitte gleichzeitig um Milde:

»Aber das sind keine Unschuldslämmer, Steff! Sie melden sich *freiwillig*. Die meisten zumindest. Und wir kümmern uns um sie. Wir versorgen sie. Wenn sie auf Geld aus sind, geben wir ihnen einen ganzen Haufen davon. Wenn sie auf Gott stehen, spielen wir Gott mit ihnen. Was immer funktioniert, Steff. Wir sind ihre Freunde. Sie vertrauen uns. Wir kümmern uns um ihre Bedürfnisse. Und sie sich um unsere. So funktioniert das.«

Doch Steff interessiert sich nicht dafür, wie die Dinge funktionieren. Sie interessiert sich für mich, wie bei der nächsten Liftfahrt offenkundig wird:

»Wenn du *anderen* Leuten erklärt hast, wer sie sein sollten, hast du selbst jemals darüber nachgedacht, wer *du* eigentlich bist?«

»Ich wusste einfach, dass ich auf der richtigen Seite stehe,

Steff«, antworte ich und spüre, wie mir die Galle hochkommt, trotz Prues guter Ratschläge.

»Und welche Seite wäre das?«

»Mein Dienst. Mein Land. Und deins auch, um genau zu sein.«

Und bei unserer letzten Liftfahrt, nachdem ich mich wieder beruhigt habe:

»Dad?«

»Schieß los.«

»Hattest du *Affären*, als du im Ausland warst?«

»Affären?«

»Liebesaffären.«

»Hat deine Mutter das gesagt?«

»Nein.«

»Und warum kümmerst du dich dann nicht um deinen eigenen verdammten Kram, zur Hölle?«, schnauze ich los, bevor ich mich bremsen kann.

»Weil ich nicht meine blöde Mutter bin«, schnauzt sie ebenso laut zurück.

Und so machen wir uns in dieser unseligen Stimmung zum letzten Mal los und fahren auf getrennten Wegen zum Dorf hinunter ins Tal. Am Abend lehnt sie alle Angebote ab, es mit ihren italienischen Freunden richtig krachen zu lassen, und besteht darauf, dass sie ins Bett gehört. Wo sie dann auch landet, nachdem sie eine Flasche roten Burgunder geleert hat.

Nach einer angemessenen Frist berichte ich Prue in Gröbe von unserer Unterhaltung, wobei ich allerdings aus Rücksicht auf uns beide Steffs unnötige Abschiedsfrage auslasse. Ich versuche sogar, uns beide davon zu überzeugen, dass unsere Unterhaltung erfolgreich verlaufen sei, aber Prue kennt mich zu gut. Auf dem Rückflug nach London am nächsten Morgen setzt sich Steff auf die andere Seite des Gangs. Am folgenden Tag – dem Vorabend ihrer Rückkehr nach Bristol – haben Steff und Prue einen fürchterlichen Krach. Wie sich herausstellt, richtet sich Steffs Zorn nicht gegen die Agententätigkeit ihres Vaters oder gar dagegen, dass er andere Menschen, ob männlich oder weiblich, dazu überredet, als Quellen zu arbeiten, sondern gegen ihre langmütige Mutter, weil sie ihr etwas Derartiges verheimlicht und damit das allerheiligste Gebot der Solidarität unter Frauen missachtet hatte.

Und als Prue behutsam darauf hinweist, dass es nicht an ihr gewesen sei, besagtes Geheimnis zu verraten, und wahrscheinlich auch nicht an mir, sondern eigentlich am Geheimdienst selbst, stürmt Steff aus dem Haus, übernachtet bei ihrem Freund und reist allein nach Bristol, wo sie erst zwei Tage nach Beginn des Semesters eintrifft, nachdem sie ihren Freund zu uns geschickt hat, um ihre Sachen zu holen.

Hat Ed einen Gastauftritt in dieser Familien-Seifenoper? Natürlich nicht. Wie denn auch? Er hat seine Insel nie verlassen. Und doch gab es einen Augenblick – einen irrtümlichen, aber dennoch bemerkenswerten –, während Prue und ich gerade *croûtes au fromage* und eine Karaffe Weißwein in der Skihütte *Trois Sommets* genossen, die eine grandiose Aussicht bietet, als ein junger Bursche hereinspaziert kam, der Eds Double hätte sein können. Leibhaftig. Keine Nachbildung, sondern exakt er.

Steff schlief sich an dem Tag aus. Prue und ich waren früh zum Skifahren aufgebrochen und planten eine gemütliche Abfahrt und wollten uns dann hinlegen. Da spaziert doch diese Ed-ähnliche Gestalt mit Bommelmütze herein – dieselbe Größe, dasselbe Auftreten, als sei er allein, gekränkt und verloren –, stampft sich in der Tür verbissen den Schnee von den Skistiefeln und versperrt allen anderen den Weg, reißt sich dann die Skibrille vom Kopf und schaut sich blinzelnd im Raum um, so als habe er seine Sehhilfe verlegt. Bevor ich mich besinnen konnte, hatte ich schon halb die Hand zum Gruß erhoben.

Doch Prue, flink wie immer, stoppte mich, und als ich aus Gründen, die sich mir selbst noch immer entziehen, dagegen protestierte, forderte sie eine vollständige und offene Erklärung. Also gab ich ihr eine Kurzfassung: Da wäre dieser Bursche im Athleticus, der mich nicht in Ruhe lassen wollte, bis ich in ein Match mit ihm einwilligte. Doch Prue wollte mehr wissen. Was hatte mich denn an ihm bei dieser kurzen Begegnung derart in den Bann geschlagen? Warum hatte ich so spontan auf seinen Doppelgänger reagiert – das sei doch sonst so gar nicht meine Art?

Woraufhin ich eine ganze Reihe von Antworten herunterspulte, an die sich Prue besser erinnert als ich, wie ich sie kenne: Ein seltsamer Vogel, habe ich wohl gesagt, aber er hätte etwas Mutiges an sich gehabt; als die ungehobelte Schar an der Bar ihn verspottete, hatte er weiter auf mich eingehämmert, bis er hatte, was er wollte, womit er signalisierte, dass sie ihn alle mal könnten, und davonspazierte.

Wenn Sie die Berge so sehr lieben wie ich, dann wissen Sie selbst, wie deprimierend es ist, wenn man wieder hinuntersteigt; noch deprimierender allerdings ist der Anblick eines Schandflecks in Form eines heruntergekommenen dreistöckigen roten Ziegelbaus in einer Hintergasse in Camden um 9 Uhr früh an einem verregneten Montag, wenn man nicht die leiseste Ahnung hat, was man machen soll, wenn man erst mal drin ist.

Wie irgendeine Nebenstelle in dieser abgelegenen Gegend hatte entstehen können, war ein Rätsel für sich. Wie sie ihren ironischen Beinamen *Oase* bekommen hatte, war noch so ein Rätsel. Es gab eine Theorie, dass das Haus als sicherer Unterschlupf für gefangene deutsche Spione im Zweiten Weltkrieg genutzt worden war; eine andere lautete, ein früherer Direktor habe hier seine Geliebte untergebracht; noch eine weitere, dass man seitens der Zentrale, den endlosen politischen Schlingerbewegungen folgend, entschieden hatte, dass es der Sicherheit am zuträglichsten wäre, wenn man die Nebenstellen über ganz London verteilte, und die Oase wegen ihrer völligen Bedeutungslosigkeit schlichtweg übersehen worden war, als diese Politik wieder geändert wurde.

Ich steige die drei rissigen Stufen hinauf. Die Eingangstür, von der die Farbe abblättert, öffnet sich, noch bevor ich die Gelegenheit habe, meinen alten Sicherheitsschlüssel ins Schloss zu stecken. Direkt vor mir steht der einst gefürchtete Giles Wackford, übergewichtig und mit tränenden Augen, doch zu seiner Zeit einer der gerissensten Quellenführer im ganzen Unternehmen, und gerade mal drei Jahre älter als ich.

»Mein lieber Kollege«, verkündet er heiser durch den Whiskydunst der vorherigen Nacht. »Wie immer pünktlich auf die Minute! Ein herzliches Salaam Ihnen, Sir. Welche Ehre! Könnte mir keinen Besseren als Nachfolger denken.«

Dann lerne ich das Team kennen, das sich auf einer schmalen Holztreppe verteilt hat:

Igor, schwermütiger fünfundsechzigjähriger Litauer, früher mal Führungsagent eines der besten Balkan-Netzwerke im Kalten Krieg, über die die Behörde jemals verfügte, nun dazu verurteilt, einen Stall voller zahmer Büroreinigungskräfte, Türsteher und Schreibkräfte zu leiten, die bei ungeschützten ausländischen Botschaften angestellt sind.

Als Nächste *Marika*, Igors vermeintliche estnische Geliebte, verwitwete Frau eines Agenten im Ruhestand, der in Sankt Petersburg starb, als es noch Leningrad hieß.

Und schließlich noch der kleine *Ilja*, ein scharfsichtiger anglofinnischer Bursche mit Russischkenntnissen, den ich vor fünf Jahren als Doppelagenten in Helsinki angeworben hatte. Er hat weiter für meinen Nachfolger gearbeitet, nachdem man ihm zugesagt hatte, ihn ins Königreich umzusiedeln. Erst wollte man in der Zentrale nichts mit ihm zu tun haben. Nach mehrmaliger Fürsprache meinerseits gegenüber Bryn Jordan erklärten sie sich bereit, ihn als Angehörigen der untersten Stufe des Geheimlebens zu übernehmen: als Büroangestellten mit Freigabe bis Geheimhaltungsstufe C. Mit einem Aufschrei finnischer Freude umarmt er mich russisch herzlich.

Und in einem der oberen Stockwerke sitzt, zu ewiger Isolation verbannt, ein bunt gemischter Stab aus Büroangestellten mit zweisprachigem Hintergrund und rudimentärem Einsatztraining.

Erst nachdem wir die Führung durchs Haus angeblich beendet haben und ich mich schon frage, ob meine angekündigte Nummer zwei überhaupt existiert, klopft Giles feierlich an eine mattierte Glastür, die in sein eigenes muffiges Büro führt; dort, in der ehemaligen Kammer des Zimmermädchens, wie ich vermute, sehe ich zum ersten Mal die jugendliche, hoch aufgeschossene Gestalt von Florence mit ihrem frechen Gesichtsausdruck; spricht fließend Russisch, im zweiten Jahr der Erprobungsphase, neuester Zugang zur Nebenstelle Oase und Dom zufolge ihre ganze Hoffnung.

»Und warum ist sie nicht umgehend in die Russlandabteilung versetzt worden?«, hatte ich ihn gefragt.

»Weil wir sie noch für ein wenig *unreif* hielten, Nat«, hatte Dom hochtrabend geantwortet, womit er andeuten wollte, dass er im Zentrum dieser Entscheidung gestanden habe. »Sie ist talentiert, ja, aber wir fanden, wir sollten ihr noch ein Jahr Zeit lassen, um sich einzugewöhnen.«

Talentiert, muss sich aber noch eingewöhnen. Ich hatte Moira um einen Blick in Florence' Akte gebeten. Wie von ihm nicht anders zu erwarten, hatte Dom den besten Satz stibitzt.

Mit einem Mal wird alles, was die Oase unternimmt, von Florence vorangetrieben. Zumindest kommt es mir in meiner Erinnerung so vor. Es mag auch noch andere verdienstvolle Projekte gegeben haben, doch von dem Moment an, als mein Blick auf den Antrag zu *Operation* ROSEBUD fiel, war dies die einzige Show in unserer kleinen Stadt, und Florence war der alleinige Star darin.

Aus eigener Initiative hatte sie die unzufriedene Mätresse eines in London ansässigen ukrainischen Oligarchen mit dem Codenamen ORSON angeworben, der aktenkundige Verbindungen zum Moskauer Hauptquartier und zu prorussischen Elementen in der ukrainischen Regierung unterhielt.

Ihr grotesk übertriebener, ambitionierter Plan sah vor, dass ein Observationsteam der Zentrale in ORSONs fünfundsiebzig Millionen Pfund teures Doppelhaus an der Park Lane einbrechen sollte, um es bis unters Dach zu verwanzen. Es galt, konstruktive Änderungen an einer Reihe von Computern vorzunehmen, die sich hinter einer Stahltür auf halbem Wege die Marmortreppe hinauf zu einer Lounge mit Panoramablick befanden.

Im gegenwärtigen Zustand gingen die Chancen, dass der Plan von der Operativen Abteilung grünes Licht bekam, meiner Einschätzung nach gen null. Einbrüche waren ein heiß umkämpftes Feld. Observanten wurden in Gold aufgewogen. ROSEBUD war im aktuellen Klima nur eine von vielen ungehörten Stimmen auf einem lärmenden Marktplatz. Doch je tiefer ich mich in Florence' Antrag einarbeitete, desto mehr war ich davon überzeugt, dass die Operation nach radikalen Anpassungen im Plan und mit einem klugen Timing justiziable, hochkarätige Informationen liefern könnte. Und in Florence, wie sich

Giles bei einer nächtlichen Flasche Talisker in der Hinterküche der Oase lang und breit ausließ, hatte ROSEBUD eine unerbittliche, wenn auch besessene Meisterin gefunden:

»Das Mädchen hat die *ganze* Laufarbeit und den *ganzen* Papierkram allein erledigt. Vom ersten Tag an, seit sie ORSON aus den Akten gehoben hat, lebt und träumt sie nichts anderes. Ich hab sie gefragt: Haben Sie einen persönlichen Rachefeldzug gegen ihn vor? Sie hat nicht mal gelacht, nur gesagt, er sei eine Schande für die Menschheit und gehöre erledigt.«

Ein großer Schluck Whisky.

»Das Mädchen schmeichelt sich nicht nur bei Astra ein und wird ihre allerbeste Freundin« – ASTRA ist der Codename für ORSONs enttäuschte Mätresse –, »sie haut außerdem noch den Nachtportier des Zielobjekts übers Ohr. Spinnt sich ein Seemannsgarn zusammen, sie würde verdeckt für die *Daily Mail* arbeiten und an einer Story über den Lebensstil der Oligarchen in London sitzen. Der Nachtportier verknallt sich in sie und nimmt ihr jedes Wort ab. Wann immer sie sich in der Höhle des Löwen umschauen will, kann sie das für fünftausend Pfund aus dem Reptilienfonds der *Daily Mail* tun. Von wegen unreif. Die hat *cojones* wie ein Elefantenbulle.«

Ich organisiere ein Mittagessen mit Percy Price, dem allmächtigen Kopf der Abteilung Observation, ein eigenes Reich für sich. Die Regeln schreiben vor, dass ich Dom ebenfalls einlade. Es wird schnell klar, dass Percy und Dom nicht füreinander geschaffen sind, aber Percy und ich kennen uns schon sehr lange. Percy ist ein hagerer und wortkarger Ex-Soldat Mitte fünfzig. Vor zehn Jahren haben wir, mit Unterstützung eines seiner Observationsteams und eines Agenten, den ich führte, am russischen Ausstellungsstand einer internationalen Waffenmesse den Prototyp eines Flugkörpers gestohlen.

»Meine Leute stolpern andauernd über diesen ORSON«, klagt er nachdenklich. »Wann immer wir einen zwielichtigen Milliardär umdrehen, der seine Finger im russischen Honigtopf hat, taucht ORSON auf. Wir sind keine Sachbearbeiter, wir sind Beobachter. Wir beobachten, was man uns zu beobachten aufträgt. Aber ich bin sehr froh, dass sich endlich jemand entschlossen hat, ihn zu schnappen, denn sein Haufen und er plagen mich schon seit Ewigkeiten.«

Percy will mal schauen, ob er ein Zeitfenster für uns erübrigen kann. Aber der Erfolg steht auf wackligen Füßen, nicht vergessen, Nat. Wenn die Operative Abteilung in letzter Sekunde beschließt, dass eine andere Anfrage wichtiger ist, dann kann Percy oder sonst jemand nichts daran ändern.

»Und natürlich geht alles über mich, Percy«, erklärt Dom, und wir beide sagen: Ja, Dom, selbstverständlich.

Drei Tage später ruft mich Percy auf meinem Diensthandy an. Sieht so aus, als hätten wir Mitte Juli ein wenig Leerlauf, Nat. Könnte man ja mal probieren. Danke, Percy, sage ich, ich gebe es bei passender Gelegenheit an Dom weiter, und damit meine ich, zum spätestmöglichen Zeitpunkt, oder gar nicht.

Florence' Kabuff ist nur einen Schritt von meinem Büro entfernt. Von nun an, verfüge ich, soll sie so viel gemeinsame Zeit wie nötig mit ORSONs enttäuschter Mätresse, Codename ASTRA, verbringen. Sie soll mit ihr aufs Land fahren, sie beim Shoppen begleiten und mit ihr bei Fortnum's essen gehen, ASTRAs Lieblingsrestaurant. Sie soll auch den Nachtportier am Zielobjekt noch mehr beackern. Ich umgehe Dom und genehmige für dieses Ziel einfach fünfhundert Pfund als Bestechungsgeld. Unter meiner Aufsicht wird Florence außerdem einen förmlichen Antrag für eine erste verdeckte Ausspähung des Inneren von ORSONs Doppelhaus stellen, die von einem Observationsteam der Operativen Abteilung durchgeführt werden soll. Indem wir zu diesem frühen Zeitpunkt die Operative Abteilung einbeziehen, signalisieren wir die Ernsthaftigkeit unserer Absichten.

Zunächst hatte mein Instinkt mir eingegeben, Florence mit Vorsicht zu genießen: eine von diesen jungen Frauen aus der Oberschicht, die mit Ponys aufgewachsen sind und bei denen man nie so recht weiß, was in ihnen vor sich geht. Steff würde sie auf der Stelle hassen, Prue sich Sorgen machen. Florence' Augen sind groß, braun und ohne jeden Hauch von Humor. Bei der Arbeit trägt sie ausgebeulte Wollröcke, um ihre Figur zu kaschieren, außerdem flache Schuhe und kein Make-up. Ihrer Personalakte zufolge lebt sie bei ihren Eltern in Pimlico und hat keinen festen Partner. Auf eigenen Wunsch gilt ihre sexuelle Orientierung als *unbestimmt*. Sie trägt einen goldenen Herrensiegelring am Ringfinger, was ich als Verbotszeichen deute. Sie macht große, beschwingte Schritte. Derselbe Schwung findet sich in ihrer Stimme wieder, das reinste Cheltenham Ladies' College, erweitert um die Kraftausdrücke eines Maurers. Mein erstes Erlebnis mit dieser ungewöhnlichen Mischung habe ich während eines Gesprächs über die Operation ROSEBUD. Wir sind zu fünft: Dom, Percy Price und ich, dazu ein aufgeblasener Einbrecher aus dem Hauptquartier namens Eric und Florence, Kandidatin in der Erprobungsphase. Die zu klärende Frage lautet, ob nicht vielleicht ein Stromausfall zur Ablenkung ganz nützlich wäre, während Erics Jungs und Mädels ihre Arbeit in ORSONs Doppelhaus verrichten. Florence, die bis zu diesem Zeitpunkt stumm geblieben war, erwacht zum Leben:

»Aber *Eric*«, widerspricht sie. »Was glauben Sie denn, womit ORSONs Computer betrieben werden? Mit bescheuerten Taschenlampenbatterien?«

Es gibt ein drängendes Problem, dem ich mich stellen muss: Ich muss diesen Unterton moralischer Entrüstung rausfiltern, der auch Florence' Antrag an die Operative Abteilung durchzieht. Ich mag ja nicht gerade der ungekrönte König des Büros sein, wenn es um offizielle Schriftstücke geht – meine Personalakte deutet auf das Gegenteil hin –, aber ich weiß, was bei unseren lieben Planern die Nackenhaare in Stellung bringt. Als ich ihr das mit einfachen Worten erkläre, braust sie auf. Habe ich es hier mit Steff zu tun oder mit meiner Nummer zwei?

»*Herr im Himmel*«, seufzt sie. »Jetzt wollen Sie mir wohl noch erzählen, dass Sie auf Adverbien stehen.«

»Ich will Ihnen nichts dergleichen erzählen. Ich sage Ihnen nur, dass die Operative Abteilung *und* die Russlandabteilung auch es als eine ziemliche Widrigkeit betrachten würden, wie Sie sich auszudrücken pflegen, ganz egal, ob ORSON der Abschaum der Menschheit ist oder der Hüter aller Tugenden. Deshalb werden wir alle Bezüge auf triftige Gründe und ungeheure Geldsummen, die den Unterdrückten der Welt genommen wurden, streichen. Wir verweisen auf Absicht, Vorteil, Risiko und Bestreitbarkeit und achten darauf, dass sich das Wasserzeichen der Oase auf jeder einzelnen Seite wiederfindet und nicht auf rätselhafte Art und Weise durch das Wasserzeichen von jemand anderem ersetzt wird.«

»Wie zum Beispiel das von Dom?«

»Wie zum Beispiel das von wem auch immer.«

Sie stapft zurück in ihr Kabuff und knallt die Tür zu. Kein Wunder, dass Giles sich in sie verliebt hat: Er hat keine Tochter. Ich rufe Percy an und teile ihm mit, dass der Antrag für Operation ROSEBUD in der Mache sei. Nachdem ich alle Entschuldigungen für meinen Verzug aufgebraucht habe, erstatte ich Dom frank und frei Bericht über unseren bisherigen Fortschritt – also gerade genug, dass er stillhält. Am Montagabend wünsche ich der Oase eine gute Nacht und mache mich mit einem verzeihlichen Gefühl von Selbstzufriedenheit auf den Weg zum Athleticus und dem lange hinausgezögerten Badmintonspiel gegen Edward Stanley Shannon, Rechercheur.

5.

Meinem Terminkalender zufolge, der sein Lebtag noch keine Information enthalten hat, mit der ich ihn nicht im Bus oder bei mir zu Hause hätte herumliegen lassen können, spielten Ed und ich fünfzehn Matches im Athleticus gegeneinander. Meistens – aber nicht immer – war das montags, und manchmal zweimal die Woche, vierzehn Matches vor dem Fall, ein Match danach. Ich verwende den Begriff *Fall* hier ganz willkürlich. Es hat weder mit dem englischen Wort für Herbst zu tun noch mit dem Sündenfall von Adam und Eva. Ich bin mir nicht sicher, ob das Wort tatsächlich zutreffend ist, aber ich habe vergeblich nach einem Besseren gesucht.

Wenn ich mich dem Athleticus von Norden her nähere, habe ich das Vergnügen, das letzte Stück durch den Battersea Park zurückzulegen. Wenn ich von zu Hause komme, sind es ohnehin nur fünfhundert Meter. Den Großteil meines Erwachsenenlebens über ist der Athleticus mein ganz eigener Herrenclub und Rückzugsort gewesen. Prue nennt ihn meinen Laufstall. Auch als ich im Ausland war, habe ich meinen Mitgliedsbeitrag entrichtet und meine kurzen Heimaturlaube dazu genutzt, um mich auf der Rangliste zu halten. Wann immer die Zentrale mich zu einer Einsatzbesprechung zurückbeordert hat, nahm ich mir die Zeit und habe ein Match bestritten. Im Athleticus bin ich für alle nur Nat, niemand schert sich darum, was der andere beruflich macht, niemand stellt Fragen. Chinesen und andere Asiaten sind uns Europäern zahlenmäßig drei zu eins überlegen. Seit Steff gelernt hat, »Nein« zu sagen, hat sie sich geweigert zu spielen, auch wenn es mal eine Zeit gegeben hat, als ich sie auf ein Eis und eine Runde im Pool mitgenommen habe. Prue ist keine Spielverderberin und kommt mit, wenn ich sie frage, aber nur ungern und in letzter Zeit überhaupt nicht mehr, bei all ihrer *Pro-bono*-Arbeit und den ganzen Sammelklagen, in die ihre Kanzlei verwickelt ist.

Es gibt im Verein einen alterslosen, an Schlaflosigkeit leidenden chinesischen Barkeeper aus Shantou, genannt Fred. Wir bieten eine Juniormitgliedschaft an, die zutiefst unwirtschaftlich ist und die nur bis zum zweiundzwanzigsten Lebensjahr gilt. Danach sind es zweihundertfünfzig Mäuse im Jahr, dazu eine satte Aufnahmegebühr. Und wenn nicht ein chinesisches Vereinsmitglied unter dem Namen Arthur unerwartet eine anonyme Spende von hunderttausend Euro eingereicht hätte, dann hätten wir die Bude zumachen oder die Gebühren erheblich höher ansetzen müssen; daran knüpft sich noch eine Geschichte. Als Vereinsvorsitzender gehörte ich zu den wenigen, denen es zustand, Arthur für seine Großherzigkeit zu danken. Eines Abends wurde mir mitgeteilt, dass er in der Bar sitze. Er war in meinem Alter, hatte aber schon weiße Haare, trug einen schicken Anzug mit Krawatte und starrte vor sich hin. Kein Drink.

»Arthur«, sage ich und setze mich neben ihn, »wir wissen gar nicht, wie wir Ihnen danken können.«

Ich warte darauf, dass er den Kopf dreht, doch er stiert weiter ein Loch in die Luft.

Nach einer halben Ewigkeit erwidert er: »Es ist für meinen Jungen.«

»Ist denn Ihr Sohn heute Abend hier?«, frage ich und beobachte eine Gruppe von chinesischen Jugendlichen, die am Pool herumhängt.

»Nicht mehr«, erwidert Arthur und dreht noch immer nicht den Kopf.

Nicht mehr? Was sollte das heißen?

Ich starte diskrete Ermittlungen. Chinesische Namen sind knifflig. Es gab mal ein Juniormitglied, das denselben Nachnamen zu haben schien wie unser edler Spender, aber seine Jahresgebühr war sechs Monate überfällig und er hatte die übliche Abfolge an Mahnungen einfach ignoriert. Alice fand die Lösung. Kim, wie sie sich erinnerte. Der bemühte, dürre kleine Kerl. Ungeheuer freundlich, gab sein Alter mit sechzehn an, sah aber wie sechzig aus. Stets wurde er von einer Chinesin begleitet, sehr höflich, hätte seine Mutter sein können, vielleicht auch seine Pflegerin. Bezahlte sofort in bar einen sechsstündigen Anfängerkurs, aber der Bursche traf ums Verrecken den Federball nicht, nicht mal die lahmsten Schläge. Der Trainer schlug vor, er solle es doch erst mal zu Hause probieren, Hand-Auge-Koordination, Federball auf dem Schläger, und in ein paar Wochen wiederkommen. Aber der Bursche tauchte nie wieder auf. Auch die Pflegerin nicht. Wir nahmen an, dass er aufgegeben hatte oder nach China zurückgekehrt war. Du lieber Himmel, sprich es gar nicht erst aus. Na, Gott behüte den armen Kim.

Ich bin mir nicht sicher, warum ich mich an diese Episode so deutlich erinnern kann, außer, dass ich den Verein und das, was er mir in all den Jahren bedeutet hat, liebe, außerdem ist das der Ort, an dem ich fünfzehn Matches gegen Ed ausgetragen und jedes davon genossen habe, abgesehen von unserem letzten Spiel.

Unsere erste Montagsverabredung fand nicht gerade jenen ausgelassenen Anfang, den die Unterlagen andeuten. Ich bin ein pünktlicher Mensch – Steff meint, ich sei geradezu pedantisch.

Zu unserer Verabredung, die wir ganze drei Wochen zuvor ausgemacht hatten, erschien er völlig außer Atem, keine drei Minuten vor der gebuchten Zeit, in einem verknitterten Anzug und mit Fahrradklammern um die Knöchel. Bei sich hatte er eine braune kunstlederne Aktentasche und schlechte Laune.

Bedenken Sie bitte, dass ich ihn bislang nur ein einziges Mal in Badmintonkleidung gesehen hatte. Bedenken Sie zudem, dass er gut zwanzig Jahre jünger war als ich, dass er mich im Beisein meiner Vereinskollegen herausgefordert und ich seine Herausforderung vor allem deshalb angenommen hatte, damit er sein Gesicht wahren konnte. Bedenken Sie bitte des Weiteren, dass ich nicht nur der Vereinschampion war, sondern den Vormittag damit verbracht hatte, lückenlos aufeinanderfolgende Übergabetreffen mit zwei von Giles' aussichtslosesten und unproduktivsten Agenten zu führen, beides Frauen, die es aus offensichtlichen Gründen nicht begrüßten, eine neue Führungsperson vorgesetzt zu bekommen. Meine Mittagspause war dem Trösten von Prue gewidmet gewesen, die eine verletzende Mail von Steff bekommen hatte, in der diese verlangte, ihr das Handy, das sie auf dem Tischchen im Flur hatte liegen lassen, per Einschreiben an eine unbekannte Adresse c/o Juno zu schicken – wer zum Teufel ist Juno? Meinen Nachmittag brachte ich damit zu, weitere überflüssige Bemerkungen zu ORSONs schändlichem Lebensstil zu streichen, nachdem ich Florence bereits zwei Mal angewiesen hatte, dies selbst zu tun.

Bedenken Sie bitte auch, dass ich mich schon seit geschlagenen zehn Minuten in voller Badmintonkluft herumärgere und auf die Uhr schaue, bis Ed schließlich in die Umkleide gestürmt kommt und ganz den Eindruck macht, als sei er auf der Flucht. Er fängt an, sich auszuziehen, und murmelt schwer verständliches Zeug über irgendeinen »verfluchten, Radfahrer hassenden Lasterfahrer«, der an der Ampel unfreundlich zu ihm gewesen war, und seinen Boss, der »mich einfach grundlos länger hat arbeiten lassen«, worauf ich nur »Sie Ärmster« sagen kann, mich dann auf die Bank setze und den Fortgang der chaotischen Aktion im Spiegel beobachte.

Gut möglich, dass ich erheblich angespannter bin als die Person, die Ed vor ein paar Wochen kennengelernt hat, aber auch der Ed vor mir hat nur wenig Ähnlichkeit mit dem schüchternen Jungen, der Alice' Unterstützung brauchte, um Kontakt mit mir aufzunehmen. Er legt sein Jackett ab, beugt sich mit dem Oberkörper vor, ohne die Knie abzuwinkeln, reißt seinen Spind auf, kramt erst eine Röhre mit Federbällen und ein Paar Schläger hervor, dann ein zusammengerolltes Bündel aus Shirt, Shorts, Socken und Sportschuhen.

Große Füße, fällt mir auf. Das könnte sein Tempo beeinträchtigen. Und noch während ich das denke, hat er seine braune Aktentasche in den Spind geworfen und *abgeschlossen*. Wozu das? Der Mann ist doch gerade noch damit beschäftigt, sich umzuziehen. In dreißig Sekunden wird er seine Kleidung mit derselben hektischen Eile, mit der er sie sich vom Körper reißt, in denselben Spind stopfen. Warum schließt er den Spind denn ab, nur um ihn eine halbe Minute später wieder *aufzuschließen*? Hat er Sorge, jemand könne seine Aktentasche klauen, während er ihr kurz den Rücken zukehrt?

So zu denken erfordert keine bewusste Mühe meinerseits. Das ist eine *Berufskrankheit*. Diese Strategie hat man mir beigebracht und ich habe sie mein ganzes Arbeitsleben über angewendet, ganz gleich, ob das Objekt meines Interesses nun Prue ist, die sich an ihrer Frisierkommode in Battersea schminkt, oder das Paar mittleren Alters in der Ecke eines Cafés, das zu lange dort sitzt, sich zu angestrengt unterhält und nicht ein einziges Mal in meine Richtung schaut.

Ed hat sich das Hemd über den Kopf gezogen und sein nackter Oberkörper kommt zum Vorschein. Gut gebaut, ein wenig knochig, keine Tätowierungen, keine Narben, keine anderen Erkennungsmerkmale; von meinem Platz aus wirkt er sehr, sehr groß. Er nimmt die Brille ab, schließt den Spind auf, wirft sie hinein und *schließt wieder ab*. Er zieht ein T-Shirt an, dann dieselben langen Shorts, die er schon trug, als er mich ansprach, und ein paar knöchelhohe Socken, die ursprünglich mal weiß gewesen sind.

Seine Knie sind nun auf Höhe meines Gesichts. Ohne Brille wirkt sein Gesicht nackt und noch jünger als zu dem Zeitpunkt, als er zum ersten Mal aufgetaucht war. Höchstens fünfundzwanzig. Er beugt sich über mich und linst in den Wandspiegel. Er setzt Kontaktlinsen ein und blinzelt. Mir fällt zudem auf, dass er bei all diesen Verrenkungen immer noch kein einziges Mal die Knie gebeugt hat. Jede seiner Bewegungen kommt aus der Hüfte, ob er sich nun die Schuhe zubindet oder sich nach vorne lehnt und die Kontaktlinsen einsetzt. Trotz seiner Größe gibt es also womöglich Probleme bei niedrigen und weiten Bällen. Und wieder schließt er den Spind auf, stopft Jackett, Hemd und Schuhe hinein, knallt die Tür zu, schließt ab, zieht den Schlüssel aus dem Schloss, betrachtet ihn, wie er da auf seiner Hand liegt, zuckt mit den Schultern, entfernt das daran befestigte Band, öffnet den Tritteimer zu seinen Füßen, wirft das Band hinein und steckt den Schlüssel in die rechte Hosentasche seiner langen Shorts.

»Sind wir dann so weit?«, will er wissen, so als hätte ich, nicht er, für Verzögerung gesorgt.

Wir gehen zum Spielfeld, Ed stapft vorneweg, hantiert mit seinem Schläger herum und schäumt immer noch vor sich hin, entweder wegen dieses Radfahrer hassenden Lasterfahrers oder wegen seines hirnlosen Chefs, oder es geht um sonst irgendeine Verärgerung, von der ich noch nichts weiß. Er kennt den Weg. Er hat wahrscheinlich heimlich hier trainiert, seit er mich herausgefordert hat. Meine Arbeit verlangt von mir, mit Leuten auszukommen, die ich normalerweise nicht mit der Kneifzange anpacken würde, aber dieser junge Mann belastet meine Toleranzgrenze sehr, und das Badmintonfeld ist genau der Platz, um das mal geradezurücken.

An jenem ersten Abend lieferten wir uns sieben erbitterte Spiele. Inklusive der Meisterschaftsmatches kann ich mich nicht erinnern, mich jemals mehr angestrengt zu haben und entschlossener gewesen zu sein, einen jungen Gegner in die Schranken zu weisen. Ich gewann vier Spiele, aber auch nur um Haaresbreite. Ed war gut, aber glücklicherweise spielte er unbeständig, das war mein Vorteil. Trotz seines jungen Alters war er so gut, wie er wohl jemals werden konnte, vor allem, wenn man bedenkt, dass er mir fünfzehn bis zwanzig Zentimeter Reichweite voraushatte. Doch seine Konzentration schwankte, zum Glück. Ein Dutzend Punkte lang griff er an, schmetterte, holte aus, lobbte, stoppte, fasste sich, zwang seinen Körper zu allen unmöglichen Verrenkungen, und ich musste mich anstrengen, um mithalten zu können. Dann schaltete er für die nächsten drei, vier Angriffe ab, und der Sieg schien ihm nicht mehr wichtig zu sein. Darauf erwachte er wieder zum Leben, doch da war es schon zu spät.

Und vom ersten bis zum letzten Angriff wechselten wir kein Wort, mal abgesehen von Eds pedantischer Bekanntgabe des Spielstands, eine Aufgabe, die er seit dem ersten Punkt an sich gerissen hatte, und dem gelegentlichen *Shit!*, wenn er einen Schlag verpatzte. Als wir zum entscheidenden Spiel kamen, mussten wir wohl ein Dutzend Zuschauer angelockt haben, und am Ende gab es sogar etwas Applaus. Ja, er war ein bisschen unbeholfen auf den Beinen. Und ja, seine tiefen Bälle waren hektisch und ein wenig übereilt, trotz seines Größenvorteils.

Doch am Ende musste ich gestehen, dass er mit unerwartetem Anstand spielte und verlor, ohne eine einzige Linienentscheidung anzuzweifeln oder eine Wiederholung zu verlangen, was im Athleticus oder andernorts beileibe nicht immer der Fall war. Und kaum war das Spiel zu Ende, zwang er sich zu einem breiten Grinsen, das erste Mal seit jenem Tag, als er mich ansprach – verärgert, aber fair, und das umso mehr, da es ganz überraschend kam.

»Das war ein wirklich, wirklich gutes Match, Nat, das beste überhaupt, ja«, versichert er mir glaubhaft, packt meine Hand und schüttelt sie kräftig. »Zeit für einen Schlundvoll? Geht auf mich?«

Schlundvoll? Ich war wohl zu lange fort gewesen. Oder meint er eine *Nase voll*? Mir kommt der absurde Gedanke, er würde mir eine Prise Kokain aus seiner braunen Aktentasche anbieten. Dann geht mir auf, dass er nur vorschlägt, auf ein Glas an die Bar zu gehen, also entgegne ich: Nicht heute Abend, Ed, tut mir leid, danke, aber ich habe noch Verpflichtungen, was auch stimmte. Ich hatte noch eine spätabendliche Übergabe zu erledigen, diesmal mit Giles' letzter verbliebenen Quelle, Codename STARLIGHT, einer absoluten Nervensäge von Frau und meiner Meinung nach überhaupt nicht vertrauenswürdig, doch Giles ist davon überzeugt, zu wissen, mit wem er es bei ihr zu tun hat.

»Wie wär's denn mit einer Revanche nächste Woche?«, drängt Ed mit der Hartnäckigkeit, die ich langsam von ihm zu erwarten lerne. »Ist kein Problem, wenn einer von uns absagt. Ich buche den Court sowieso. Passt das bei Ihnen?«

Worauf ich wieder wahrheitsgemäß antworte, dass ich ziemlich eingespannt sei und auf ein andermal verschieben muss. Und außerdem bin ich dran mit dem Buchen. Erneut gefolgt von einem verrückten Händeschütteln seinerseits. Das Letzte, was ich von ihm zu sehen bekomme, nachdem wir uns verabschiedet haben, ist, wie er sich mit Fahrradklammern um die Hosenbeine vorbeugt und das Schloss seines vorsintflutlichen Fahrrads aufschließt. Jemand spricht ihn an, weil er den Bürgersteig versperrt, doch er erwidert demjenigen nur, er solle sich um seinen eigenen Mist kümmern.

Wie sich herausstellt, muss ich ihm per SMS absagen, weil die Operation ROSEBUD, dank Florence' zögerlichem Fügen, den Unterton moralischer Entrüstung in ihrem Antragsentwurf zu reduzieren, und einiger Hintertreppenpolitik meinerseits, langsam ernsthaft Gestalt annahm. Er hatte stattdessen den Mittwoch vorgeschlagen, doch musste ich ihm mitteilen, dass ich die ganze Woche unter der Knute stehen würde. Und als dann der darauffolgende Montag näher rückte, hing die Operation immer noch am seidenen Faden, und erneut musste ich mich gebührend für meine Absage entschuldigen, und auch für den Rest der Woche sah es nicht allzu gut aus. Ich hatte ein schlechtes Gewissen, dass ich für so viel Hin und Her gesorgt hatte, und war umso erleichterter, dass er mir immer wieder höflich zurückschrieb: »Kein Problem.« Am dritten Freitagabend war ich immer noch unsicher, ob ich es am Montag oder irgendeinem anderen Tag der kommenden Woche schaffen würde, was eine dritte Absage in Folge bedeutet hätte.

Es ist nach Geschäftsschluss. Die Wochenendschicht in der Oase erscheint bereits zum Dienst. Der kleine Ilja hat sich wieder mal freiwillig gemeldet. Er braucht das Geld. Mein Diensttelefon klingelt. Dom. Ich bin schon leicht geneigt, es klingeln zu lassen, gebe aber doch nach.

»Ich habe ein paar wirklich gute Nachrichten für dich, Nat«, verkündet er mit der Stimme, die er bei allgemeinen Treffen gerne hören lässt. »Eine gewisse Dame, bekannt auch unter dem Namen ROSEBUD, ist bei unseren Herren in der Russlandabteilung mit ihrem Vorschlag auf Zustimmung gestoßen. Sie haben unseren Antrag zur abschließenden Begutachtung und Freigabe an die Operative Abteilung weitergereicht. Ich wünsche dir ein schönes Wochenende. Du hast es dir verdient, wenn ich das so sagen darf.«

»*Unseren Antrag*, Dom? Oder den Antrag von Großraum London?«

»Unseren *gemeinsamen* Antrag, Nat, wie wir übereinstimmend festgestellt haben. Die Oase und Großraum London marschieren Seite an Seite.«

»Und wer genau ist offiziell verantwortlich für diesen Antrag?«

»Deine unerschrockene Nummer zwei ist trotz ihres Status als Kandidatin in der Erprobungsphase zur Verantwortlichen des Einsatzes bestimmt worden. Sie wird in dieser Eigenschaft ihren Vorgehensplan, der üblichen Praxis entsprechend, am kommenden Freitag um Punkt halb elf im Einsatzraum formal präsentieren. Nun zufrieden?«

Nicht, solange ich das nicht schriftlich habe, Dom. Ich rufe Viv an, die sich als Verbündete herausstellt. Sie mailt mir die formelle Bestätigung. Dom und ich werden beide namentlich genannt. Florence ist offiziell verantwortlich. Erst jetzt kann ich Ed in Ruhe schreiben. Tut mir leid, dass es so kurzfristig kommt und so weiter, aber hat er zufällig am Montag darauf Zeit?

Das hat er.

Diesmal kein verschwitzter Anzug und keine Fahrradklammern, kein Gemurre über Lasterfahrer oder hirnlose Vorgesetzte und keine Kunstlederaktentasche. Nur Jeans, Sneaker, am Kragen geöffnetes Hemd und ein breites, sehr fröhliches Grinsen unter dem Fahrradhelm, den er gerade abschnallt. Und ich muss zugeben, dass dieses Grinsen und das Händeschütteln nach drei ganzen Wochen Schwerarbeit rund um die Uhr richtig erfrischend sind.

»Erst haben Sie sich gedrückt, dann haben Sie Ihren ganzen Mut zusammengekratzt, stimmt's?«

»Ich zittere wie Espenlaub«, pflichte ich ihm fröhlich bei, und wir marschieren schnellen Schrittes zu den Umkleideräumen.

Wieder stand das Match auf Messers Schneide. Diesmal hatten wir allerdings keine Zuschauer, die Anspannung ging also allein auf das Spiel selbst zurück. Wie schon zuvor lieferten wir uns ein knappes Match bis zu den letzten paar Angriffen, doch zu meiner Verärgerung – aber auch meiner Erleichterung, denn wer will schon einen Gegner, den er jedes Mal besiegen kann? – schlug er mich um Haaresbreite, und diesmal war ich schneller als er und beharrte darauf, zur Bar zu gehen und einen Schlundvoll zu nehmen, wie er sich ausdrückte. Montags findet sich an der Bar nur eine Handvoll Mitglieder, aber ob nun aus einem Impuls heraus oder aus Gewohnheit steuere ich zur üblichen Beobachterecke, zu einem blechbeschlagenen Tisch für zwei, ein Stück vom Pool entfernt, direkt an der Wand, sodass man die Tür im Auge behalten kann.

Von diesem Augenblick an wurde dieser einzeln stehende Tisch, ohne dass wir ein Wort darüber verloren, zu dem, was meine Mutter in ihren deutschen Augenblicken unseren *Stammtisch* genannt hätte – oder zum Tatort unserer üblichen Montag- oder seltenen anderen Abende unter der Woche, wie meine *verehrten Kollegen* sich auszudrücken pflegen.

Ich hatte nicht damit gerechnet, dass unser erstes After-Match-Bier mehr sein würde als die übliche Formalität: Verlierer bezahlt die erste Runde, Gewinner die zweite, wenn noch ein Glas gewünscht wird, wir tauschen Freundlichkeiten aus, legen einen Revanchetermin fest, duschen und machen uns auf den jeweiligen Heimweg. Und da Ed in dem Alter war, in dem das Leben erst um 21 Uhr beginnt, nahm ich an, dass wir ein Pint trinken und ich mir später ein Ei zubereiten würde, da Prue unten in Southwark mit ihren geschätzten *Pro-bono*-Mandanten beschäftigt war.

»Und stammen Sie aus London, Nat?«, fragt Ed, nachdem wir es uns mit unseren Pints bequem gemacht haben.

Ich bejahe.

»Und was treiben Sie so?«

Das ist weiter, als die Leute im Verein normalerweise gehen, aber Schwamm drüber.

»Ach, ich bin gerade auf der Suche«, erwidere ich. »Hab meine Brötchen für eine Weile im Ausland verdient. Jetzt bin ich wieder zu Hause und halte die Augen auf.« Und als Zugabe: »In der Zwischenzeit helfe ich einem alten Freund, sein Geschäft in Ordnung zu bringen«, füge ich alterprobt hinzu. »Und was ist mit Ihnen, Ed? Alice ist herausgerutscht, dass Sie *Rechercheur* sind. Stimmt das?«

Er denkt über meine Frage nach, als sei sie ihm noch nie zuvor gestellt worden. Er wirkt ein wenig verärgert darüber, auf etwas festgenagelt zu werden.

»Rechercheur, ja. Das bin ich.« Und nach weiterem Nachdenken: »Recherche. Zeug kommt rein. Ich sortiere es. Dann geht es raus an die Kunden. Ja.«

»Also im Grunde die täglichen Nachrichten?«

»Ja. Alles Mögliche. Inland, Ausland, Fake News.«

»Und vermutlich für ein Unternehmen?«, deute ich an, als mir seine Schimpftirade auf den Chef wieder einfällt.

»Ja. Sehr unternehmensorientierte Denkweise. Immer brav auf Linie, sonst bist du am Arsch.«

Ich gehe davon aus, dass er alles gesagt hat, was er sagen

wollte, denn wieder verfällt er in Schweigen. Doch dann fährt er fort:

»Trotzdem. Hab ein paar Jahre in Deutschland herausgeschlagen, doch«, sagt er, sich selbst Trost zusprechend. »Hab das Land geliebt, nur die Arbeit nicht sonderlich. Also bin ich wieder nach Hause gekommen.«

»Und machen immer noch dieselbe Arbeit?«

»Ja, ja, dieselbe Scheiße, andere Abteilung. Ich dachte, es wird besser.«

»Wurde es aber nicht.«

»Nicht wirklich. Da muss man durch, nehme ich an. Das Beste draus machen, ja.«

Und das war auch schon alles, was wir über unsere jeweiligen Beschäftigungen austauschten, für mich ging das völlig in Ordnung, und wahrscheinlich empfanden wir beide das so, mutmaße ich, denn ich kann mich nicht daran erinnern, dass wir jemals wieder auf dieses Thema zurückgekommen wären, so sehr meine *verehrten Kollegen* auch etwas anderes glauben mochten. Allerdings entsinne ich mich noch, als wäre es gestern gewesen, wie schnell unser Gespräch eine andere Richtung annahm, kaum dass wir die Frage nach unseren Beschäftigungen zu Grabe getragen hatten.

Eine Weile lang starrt Ed ein Loch in die Luft und wägt, seinen Gesichtsverzerrungen nach zu urteilen, innerlich gewichtige Dinge ab.

»Darf ich Ihnen eine Frage stellen, Nat?«, platzt er plötzlich wild entschlossen heraus.

»Aber gerne doch«, antworte ich höflich.

»Nur weil ich Sie nämlich außerordentlich respektiere. Obwohl wir uns erst so kurz kennen. Spielt man erst mal gegen jemanden, kennt man ihn auch schn recht bald.«

»Na, dann los.«

»Danke. Also gut. Ich bin der festen Überzeugung, dass Großbritanniens Ausscheiden aus der Europäischen Union zu Zeiten Donald Trumps und die daraus folgende uneingeschränkte Abhängigkeit von den Vereinigten Staaten – während die USA ungebremst auf einen institutionalisierten Rassismus und Neofaschismus zusteuern – für Großbritannien, für Europa und für die liberale Demokratie auf der ganzen Welt das beschissenste Chaos ist, das man sich nur vorstellen kann. Und nun frage ich Sie: Stimmen Sie mir da grundsätzlich zu, oder habe ich Sie beleidigt und es wäre besser, ich würde auf der Stelle aufstehen und gehen? Ja oder nein?«

Ich bin überrascht ob dieser ungefragten Anrufung meiner politischen Sympathien durch einen jungen Mann, den ich gerade erst kennenlerne, bewahre aber, was Prue mein kluges Schweigen nennt. Eine Weile starrt Ed die planschenden Leute im Pool an, ohne sie bewusst zu sehen, und dreht sich dann wieder zu mir.

»Worauf ich hinauswill: Ich möchte *nicht* unter Vorspiegelung falscher Tatsachen hier mit Ihnen sitzen, wo ich doch Sie und Ihre sportlichen Fähigkeiten bewundere. Meiner Meinung nach ist der Brexit die bedeutendste Entscheidung, der sich Großbritannien seit 1939 gegenübersieht. Manche meinen, seit 1945, aber, offen gestanden, weiß ich überhaupt nicht, warum. Ich will also nur wissen, sind Sie meiner Meinung? Ich weiß, ich bin übermäßig ernst. Das hat man mir schon öfter gesagt. Und eine Menge Leute mögen mich nicht, weil ich so unverblümt bin, was ja auch stimmt.«

»Leute auf der Arbeit?«, frage ich, um noch etwas Zeit zu schinden.

»Die Arbeit ist ein totaler Reinfall, wenn es um Meinungsfreiheit geht. Dort ist es Pflicht, zu keinerlei Thema eine klare Meinung zu haben. Sonst gilt man als Aussätziger. Ich folge daher dem Prinzip, bei der Arbeit den Mund zu halten, deshalb betrachten mich alle als einen Griesgram. Allerdings könnte ich Ihnen noch eine ganze Reihe anderer Orte nennen, an denen die Menschen die harte Wahrheit nicht ertragen, zumindest nicht aus meinem Mund. Selbst wenn diese Leute zu ihrer Bewunderung für die westliche Demokratie stehen, nehmen sie trotzdem lieber den einfachen Weg. Sie ignorieren ihre Pflicht, sich dem faschistischen Feind entgegenzustellen, der sich immer weiter ausbreitet. Doch mir fällt auf, dass Sie meine Frage noch immer nicht beantwortet haben.«

Lassen Sie mich an dieser Stelle festhalten, was ich meinen *verehrten Kollegen* gegenüber bis zum Erbrechen wiederholt habe, dass die Formulierung ›beschissenes Chaos‹ durchaus nicht typisch für mein Vokabular, der Brexit allerdings schon lange ein rotes Tuch für mich ist. Ich bin durch und durch Europäer, in Europa geboren und aufgewachsen, habe französisches, deutsches, britisches und altrussisches Blut in meinen Adern und bin auf dem Kontinent ebenso zu Hause wie in Battersea. Und was seinen anschließenden Punkt der Dominanz weißer Rassisten in Trumps Amerika anging – nun, auch hier standen wir nicht im Widerspruch zueinander, wie auch die meisten meiner *verehrten Kollegen* nicht, sosehr sie sich später wohl eine neutralere Haltung wünschen mögen.

Dennoch hatte ich durchaus Bedenken, Ed die Antwort zu geben, die er verlangte. Meine erste Überlegung war wie immer: Stellt er mir eine Falle, versucht er, mich aus der Reserve zu locken oder mich zu kompromittieren? Worauf ich mit absoluter Gewissheit sagen konnte: nein, nicht dieser junge Mann, nicht mal am Sankt-Nimmerleins-Tag. Und dann die zweite Überlegung: Ignoriere ich die handgeschriebene Notiz von Fred, dem chinesischen Barkeeper, die am Spiegel hinter der Bar hing: DER BREXIT MUSS DRAUSSEN BLEIBEN?

Und schließlich: Soll ich außer Acht lassen, dass ich Staatsdiener bin, wenn auch ein geheimer, der geschworen hat, die Politik seiner Regierung hochzuhalten, so sie denn eine hat? Oder soll ich bei mir sagen: Dies hier ist ein mutiger und ehrlicher junger Mann – exzentrisch, ja, nicht nach jedermanns Geschmack, was mir aber durchaus sympathisch ist. Einer, der sein Herz am rechten Fleck trägt, jemanden braucht, der ihm zuhört, nur sieben oder acht Jahre älter ist als meine Tochter – deren radikale Ansichten zu allen möglichen Themen zu unserem Familienalltag gehören –, und ganz ordentlich Badminton spielt?

Es kommt noch ein weiterer Aspekt hinzu, einer, den ich erst jetzt einräumen kann, auch wenn ich glaube, dass er von unserer ersten unwahrscheinlichen Begegnung an in mir geschlummert hat. Damit meine ich, dass ich mir bewusst darüber war, hier auf eine Eigenschaft zu treffen, die in dem Leben, das ich bisher geführt hatte, selten war, vor allem bei einem so jungen Mann: echte Überzeugung, nicht von Habsucht, Neid, Rache oder Selbstüberhöhung getrieben, sondern echte Überzeugung, komme, was wolle.

Fred, der Barmann, schenkt die kalten Biere langsam und bedächtig in schmale Gläser ein, und Ed brütete darüber, tippte mit den langen Fingerspitzen gegen das eiskalte Glas und hielt den Kopf gesenkt, während er meine Antwort abwartete.

»Nun, Ed«, erwidere ich, als ich genug Zeit habe vergehen lassen, um reifliche Überlegung anzudeuten. »Lassen Sie es mich so ausdrücken. Ja, der Brexit ist tatsächlich ein durch und durch beschissenes Chaos, auch wenn ich bezweifle, dass wir sonderlich viel unternehmen können, um die Uhr zurückzudrehen. Genügt Ihnen das als Antwort?«

Natürlich nicht, wie wir beide wussten. Mein sogenanntes höfliches Schweigen ist nichts im Vergleich zu Eds langem

Schweigen, das ich im Laufe der Zeit als natürlichen Bestandteil unserer Gespräche anzusehen lernte.

»Und was ist mit *Präsident Donald Trump?*«, will er wissen und spricht den Namen so aus, als handele es sich um den des Teufels persönlich. »Halten Sie Trump, so wie ich, für eine Bedrohung der gesamten zivilisierten Welt, für einen Aufwiegler, der der systematischen ungebremsten Nazifizierung der Vereinigten Staaten vorsitzt?«

Ich glaube, dass ich an dieser Stelle bereits lächle, sehe aber keinen entsprechenden Gegenschimmer auf Eds kummervollem Gesicht, das er mir nur leicht zugewandt hat, so als benötige er meine Antwort lediglich im Ton und ohne den besänftigenden Gesichtsausdruck dazu.

»Nun, wenn auch in weniger fundamentalem Ausmaß, aber auch da bin ich Ihrer Meinung, Ed, falls Ihnen das ein Trost ist«, räume ich behutsam ein. »Aber er bleibt ja nicht für immer Präsident, oder? Und die Verfassung ist dazu da, ihn zu bremsen, nicht, ihm freie Hand zu lassen.«

Doch das reicht Ed nicht:

»Was ist denn mit den ganzen Tunnelblickfanatikern, die er um sich schart? Die christlichen Fundamentalisten, die glauben, Jesus habe die Gier erfunden? *Die* bleiben doch da, oder?«

»Ed«, sage ich und spiele seine Bemerkung runter. »Wenn Trump abgetreten ist, werden diese Leute in alle Winde verstreut werden. Und jetzt lassen Sie uns um Himmels willen noch ein Bier trinken.«

Nun rechne ich mit diesem breiten Grinsen, das alles fortfegt. Doch es bleibt aus. Stattdessen streckt er mir über den Tisch hinweg seine große knochige Hand hin.

»Dann sind wir uns also einig?«, fragt er.

Ich schüttle seine Hand und sage, ja, das seien wir, und erst jetzt gestattet er mir, uns noch ein Bier zu holen.

Das folgende Dutzend Matches etwa unternahm ich nicht den geringsten Versuch, irgendetwas von dem zu leugnen oder zu verwässern, das er mir gegenüber nach unseren Spielen äußerte. Das bedeutete, dass ab unserer zweiten Begegnung – Match Nr. 2 in meinem Terminkalender – die Après-Badminton-Stammtischsitzung erst vollständig war, wenn Ed sich in einen politischen Monolog über die brennenden Fragen des Tages stürzte.

Und er wurde besser mit der Zeit. Vergessen Sie seine grobe Eröffnungssalve. Ed war nicht grob. Er war nur äußerst engagiert. Und – wie sich von heute aus leicht sagen lässt – geradezu besessen. Und spätestens beim vierten Match entpuppte er sich als gut informierter Nachrichtenjunkie, der jede Wendung und Verwicklung auf der weltpolitischen Bühne – ging es um den Brexit, Trump, Syrien oder irgendein anderes katastrophales Dauerthema – derart persönlich nahm, dass es von meiner Seite aus zutiefst rücksichtslos gewesen wäre, ihn nicht gewähren zu lassen. Das größte Geschenk, das man der Jugend machen kann, ist Zeit; stets hatte ich die Sorge im Hinterkopf, Steff nie genug davon gegeben zu haben, und vielleicht waren Eds Eltern in dieser Hinsicht auch nicht allzu großzügig gewesen.

Meine *verehrten Kollegen* wollten nur gar zu gern glauben, dass ich ihn allein dadurch verleitet hatte, ihm überhaupt Zeit zu schenken. Sie verwiesen auf den Altersunterschied und auf das, was sie meinen »professionellen Charme« nannten. Völliger Unsinn. Nachdem Ed festgestellt hatte, dass ich innerhalb seines simplen Bestiariums ein Geschöpf mit einem weitgehend offenen Ohr war, hätte ich auch genauso gut ein fremder Mitfahrer im Bus gewesen sein können. Selbst heute erinnere ich mich an keine einzige Gelegenheit, bei der meine eigenen – im besten Falle unbedeutenden – Ansichten auch nur den geringsten Eindruck auf ihn gemacht hätten. Er war einfach nur dankbar dafür, ein Publikum gefunden zu haben, das nicht schockiert war, ihm nicht widersprach oder einfach aufstand, um sich mit jemand anderem zu unterhalten, denn ich bin mir nicht sicher, wie lange wir eine ideologische oder politische Diskussion hätten aufrechterhalten können, ohne dass er die Nerven verloren hätte. Es machte mir nichts aus, dass seine Ansichten zu jedem beliebigen Thema ziemlich vorhersagbar waren. Er war nun mal ein Mann mit nur einem Thema. Ich kannte Typen wie ihn. Ich hatte schon ein paar seiner Art rekrutiert. Er war geopolitisch hellwach. Er war jung, höchst intelligent, zumindest im Rahmen seiner starren Haltung, und neigte sicher – auch wenn ich nie Gelegenheit hatte, dies selbst zu überprüfen – zu Wutausbrüchen, wenn er auf Widerspruch stieß.

Was hatte ich persönlich von unserer Beziehung, mal abgesehen von den entschlossenen Duellen auf dem Badmintonfeld? – auch so eine Frage, auf die meine *verehrten Kollegen* immer wieder zurückkamen. Zum Zeitpunkt meiner Inquisition hatte ich darauf keine ausformulierte Antwort parat. Erst im Nachhinein erinnerte ich mich an das Gefühl moralischer Verpflichtung, das Ed bei mir auslöste, und wie es an mein Gewissen appellierte, gepaart mit dem breiten, leicht geschlagen wirkenden Grinsen, das alles einfach beiseitewischte. All dies zusammengenommen, hatte ich das Gefühl, einer bedrohten Art einen Unterschlupf zu bieten. Irgendetwas in dieser Richtung musste ich wohl auch zu Prue gesagt haben, als ich andeutete, ich würde ihn gern mal auf einen Drink nach Hause mitbringen oder ihn zum Sonntagsessen einladen. Prue ließ sich in all ihrer Weisheit nicht davon überzeugen:

»Für mich hört sich das ganz so an, als würdet ihr euch gegenseitig beflügeln, Liebling. Behalte ihn ruhig für dich, dann komme ich euch nicht in die Quere.«

Ich nahm Prues Rat dankbar an und behielt ihn für mich. Eds und meine Routine lief immer gleich ab, selbst zum Ende hin. Wir spielten uns auf dem Feld die Seele aus dem Leib, holten unsere Jacken und warfen uns manchmal einen Schal um und suchten unseren Stammtisch auf, der Verlierer zahlte die erste Runde. Dann tauschten wir ein paar Freundlichkeiten aus und gingen manchmal auch ein, zwei Ballwechsel durch. Er fragte unbestimmt nach meiner Familie oder meiner fiktiven Suche nach einer Geschäftsidee. Ich fragte ihn nach seinem Wochenende, und wir beide gaben nichtssagende Antworten. Dann setzte erwartungsvolle Stille seinerseits ein, die nicht zu füllen ich schnell lernte, und er ließ sein Tagesreferat vom Stapel. Ich pflichtete ihm dann bei, manchmal nur halb, oder sagte äußerstenfalls, hoppla, Ed, immer mit der Ruhe, und kicherte, ganz der alte, weise Mann. Nur selten, und dann mit den sanftesten Worten, stellte ich seine bissigeren Behauptungen infrage – aber stets behutsam, denn von Anfang an hatte ich bei Ed den Eindruck, dass er recht empfindlich war.

Manchmal war es fast so, als würde ein anderer aus ihm sprechen. Seine Stimme, die gut klang, wenn sie ganz sie selbst war, sprang dann eine Oktave nach oben, traf dort eine ganz bestimmte Höhe und hörte sich überaus didaktisch an, zwar nicht für lang, aber doch lang genug, dass ich dachte: Hallo, den Ton kenne ich, den hat Steff ebenfalls auf Lager. Das ist der Ton, gegen den man nicht argumentieren kann, weil die Person einfach weiterredet, als sei man überhaupt nicht da, am besten, man nickt einfach nur und wartet, bis sie müde geworden ist.

Worum es ging? In gewisser Weise änderte sich nichts an der Zusammensetzung. Der Brexit ist Selbstmord. Die britische Öffentlichkeit wird von einem Haufen reicher, elitärer Schwindler, die sich als Männer des Volkes gerieren, über die Klippe gescheucht. Trump ist der Antichrist, Putin ebenfalls. Für Trump, den sich vor dem Wehrdienst drückenden reichen Burschen, der in einer großen, wenn auch fehlerhaften Demokratie groß geworden ist, gibt es keine Erlösung, nicht in dieser und auch nicht in der nächsten Welt. Für Putin, der eine Demokratie nie kennengelernt hat, besteht noch leise Hoffnung. So Ed, dessen nonkonformistischer Hintergrund nach und nach zu einem deutlichen Bestandteil dieser Ergüsse geworden ist.

Gab es Fortschritte, Nat?, fragten mich meine *verehrten Kollegen*. Entwickelten sich seine Ansichten *weiter*? Hatten Sie den Eindruck, dass es auf einen bedeutenden Entschluss zulief? Und wieder konnte ich ihnen nichts Zufriedenstellendes sagen. Vielleicht wurde er freimütiger und unverblümter, nachdem er erst mal mit seinem Publikum warm geworden war: also mit mir. Vielleicht wurde ich über die Zeit mehr zu einem gleichgesinnten Zuhörer, obwohl ich mich nicht daran erinnern kann, jemals auffallend weniger gleichgesinnt gewesen zu sein.

Allerdings muss ich gestehen, dass Ed und ich uns ein paarmal am Stammtisch gegenübersaßen, wenn ich mir gerade nicht allzu große Sorgen um Steff oder Prue machen musste, auch nicht um irgendeinen neu herangezogenen Agenten, der verrücktspielte, oder wegen der Grippewelle, die die Hälfte unserer Führungsleute für ein paar Wochen von der Straße holte, und ich ihm nahezu meine gesamte Aufmerksamkeit widmete. Bei solchen Gelegenheiten mag ich mich bemüßigt gefühlt haben, mich bei dem einen oder anderen radikaleren seiner Herzensergüsse auf eine Diskussion einzulassen, aber nicht so sehr, dass ich seiner Argumentation widersprach, sondern mit dem Ziel, seiner Forschheit die Schärfe zu nehmen, mit der er sie vorgebracht hatte. In diesem Sinne gab es also wohl doch Fortschritte, zumindest aber eine wachsende Vertrautheit meinerseits und eine, wenn auch zögerliche, Bereitschaft Eds, ab und an auch mal über sich selbst zu lachen.

Doch vergessen Sie nicht meinen folgenden einfachen Einwand, der keine Entschuldigung darstellen soll, sondern lediglich eine Tatsache beschreibt: Ich habe nicht immer sonderlich genau zugehört und manchmal sogar ganz abgeschaltet. Wenn ich in der Oase unter Druck stand – was immer häufiger der Fall war –, dann vergewisserte ich mich, dass ich mein Diensthandy in der Tasche hatte, bevor wir am Stammtisch Platz nahmen, und schaute heimlich darauf, während Ed um sich schlug.

Und ab und zu, wenn mich seine Monologe in all ihrer jugendlichen Unschuld und Kompromisslosigkeit innerlich zu sehr aufwühlten, nahm ich den längeren Heimweg durch den Park, um meine Gedanken zu ordnen, statt direkt nach unserem Händeschütteln geradewegs nach Hause zu Prue zu gehen.

Ein letztes Wort dazu, was Badminton für Ed bedeutete und eigentlich auch für mich bedeutet. Für Ungläubige ist Badminton ein schwacher Abklatsch von Squash für übergewichtige Männer mit Herzinfarktrisiko. Für die wahren Gläubigen gibt es keinen anderen Sport. Squash ist Mord und Totschlag. Badminton ist List, Geduld, Tempo und eine unmögliche Aufholjagd. Man wartet in Lauerstellung auf seine Gelegenheit zum Angriff, während der Federball gemächlich seine Kurve beschreibt. Anders als Squash kennt Badminton keine sozialen Unterschiede. Badminton ist nicht elitär. Es hat nichts von diesen Freiluftaktivitäten wie Tennis oder 5er-Fußball. Ein wunderbarer Schwung wird nicht belohnt. Badminton verzeiht nichts, schont die Knie, soll aber fürchterlich auf die Hüfte gehen. Dennoch verlangt Badminton nachweislich ein schnelleres Reaktionsvermögen als Squash. Unter uns Spielern herrscht wenig natürliche Geselligkeit und wir bleiben im Allgemeinen lieber für uns. Auf andere Sportler wirken wir ein wenig schrullig und eigenbrötlerisch.

Als mein Vater in Singapur stationiert war, spielte er dort Badminton. Nur Einzelpartien. Er spielte für die Armee, bevor es mit ihm bergab ging. Er spielte auch gegen mich. In den Sommerferien an den Stränden der Normandie. Im Garten in Neuilly, mit einer Wäscheleine als Netz und einem Glas mahagonifarbenen Scotch in der freien Hand. Badminton war das Beste an ihm. Als ich nach Schottland in seine gotterbärmliche Schule verschickt wurde, spielte ich dort Badminton, genau wie er, später dann für meine Universität in den Midlands. Als ich in der Behörde herumhing und auf meinen ersten Einsatz in Übersee wartete, trieb ich eine Gruppe von Mitstreitern zusammen, und unter dem Decknamen *Die Freischärler* nahmen wir es mit allen auf, die sich uns stellten.

Und Ed? Wie wurde er zum Spiel der Spiele bekehrt? Wir sitzen am Stammtisch. Er liest in seinem Bier aus der Zukunft, so wie er es immer tut, wenn er die Probleme der Welt löst oder sich das Hirn zermartert, was denn an seiner Rückhand nicht stimme, oder einfach nichts sagt, sondern nur vor sich hin brütet. Keine an ihn gerichtete Frage war jemals einfach. Allem musste er erst auf den Grund gehen.

»Da war diese Sportlehrerin auf dem Gymnasium«, sagte er schließlich und grinste breit. »Die nahm eines Abends ein paar von uns mit in ihren Verein. Das war auch schon alles. Sie mit ihrem kurzen Rock und den glänzenden hellen Schenkeln. Ja.«

6.

Im Folgenden nun, zur Erbauung meiner *verehrten Kollegen*, die Summe all dessen, was ich bis zum Zeitpunkt des Falls außerhalb des Badmintonfelds über Ed zusammentragen konnte. Jetzt, wo ich es aufschreibe, sollte mich der schiere Umfang überraschen, wäre da nicht die Tatsache, dass ich von Beruf und aus Gewohnheit ein guter Zuhörer bin und mir Dinge leicht merken kann.

Ed war eins von zwei Kindern, die im Abstand von zehn Jahren in einer alten Methodistenfamilie von Bergarbeitern zur Welt kamen. Sein Großvater war in seinen Zwanzigern von Irland herübergekommen. Als die Minen schlossen, wurde Eds Vater Matrose in der Handelsmarine:

Hab ihn eigentlich nicht mehr allzu oft zu sehen gekriegt. Er kam nach Hause und bekam Krebs, als hätte der auf ihn gewartet – Ed.

Sein Vater war außerdem ein Kommunist alter Schule, der seinen Parteiausweis nach dem Einmarsch der Sowjetunion in Afghanistan 1979 verbrannt hatte. Ich nehme an, dass Ed ihn auf seinem Sterbebett gepflegt hat.

Nach dem Tod seines Vaters zog die Familie irgendwo in die Nähe von Doncaster. Ed erhielt einen Platz im Gymnasium, aber fragen Sie mich nicht, wo. Seine Mutter verbrachte die wenige Zeit, die sie nach Feierabend noch übrig hatte, mit Erwachsenenfortbildung, bis diese Angebote Kürzungen zum Opfer fielen:

Mum hat mehr Verstand, als sie jemals einsetzen durfte, außerdem musste sie sich um Laura kümmern – Ed.

Laura ist seine jüngere Schwester, die lernschwach und leicht behindert ist.

Mit achtzehn schwor er seinem christlichen Glauben zugunsten eines »gesamtheitlichen Humanismus« ab, wie er es nannte; ich hielt das eher für Nonkonformismus ohne Gott, was ich aber aus reiner Höflichkeit für mich behielt.

Nach der Schule besuchte er eine der »neuen« Universitäten, wie er sie selbst abfällig titulierte; welche genau, weiß ich nicht. Informatik, Deutsch im Nebenfach. Auf den Durchschnitt seines Abschlusses ging Ed nie ein, daher vermute ich Mittelmaß.

Was Frauen angeht – in jeder Hinsicht ein heikles Thema, was Ed betraf, also eines, das ich nicht ungefragt angesprochen hätte –: Entweder mochten sie ihn nicht, oder er mochte sie nicht. Ich nehme an, dass seine alles beherrschende Beschäftigung mit der Weltpolitik und andere leichte Verschrobenheiten ihn zu einem anstrengenden Lebenspartner machten. Ich nehme auch an, dass ihm nicht bewusst war, wie attraktiv er war.

Und was war mit Männerfreundschaften, Leuten, mit denen er im Fitnessstudio herumhängen oder die Welt retten konnte, mit denen er joggen, Rad fahren, in den Pub ging? Ed erwähnte mir gegenüber nicht eine einzige solche Person, und ich bezweifle, dass es da jemanden gab. Im tiefsten Inneren, denke ich, trug er seine Einsamkeit wie ein Ehrenabzeichen.

Meinen Namen hatte er dank der Buschtrommeln des Badmintonsports aufgeschnappt, und er hatte mich zu seinem regelmäßigen Sparringspartner erkoren. Ich war seine Beute, die er mit niemandem teilen wollte.

Als ich Gelegenheit hatte, ihn zu fragen, was ihn denn veranlasst habe, einen Job in den Medien anzunehmen, wenn er sie doch so sehr verachtete, wich er mir erst aus:

Hab irgendwo eine Anzeige gesehen und bin zum Vorstellungsgespräch gegangen. Man musste so eine Art Test ablegen, die meinten, alles super, Sie sind dabei. Das war's in etwa. Ja – Ed.

Doch als ich ihn fragte, ob er bei seiner Arbeit sympathische Kollegen hätte, da schüttelte er nur den Kopf, so als wäre die Frage irrelevant.

Und die guten Neuigkeiten aus Eds ansonsten einzelgängerischem Universum, soweit ich das beurteilen konnte? Deutschland. Immer wieder Deutschland.

Ed litt am Deutschlandfieber, aber massiv. Ich habe es wohl auch, nehme ich an, und sei es nur durch den dezenten deutschen Anteil in meiner Mutter. Ed hatte ein Jahr in Tübingen studiert und für seine Medienfirma zwei Jahre in Berlin und München gearbeitet. Die Deutschen waren einfach die besten Europäer überhaupt. *Keine andere Nation kann Deutschland bei der Frage danach, worum es bei der Europäischen Union überhaupt geht, das Wasser reichen* – Ed. Er hatte sogar überlegt, alles hinzuschmeißen und dort ein neues Leben zu beginnen, aber es hatte mit der jungen Frau, einer Forschungsstudentin an der Freien Universität in Berlin, nicht geklappt. Ihr war es zu verdanken, soweit ich das heraushören konnte, dass er sich dem Studium des aufkommenden deutschen Nationalismus in den Zwanzigern widmete, was wohl auch ihr Thema war. Sicherlich fühlte er sich aufgrund dieser doch recht beliebigen Studien dazu befähigt, bestürzende Parallelen zwischen dem Aufstieg der europäischen Diktatoren und dem Aufstieg von Donald Trump zu ziehen. Bei diesem Thema war Ed regelrecht unnachgiebig.

In Eds Welt gab es keinen Unterschied zwischen Brexit-Fanatikern und Trump-Fanatikern. Beide Gruppen waren ausländerfeindliche Rassisten. Beide Gruppen beteten an demselben Schrein einen nostalgischen Imperialismus an. Und wenn Ed einmal in Fahrt kam, dann verlor er jegliches Maß an Objektivität. Die Trumpisten und die Brexiteers verschworen sich, um ihm seine europäischen Geburtsrechte zu entziehen. So einzelgängerisch er in mancherlei Hinsicht auch sein mochte, wenn es um Europa ging, hatte er keinerlei Bedenken, zu erklären, er würde für seine gesamte Generation sprechen oder den Finger auf meine Generation richten.

Bei einer Gelegenheit saßen wir nach unserem üblichen erbitterten Match erschöpft im Umkleideraum des Athleticus. Ed wühlte im Spind nach seinem Handy und bestand darauf, mir das Video von Trumps innerstem Kabinett zu zeigen, das sich um einen Tisch versammelt hatte; einer nach dem anderen bekundete seine unsterbliche Loyalität gegenüber dem geliebten Präsidenten.

»Sie legen den Eid auf den Führer ab, verdammt«, gibt er mir atemlos seine Einschätzung. »Alles wiederholt sich, Nat. Schauen Sie doch.«

Ich schaute. Und ja, es konnte einem übel werden.

Ich habe ihn nie danach gefragt, aber ich nehme an, dass seine säkularisierte lutheranische Seele vor allem von Deutschlands Buße für die Sünden der Vergangenheit angesprochen wurde: die Vorstellung, dass eine große Nation, die regelrecht Amok gelaufen war, ihre Verbrechen vor aller Welt bereuen soll. Bei welchem anderen Land hat es denn jemals so etwas gegeben, wollte er wissen. Hatte die Türkei sich dafür entschuldigt, dass sie Armenier und Kurden niedergemetzelt hatte? Hatte sich Amerika beim vietnamesischen Volk entschuldigt? Hatten die Briten Wiedergutmachung dafür geleistet, drei Viertel der Welt kolonisiert und unzählige seiner Bewohner versklavt zu haben?

Sein durchgeknalltes Händeschütteln? Er hat es mir nie verraten, aber ich vermute, dass er es sich angewöhnt hatte, als er in Berlin bei den preußischen Eltern der jungen Frau gelebt hatte, und es sich aus irgendeinem verschrobenen Sinn für Loyalität bewahrt hatte.

7.

Es ist 10 Uhr morgens an einem sonnigen Freitag im Frühling, von dem die Vögel bereits alle wissen; Florence und ich haben uns zu einem frühen Kaffee getroffen, ich komme aus Battersea und sie aus Pimlico, nehme ich an, und wir steigen nun auf dem Weg zur Zentrale am Thames Embankment aus. Als ich früher von weit entfernten Außenposten zu Dienstgesprächen oder Heimaturlauben zur Zentrale zurückkehrte, hatte mich unser extrem auffälliges, vieltürmiges Camelot mit seinen raunenden Fahrstühlen, den krankenhaushell ausgestrahlten Gängen und den Touristen, die von der Brücke aus gafften, ab und zu schon eingeschüchtert.

Heute nicht mehr.

In einer halben Stunde wird Florence den ersten ausgewachsenen Spezialeinsatz der Abteilung Großraum London seit drei Jahren erläutern, und er wird mit dem Stempel der Oase versehen. Sie trägt einen schicken Hosenanzug und nur einen Hauch Make-up. Sollte sie Lampenfieber haben, so ist davon nichts zu merken. In den vergangenen drei Wochen haben wir Nachteulen bis in die frühen Morgenstunden an dem wackligen Bocktisch im fensterlosen Einsatzraum der Oase die Köpfe zusammengesteckt, uns über Straßenkarten gebeugt, Observationsberichte, abgefangene Telefon- und E-Mail-Kontakte und die neuesten Auskünfte von ORSONs enttäuschter Mätresse ASTRA studiert.

ASTRA war es auch, die berichtete, dass ORSON sein Doppelhaus in der Park Lane dazu verwenden wollte, ein Duo von auf Zypern tätigen, moskaufreundlichen Geldwäschern slowakischer Herkunft zu beeindrucken, die eine Privatbank in Nikosia mit einer Tochterbank in der City of London führten. Beide sind nachweislich Mitglieder eines vom Kreml geduldeten Verbrechersyndikats, das von Odessa aus operiert. Als ORSON Nachricht von deren Ankunft erhielt, ordnete er eine gründliche elektronische Durchsuchung seines Anwesens an. Dabei wurden keinerlei Abhöreinrichtungen entdeckt. Nun war es ganz an Percy Price' Observationsteam, diesen Missstand zu beheben.

Mit Zustimmung ihres abwesenden Direktors Bryn Jordan hat die Russlandabteilung ebenfalls ein paar eigene Schritte ins kalte Wasser unternommen. Einer der Beamten hat sich dem Nachtportier gegenüber als Florence' Nachrichtenredakteur von der *Daily Mail* ausgegeben und das Geschäft abgeschlossen. Die Gasgesellschaft, die ORSONs Doppelhaus mit Energie versorgt, wurde dazu überredet, ein Leck zu melden. Ein Drei-Mann-Team an Einbrechern, unter dem Befehl des aufgeblasenen Eric, hat das Anwesen in der Tarnung von Mechanikern des Versorgungsunternehmens ausgekundschaftet und die Schlösser an der armierten Stahltür fotografiert, die in den Computerraum führt. Eine britische Schlüsselfirma hat Ersatzschlüssel angefertigt und dabei geholfen, die Kombination zu knacken.

Bleibt nur noch, dass ROSEBUD offiziell von einem Direktorat der hohen Tiere innerhalb der Zentrale grünes Licht erhält, das allgemein als Operative Abteilung bekannt ist.

Obwohl die Beziehung zwischen Florence und mir ausdrücklich körperkontaktfrei ist und wir beide beträchtliche Mühen in

Kauf nehmen, damit sich unsere Hände nicht berühren oder es zu sonstiger physischer Nähe kommt, ist sie dennoch eng. Wie sich herausstellt, überschneiden sich unsere Lebenswege häufiger, als wir angesichts unseres Altersunterschiedes vermutet hätten. Ihr Vater, der Ex-Diplomat, hatte zwei aufeinanderfolgende Einsätze an der Britischen Botschaft in Moskau, zu der er Frau und drei Kinder mitnahm, Florence davon das älteste. Prue und ich hatten die Familie um sechs Monate verpasst.

In der Internationalen Schule in Moskau hatte sie die russische Muse mit jugendlichem Eifer geküsst. Sie hatte sogar eine eigene Madame Galina in ihrem Leben: die Witwe eines »verdienten Künstlers« aus Sowjetzeiten mit einer baufälligen Datscha in der alten Künstlerkolonie Peredelkino. Als Florence alt genug war, um auf ein englisches Internat zu gehen, behielten die Talentsucher des Geheimdienstes ein Auge auf sie. Als sie ihren Schulabschluss machte, schickte der Dienst die hauseigene Russisch-Linguistin hin, um ihre sprachlichen Fähigkeiten abzuschätzen. Sie erreichte das höchste Level, das einem Nichtrussen möglich war, also sprach man sie an, als sie erst neunzehn war.

An der Universität setzte sie ihre Studien unter der Aufsicht des Dienstes fort und verbrachte einen Teil ihrer Semesterferien mit ersten Trainingseinsätzen: in Belgrad, Sankt Petersburg und dann Tallinn, wo wir uns erneut hätten begegnen können, wenn sie dort nicht unter dem Deckmantel einer Forstwirtschaftsstudentin gelebt hätte und ich unter dem eines Diplomaten. Sie liebte es, laufen zu gehen, genau wie ich: ich im Battersea Park, sie, zu meiner Überraschung, in Hampstead Heath. Als ich sie darauf hinwies, dass Hampstead doch ein ganzes Stück von Pimlico entfernt sei, erwiderte sie, ohne zu zögern, dass es einen Bus gebe. In einer ruhigen Minute schaute ich nach, und tatsächlich: Der 24er fuhr die ganze Strecke in einem durch.

Was wusste ich sonst noch über sie? Sie hatte einen überwältigenden Sinn für natürliche Gerechtigkeit, der mich an Prue erinnerte. Sie liebte die Würze des operativen Einsatzes und hatte eine Begabung dafür, die das übliche Maß überstieg. Der Dienst stürzte sie regelmäßig in Verzweiflung. Sie war zurückhaltend, ja zugeknöpft, was ihr Privatleben anging. Und dann gab es einen Abend nach einem langen Arbeitstag, als ich sie beobachtete, wie sie mit geballten Fäusten und tränenüberströmten Wangen in ihrem Kabuff saß. Wenn ich etwas von Steff gelernt habe: Frage *niemals*, was los ist, gib ihr einfach ihren Freiraum. Ich gab ihr diesen, fragte nicht nach, und so blieb der Grund für ihre Tränen ihr Geheimnis.

Doch heute konzentriert sie sich allein auf Operation ROSEBUD.

Meine Erinnerungen an das morgendliche Treffen der Granden in der Behörde haben etwas Traumhaftes an sich, eine Ahnung, was hätte sein können, eine Erinnerung an letzte Dinge: der Konferenzraum im obersten Stock mit seiner sonnenhellen Deckenbeleuchtung und der honigfarbenen Wandvertäfelung, die Florence und mir zugewandten hellwachen Gesichter, wie wir nebeneinander am Bittstellerende des Tisches sitzen. Alle Anwesenden waren mir aus meinem früheren Leben bekannt und verdienten sich auf ihre besondere Weise meinen Respekt: Ghita Marsden, meine frühere Vorgesetzte in Triest und die erste Farbige, die es bis in die oberste Etage geschafft hatte; Percy Price, Leiter des immer größer werdenden Observationszweigs des Dienstes. Die Liste geht noch weiter. Guy Brammel, der korpulente, gerissene fünfundfünzigjährige Kopf der Russlandabteilung, der im Augenblick Bryn Jordan vertritt, welcher in Washington gestrandet ist. Marion, hochrangiges Mitglied des Bruderdienstes, die uns zugewiesen worden ist. Dann zwei von Guy Brammels höchst geschätzten Kolleginnen, Beth (Nordkaukasus) und Lizzie (Ukraine). Und ausdrücklich zu guter Letzt Dom Trench, Kopf des Großraums London, der aus Angst, auf einen der weniger bedeutenden Plätze verwiesen zu werden, extra darauf achtet, den Konferenzraum erst zu betreten, als alle anderen schon eingetroffen sind.

»*Florence*«, meint Guy Brammel über den Konferenztisch hinweg. »Ihre Präsentation, bitte.«

Und schon sitzt sie nicht mehr neben mir, sondern steht in ihrem Hosenanzug zwei Meter entfernt: Florence, meine talentierte, wenn auch ein wenig temperamentvolle Kandidatin in der Erprobungsphase im zweiten Jahr, verteilt ihre Weisheit an ihre Vorgesetzten, während unser kleiner Ilja aus der Oase wie ein Kobold im Miniaturformat im Projektionsraum sitzt und sie mit seiner Diaschau begleitet.

Florence' Stimme pulsiert heute nicht vor Leidenschaft, es gibt keine Spur von der inneren Glut, die sie in den vergangenen Monaten verzehrte, oder von dem besonderen Platz, den ORSON in ihrem privaten Inferno einnimmt. Ich habe sie ermahnt, ihre Emotionen zu zügeln und ihre Zunge zu hüten. Percy Price, unser Oberaufseher, ist eifriger Kirchgänger und kein Freund von Kraftausdrücken. Ghita wohl auch nicht, nehme ich an, obwohl sie unseren Hang zum Unglauben toleriert.

Und Florence hat sich bislang ans Drehbuch gehalten. Sie hat ORSONs Anklageschrift verlesen, ohne Zorn oder Pathos im Ton – beides kann sie im Handumdrehen abrufen –, sondern ist so ruhig geblieben wie Prue bei jenen Gelegenheiten, wo ich für zehn Minuten im Gerichtssaal vorbeischaue, um das Vergnügen zu haben, zuzuhören, wie sie ihren Gegner ganz höflich in Stücke reißt.

Als Erstes präsentiert Florence ORSONs ungeklärtes Vermögen – riesig, im Ausland, von Guernsey und der City of London aus verwaltet, von wo denn sonst? –, dann ORSONs sonstigen Überseebesitz in Madeira, Miami, Zermatt und am Schwarzen Meer, dann seine ungeklärte Anwesenheit bei einem Empfang in der Russischen Botschaft in London für führende Brexiteers und seine Spende von einer Million Pfund an einen unabhängigen Einsatzfonds für Austrittswillige. Sie beschreibt ein verdecktes Treffen ORSONs in Brüssel mit sechs russischen Cyber-Experten, die im Verdacht stehen, sich im Westen in demokratische Foren einzuhacken. All dies und noch mehr ohne jegliches emotionales Zittern in der Stimme.

Erst als sie zu dem Vorschlag kommt, Abhöreinrichtungen im Zielobjekt zu installieren, lässt sie ihre Coolness im Stich. Ilja zeigt uns in seiner Diaschau ein Dutzend von Versteckmöglichkeiten, alle jeweils mit einem roten Punkt markiert. Marion ist anderer Meinung und unterbricht:

»Florence«, sagt sie streng, »ich verstehe nicht, warum Sie vorschlagen, solche Spezialgeräte auch gegen Minderjährige einzusetzen.«

Ich glaube, ich habe bis zu diesem Zeitpunkt Florence noch nie sprachlos gesehen. Als ihr direkter Vorgesetzter eile ich zu ihrer Unterstützung.

»Ich nehme an, Marion bezieht sich hier auf unseren Vorschlag, *alle* Räume in ORSONs Anwesen sollten abgedeckt sein, ganz gleich, wer darin lebt«, raune ich ihr das Stichwort zu.

Doch Marion ist noch nicht besänftigt.

»Ich stelle die moralische Grundhaltung infrage, Wanzen und Kameras in einem Kinderzimmer zu installieren. Und im Zimmer des Kindermädchens noch dazu, was ich ebenso fragwürdig finde, wenn nicht noch mehr. Oder sollen wir davon ausgehen, dass ORSONs Kinder und das Kindermädchen von geheimdienstlichem Interesse sind?«

Florence hat sich wieder gefasst. Besser gesagt, wenn man sie so gut kennt wie ich, hat sie sich gefechtsbereit gemacht. Sie holt Luft und schlägt diesen liebreizendsten Ton der gebildeten jungen Dame des Cheltenham Ladies' College an.

»Ins *Kinderzimmer*, Marion, führt ORSON seine Geschäftsfreunde, wenn er ihnen etwas besonders Geheimes mitzuteilen hat. Im *Zimmer des Kindermädchens* vögelt er seine Nutten, wenn die Kinder mit dem Kindermädchen in Sotschi Urlaub am Meer machen und seine Frau auf Shoppingtour ist und bei Cartier Schmuck kauft. Quelle ASTRA hat uns berichtet, dass ORSON gern gegenüber seinen Damen mit seinen cleveren Geschäften prahlt, wenn er sie vögelt. Wir dachten, wir sollten ihm dabei zuhören.«

Alles ist in Ordnung. Alle lachen, Guy Brammel am lautesten; selbst Marion lacht mit. Dom lacht ebenfalls, soll heißen, er schüttelt sich und lächelt, ohne dass ihm ein Lacher entweicht. Wir stehen auf, und am Kaffeetisch bilden sich kleine Grüppchen. Ghita gratuliert Florence von Frau zu Frau. Plötzlich legt sich mir eine Hand auf den Oberarm, eine Geste, die ich schon unter günstigsten Umständen nicht leiden kann.

»Nat. *Was für ein tolles* Meeting. Macht Großraum London alle Ehre, macht der Oase alle Ehre, macht dir persönlich alle Ehre.«

»Freut mich, dass es dir gefallen hat, Dom. Florence ist eine vielversprechende Mitarbeiterin. Nett, dass sie als Urheberin wahrgenommen wird. So etwas geht ja schnell mal unter.«

»Und stets deine mäßigende Stimme im Hintergrund«, erwidert Dom und tut so, als habe er meinen leichten Seitenhieb nicht wahrgenommen. »Ich konnte deinen väterlichen Einfluss praktisch hören.«

»Nun, vielen Dank, Dom. Vielen Dank«, erwidere ich höflich und frage mich, was er wohl gegen mich in der Hand hat.

Im Nachglanz dieser ordentlich erledigten Arbeit schlendern Florence und ich im Sonnenschein am Flussufer entlang und versichern uns gegenseitig – wobei meist Florence das Wort führt –, dass ORSONs Rolle als Russlands Strohmann in London vorbei ist. Auch – so Florence' größter Wunsch –, dass es ein Ende hat mit seinen Bergen schmutzigen Geldes, das dank der niemals stillstehenden Geldwaschanlage der City of London in den Gefilden der südlichen Erdhalbkugel lagert, wenn ROSEBUD auch nur ein Viertel des Erfolgs bringt, den wir uns versprechen.

Danach verschieben wir die U-Bahn-Fahrt und gehen stattdessen in einen Pub, denn wir haben beide noch nichts gegessen und die Situation wirkt auf uns nach all den Nachtstunden, die wir in diesen Augenblick investiert haben, noch ganz irreal; wir suchen uns eine Sitzecke und gehen bei Fischpastete und einer Flasche rotem Burgunder – Steffs Lieblingswein, wie ich nicht umhinkann, Florence zu verraten, und beide sind sie Fischfanatikerinnen – in angemessen indirekten Worten die Geschehnisse des Vormittags durch. In Wirklichkeit hat das alles mehr Zeit beansprucht und war auch fachlich komplexer, als ich es hier dargestellt habe. Es kamen noch die Beiträge von Percy Price und Eric dazu, dem aufgeblasenen Einbrecher, der Fragen wie solche nach Markierung und Überwachung der Beschattungsziele beantwortete, nach der Präparierung der Schuhe und Kleidung der Zielperson, dem Einsatz von Hubschrauber oder Drohne, und der Erklärung, was für den Fall geplant ist, dass ORSON und seine Begleitung plötzlich ins Doppelhaus zurückkehren, während das Observationsteam sich noch drinnen aufhält. Antwort: Sie werden von einem uniformierten Polizisten höflich darauf hingewiesen, dass auf dem Gelände Eindringlinge gemeldet worden seien, und ob die verehrte Dame und der Herr wohl während der Ermittlungen vom

Einsatzfahrzeug Gebrauch machen und eine Tasse Tee trinken möchten?

»Und das war's jetzt, oder?«, überlegt Florence bei ihrem zweiten oder vielleicht dritten Glas Rotwein. »Alles in trockenen Tüchern. Citizen Kane, dein Tag ist endlich gekommen.«

»Das ist noch nicht das Ende vom Lied«, ermahne ich sie.

»Was denn für ein Lied?«

»Ein Unterkomitee des Finanzministeriums muss erst noch seinen Segen dazu geben.«

»Bestehend aus?«

»Je einem Oberbonzen aus Finanz-, Außen-, Innen- und Verteidigungsministerium. Plus ein paar hinzugewählte Parlamentarier, denen man zutraut, dass sie tun, was man ihnen sagt.«

»Was da wäre?«

»Den Einsatz abzustempeln und ihn zur Ausführung an die Zentrale zurückzureichen.«

»Reine Zeitverschwendung, wenn Sie mich fragen.«

Wir nehmen die U-Bahn zur Oase zurück und stellen fest, dass Ilja uns vorausgeeilt ist, um den großen Sieg und Florence als Heldin der Stunde zu vermelden. Selbst der mürrische Igor, der fünfundsechzigjährige Litauer, taucht aus seiner Höhle auf, schüttelt ihr die Hand und mir ebenfalls – obwohl er insgeheim befürchtet, dass die Russen hinter Giles' Ablösung stecken. Ich flüchte in mein Büro, werfe Schlips und Jacke über einen Stuhl und will gerade meinen Computer herunterfahren, als mein Privathandy mich anquakt. Während ich annehme, dass es sich um Prue handelt, und hoffe, dass sich Steff endlich meldet, greife ich in die Jackentasche. Es ist Ed, der düster klingt.

»Sind Sie das, Nat?«

»Wer sollte denn sonst abheben?«

»Na ja, stimmt.« Lange Pause. »Es geht um Laura, wissen Sie? Am Montag.«

Laura, die Schwester mit der Lernbehinderung.

»Schon in Ordnung, Ed. Wenn Sie wegen Laura verhindert sind, macht das nichts. Dann spielen wir ein andermal. Sagen Sie einfach Bescheid.«

Das ist allerdings nicht der Grund, warum er angerufen hat. Es geht um etwas anderes. Bei Ed geht es immer um etwas anderes. Warten wir es doch einfach ab, er wird es schon ausspucken.

»Nur, dass sie ein Doppel spielen will, verstehen Sie?«

»Laura?«

»Ein Badmintondoppel. Ja.«

»Ach. Badminton.«

»Wenn sie in der Stimmung dafür ist, wird sie zum Tier. Nicht, dass sie gut wäre, bewahre. *Überhaupt* nicht gut, meine ich. Aber Sie wissen schon. Enthusiastisch.«

»Natürlich. Klingt doch prima. Was für ein Doppel denn?«

»Na ja, ein gemischtes. Mit einer weiteren Frau. Ihrer Gattin, vielleicht.«

Er kennt Prues Namen, scheint aber nicht in der Lage zu sein, ihn auszusprechen. Ich sage ihm Prues Namen vor, und er sagt: »Ja, Prue.«

»Prue kann nicht, Ed, tut mir leid. Da brauche ich sie gar nicht erst zu fragen. Montags kümmert sie sich um die unglücklichen Fälle, wissen Sie noch? Haben Sie denn niemanden bei der Arbeit?«

»Eigentlich nicht. Niemanden, den ich fragen könnte. Laura ist *richtig* schlecht. Ja.«

Zu diesem Zeitpunkt ist mein Blick schon zu der mattierten Glastür gewandert, die mich von Florence' Kabuff trennt. Sie sitzt mit dem Rücken zu mir an ihrem Schreibtisch und schaltet ihren Computer aus. Doch irgendetwas lässt sie innehalten. Ich sage nichts, habe aber noch nicht aufgelegt.

Sie dreht sich um, schaut mich an, öffnet die Glastür und steckt den Kopf herein.

»Brauchen Sie mich noch?«, fragt sie.

»Ja. Spielen Sie *richtig schlecht Badminton?*«

8.

Bis zu dem Augenblick, als Dom mich am Sonntagabend vor dem geplanten gemischten Doppel am Montag anrief, hatten Prue und ich eines unserer absolut besten Wochenenden seit meiner Rückkehr aus Tallinn miteinander verbracht. Der Umstand, dass ich nun dauerhaft zu Hause war, war immer noch neu für uns beide, und wir waren uns der Tatsache bewusst, dass wir sehr umsichtig vorgehen mussten. Prue liebte ihren Garten. Ich war für das Mähen und sämtliche Schleppereien zuständig, ansonsten gehörte es zu meinen liebsten Augenblicken, ihr um Punkt 18 Uhr einen Gin Tonic hinauszubringen. Der Einsatz ihrer Kanzlei bei einer Sammelklage gegen ein großes Pharmaunternehmen nahm allmählich Form an, und wir waren beide glücklich darüber. Ich war etwas weniger glücklich, als ich erfuhr, dass unser Sonntagvormittag einem »Arbeitsbrunch« ihres Anwaltsteams gewidmet war, das nach dem wenigen, das ich von ihren Beratungen hörte, eher an anarchistische Verschwörer denken ließ als an erfahrene Anwälte. Als ich Prue das sagte, lachte sie laut auf und meinte: »Aber ganz genau das sind wir doch auch, Liebling!«

Am Nachmittag danach waren wir ins Kino gegangen – ich weiß nicht mehr, was wir uns angeschaut haben, nur, dass es uns beiden gefiel. Als wir nach Hause kamen, entschied Prue, dass wir uns ein Käsesoufflé zubereiten sollten, das gastronomische Äquivalent zum altmodischen Gesellschaftstanz, wie Steff uns gern versichert, aber wir lieben es. Also rieb ich Käse und Prue schlug die Eier auf, während wir uns Fischer-Dieskau bei voller Lautstärke anhörten, deshalb bekam keiner von uns beiden das Piepsen meines Diensthandys mit, bis Prue den Daumen vom Mixer nahm.

»Dom«, sagte ich, und sie schnitt eine Grimasse.

Ich ging ins Wohnzimmer und schloss die Tür hinter mir, weil wir die Vereinbarung hatten, dass Prue lieber nichts mitbekam, wenn es um Arbeitskram ging.

»*Nat*. Verzeihen Sie, dass ich dich so unverschämt an einem Sonntag belästige.«

Ich verzeihe ihm, bin aber kurz angebunden. Ich entnehme seinem huldvollen Ton, dass er mir mitteilen will, das Finanzministerium habe grünes Licht für ROSEBUD gegeben, eine Information, die doch genauso gut noch bis Montag hätte warten können. Das ist es aber nicht:

»Nein, noch nicht ganz, tut mir leid, Nat. Aber zweifellos jeden Augenblick.«

Noch nicht *ganz*? Was soll das heißen? So viel wie: *nicht ganz* schwanger? Das ist also nicht der Grund seines Anrufs.

»*Nat*« – dieses seit Kurzem jedem zweiten Satz vorangestellte *Nat*, das mich zu den Waffen rufen soll –, »darf ich dich *wohl* um einen *riesengroßen* Gefallen bitten? Hast du morgen *zufällig* Zeit? Ich weiß, Montage sind immer schwierig, aber nur dieses *eine Mal*?«

»Um was geht es denn, Dom?«

»Du müsstest stellvertretend für mich runter nach Northwood springen. Multinationale Zentrale. Warst du schon einmal dort?«

»Nein.«

»Nun, jetzt ist die einmalige Gelegenheit. Unsere deutschen Freunde haben eine frische neue Quelle zu Moskaus hybrider Kriegsführung angeworben. Sie haben ein Publikum aus NATO-Offiziellen gewonnen. Ich dachte, das wäre etwas für dich.«

»Soll ich etwas dazu *beitragen?*«

»Nein, nein, nein. *Ganz* gewiss nicht. Das völlig falsche Klima. Das ist eine explizit gesamteuropäische Angelegenheit, da kommt die britische Stimme nicht sonderlich gut an. Die gute Nachricht lautet, ich habe dir einen Wagen dafür genehmigt. Erste Kategorie, mit Chauffeur. Er fährt dich hin, wartet, egal, wie lange es dauert, und bringt dich anschließend nach Battersea zurück.«

»Das ist doch Sache der Russlandabteilung, Dom«, protestiere ich gereizt, »nicht des Großraums London. Und ganz sicher nicht der Oase, um Himmels willen. Das ist ja so, als würde man eine Aushilfe schicken.«

»*Nat.* Guy Brammel hat das Material gesichtet und mir *persönlich* versichert, dass die Russlandabteilung keine eigene Rolle bei diesem Meeting für sich sieht. Was im Endeffekt bedeutet, dass du mit einem Aufwasch nicht nur Großraum London, sondern auch die Russlandabteilung vertrittst. Ich dachte, das würde dir gefallen. Eine doppelte Ehre.«

Das ist überhaupt keine Ehre; das ist doppelt öde. Trotzdem, ob es mir gefällt oder nicht, ich bin Dom unterstellt, und irgendwann habe ich keine Ausrede mehr.

»Also gut, Dom. Mach dir wegen des Wagens keine Umstände. Ich fahre mit meinem eigenen Auto. Die werden doch in Northwood eine Parkmöglichkeit haben?«

»Auf gar keinen Fall, Nat! Ich bestehe darauf. Das ist ein hochrangiges europäisches Treffen. Die Behörde muss Flagge zeigen. Das habe ich gegenüber der Transportlogistik ganz deutlich gemacht.«

Ich kehre in die Küche zurück. Prue sitzt am Tisch, hat die Brille auf der Nase und liest im *Guardian*, während sie darauf wartet, dass das Soufflé aufgeht.

Endlich ist es Montagabend, Badminton mit Ed, gemischtes Doppel mit seiner Schwester Laura, und in gewisser Hinsicht muss ich sagen, dass ich mich darauf freue. Ich habe einen trostlosen Tag eingesperrt in einer unterirdischen Festung in Northwood verbracht und so getan, als würde ich einer endlosen Abfolge von deutschen Statistiken zuhören. Zwischen den Sitzungen habe ich wie ein Lakai am Büfett gestanden und mich einer Truppe aus europäischen Geheimdienstfachleuten gegenüber für den Brexit entschuldigt. Da mir bei meiner Ankunft das Handy abgenommen wurde, habe ich erst auf der Rückfahrt in meiner vom Chauffeur gelenkten Limousine Gelegenheit, bei Viv anzurufen – Dom selbst ist »nicht abkömmlich«, mal was ganz Neues –, um zu erfahren, dass die Entscheidung des Unterkomitees im Finanzministerium zu ROSEBUD »vorläufig auf Eis liegt«. Unter normalen Umständen hätte ich mir darüber keine allzu großen Gedanken gemacht, doch Doms »noch nicht ganz« will mir nicht aus dem Sinn.

Es ist Rushhour, es regnet, und an der Battersea Bridge staut sich der Verkehr. Ich bitte den Fahrer, mich direkt zum Athleticus zu fahren. Als wir anhalten, sehe ich gerade noch, wie Florence in einem Regencape die Treppe hinaufverschwindet.

Ich muss sorgfältig festhalten, was ab diesem Zeitpunkt geschah.

Ich springe aus dem Dienstwagen und will Florence schon hinterherrufen, als mir einfällt, dass wir beide in der Hast, das gemischte Doppel zusammenzustellen, vergessen haben, uns eine Legende zurechtzulegen. Wer sind wir, wo haben wir uns kennengelernt und wieso waren wir an einem Ort, als Ed anrief? Das muss alles noch geklärt werden, und zwar bei nächster Gelegenheit.

Ed und Laura warten im Eingangsbereich auf uns, Ed grinst breit in seiner langen Öljacke und mit dem flachen Hut, den er wohl von seinem seefahrenden Vater hat. Laura versteckt sich hinter seinen Jackenzipfeln, hängt an seinem Bein und zeigt keinen Willen, vorzutreten. Sie ist klein und kräftig, hat wuschelige braune Haare und ein strahlendes Lächeln, sie trägt ein blaues Dirndl. Ich habe mich noch nicht entschieden, wie ich sie begrüßen soll – stehen bleiben und ihr fröhlich zuwinken, oder um Ed herumgreifen und ihre Hand schütteln –, als Florence mit einem »Wow, Laura, das ist ja ein tolles Kleid! Ist das neu?« auf sie zuspringt, woraufhin Laura strahlt und sagt: »Das hat Ed mir gekauft. *In Deutschland*« – mit gesenkter, belegter Stimme und bewunderndem Blick zu ihrem Bruder empor.

»Der einzige Ort auf der Welt, wo man so etwas kaufen sollte«, verkündet Florence, packt Lauras Hand und marschiert mit einem lässig über die Schulter gerufenen »Bis gleich, Jungs« in Richtung Frauenumkleide davon, während Ed und ich ihr mit den Augen folgen.

»Wo zum Teufel haben Sie *die* denn aufgetrieben?«, brummt Ed, um so sein intensives Interesse an ihr zu kaschieren, und ich habe keine andere Wahl und liefere ihm meine Hälfte einer zusammengeflickten Geschichte, die von Florence noch bestätigt werden muss.

»Die begnadete Assistentin von jemandem, soweit ich weiß«, erwidere ich unbestimmt und mache mich auf den Weg in die Herrenumkleide, bevor er mich mit weiteren Fragen bewerfen kann.

Dort zieht Ed es allerdings zu meiner Erleichterung vor, sich über Trumps Aufkündigung von Obamas Nuklearabkommen mit dem Iran auszulassen.

»Damit und ab sofort ist Amerikas Wort offiziell für null und nichtig erklärt worden«, sagt er. »Stimmen Sie mir zu?«

»Ja«, antworte ich – und bitte rede weiter, bis ich die Gelegenheit habe, mir Florence zu schnappen, wozu ich wild entschlossen bin, denn der Gedanke, dass Ed vielleicht auf die Idee kommt, ich könne jemand anderer sein als ein gelegentlich tätiger Geschäftsmann, strapaziert langsam meine Nerven.

»*Und* was er da gerade in *Ottawa* angestellt hat« – er ist noch immer bei Trump, während er sich seine langen Shorts anzieht –, »wissen Sie, was?«

»Was?«

»Er lässt Russland im Iran tatsächlich gut dastehen, und das muss ja wohl eine Premiere sein«, erklärt er mit grimmiger Befriedigung.

»Unglaublich«, pflichte ich ihm bei und denke, je früher Florence und ich auf dem Spielfeld sind, desto besser – und vielleicht hat sie ja was über ROSEBUD gehört, das ich noch nicht weiß, also werde ich sie auch danach fragen.

»*Und* wir Briten wünschen uns den Freihandel mit den Amis so sehnsüchtig, dass wir betteln: ›*Ja*, Donald, *nein*, Donald, lassen Sie mich Ihren Hintern küssen, Donald‹, bis zum bitteren Ende«, und damit hebt er den Kopf und schaut mich, ohne zu blinzeln, unverwandt an. »Stimmt doch, oder nicht, Nat? Also wirklich.«

Also stimme ich ihm ein zweites – oder ist es ein drittes? – Mal zu, wobei mir gerade auffällt, dass er normalerweise erst damit anfängt, die Welt in Ordnung zu bringen, wenn wir vor unserem Bier am Stammtisch sitzen. Aber er ist noch nicht fertig, was mir gerade gut in den Kram passt:

»Der Mann ist der reinste Hater. Er hasst Europa, hat er gesagt. Hasst den Iran, hasst Kanada, hasst Verträge. Gibt es irgendwas, das er nicht hasst?«

»Golf vielleicht?«, schlage ich vor.

Court drei ist zugig und abgespielt. Es ist ein eigener Bereich an der Hinterseite des Vereinsgebäudes, es gibt also keine Zuschauer und keinen Publikumsverkehr, und das dürfte wohl der Grund sein, warum Ed ihn gebucht hat. Das Ganze hier geschah Laura zuliebe, und Ed wollte nicht, dass jemand glotzte. Wir drücken uns herum und warten auf die beiden. Erneut hätte Ed bei der schwierigen Frage nachbohren können, woher Florence und ich uns kannten, doch ich ermutige ihn, weiter über den Iran zu reden.

Die Tür zur Frauenumkleide wird von innen geöffnet. Laura tritt unsicher und solo auf den Laufsteg: neue Shorts, fleckenlose, karierte Hallenschuhe, Che-Guevara-T-Shirt, noch nicht ausgepackter Profischläger.

Auftritt Florence, nicht in Bürokleidung, nicht im Hosenanzug oder in regennasser Lederkombi, sondern eine befreite, schlanke, selbstsichere junge Frau im kurzen Rock und mit jenen glänzenden hellen Oberschenkeln aus Eds Jugendzeit. Ich werfe ihm heimlich einen Blick zu. Statt beeindruckt zu wirken, hat er ein überaus gelangweiltes Gesicht aufgesetzt. Meine eigene Reaktion besteht in einer belustigten Entrüstung: Florence, so solltest du nicht aussehen. Dann fasse ich mich und werde wieder ganz der häusliche Gatte und Vater.

Wir teilen uns in die einzig sinnvolle Paarkombination auf. Laura und Ed gegen Florence und Nat. In der Praxis bedeutet das: Laura steht mit der Nase am Netz und holt nach allem aus, was ihr in den Weg kommt, und Ed rettet alles, was sie nicht trifft. Das bedeutet ebenfalls, dass Florence und ich genügend Gelegenheit haben, heimlich ein Wort zu wechseln.

»Sie sind die erstklassige Assistentin von irgendjemandem«,

sage ich zu ihr, als sie hinter dem Spielfeld einen Federball aufnimmt. »Mehr weiß ich nicht über Sie. Ich bin ein Freund Ihres Bosses. Von da aus können Sie sich was zusammenreimen.«

Keine Antwort, aber damit habe ich auch nicht gerechnet. Braves Mädchen. Ed richtet einen von Lauras Hallenschuhen, an dem sich der Schnürsenkel gelockert hat, sagt sie zumindest, denn für Eds Aufmerksamkeit tut sie alles.

»Wir sind uns im Büro eines Freundes von mir begegnet«, fahre ich fort. »Sie haben am Computer gesessen, ich bin hereinspaziert. Ansonsten kennen wir uns nicht.« Und ganz leise, als Nachsatz: »Gab es was Neues von ROSEBUD, als ich in Northwood war?«

Auf all das erhalte ich nicht mal die geringste Reaktion.

Eigentlich spielen wir nur zu dritt und lassen Laura am Netz links liegen. Florence ist ein athletisches Naturtalent: müheloses Timing, schnelle Reaktion, flink wie eine Gazelle und viel anmutiger, als gut für sie ist. Ed springt und streckt sich wie üblich, schaut aber zwischen den Angriffen angestrengt zu Boden. Sein bemühtes Desinteresse an Florence geht wohl auf Laura zurück, vermute ich: Er möchte nicht, dass sich seine Schwester aufregt.

Ein weiterer Kampf zwischen uns dreien, dann heult Laura, dass niemand sie mitspielen lässt und es so keinen Spaß macht. Wir unterbrechen das Spiel, und Ed geht auf die Knie, um sie zu trösten. Das ist der beste Augenblick für Florence und mich, um, lässig die Hände in die Hüften gestützt, dazustehen und unsere Legende zu vervollständigen.

»Mein Freund, Ihr Boss, ist Rohstoffmakler, und Sie sind eine erstklassige Zeitarbeitskraft.«

Doch statt meine Geschichte zu akzeptieren, geht sie auf Lauras Kummer und Eds Versuche ein, Laura aufzumuntern. »He, ihr beiden«, ruft sie aus, »Schluss damit!«, springt ans Netz und verkündet, dass wir auf der Stelle die Partner wechseln und nun, im Kampf auf Leben und Tod, die Männer gegen die Frauen spielen, wobei sie als Erste aufschlägt. Sie will sich auf den Weg in die andere Spielfeldhälfte machen, und ich berühre sie kurz am nackten Arm.

»Passt Ihnen das so? Sie haben mich doch gehört, nein?«

Sie dreht sich um und starrt mich an.

»Mir ist nicht nach weiteren beschissenen Lügen zumute«, fährt sie mich mit voller Lautstärke und funkelnden Augen an. »Nicht ihm gegenüber und auch nicht gegenüber sonst jemandem. Verstanden?«

Verstanden, aber hat Ed es auch mitgekriegt? Glücklicherweise zeigt er keinerlei Anzeichen, uns gehört zu haben. Florence marschiert auf die andere Spielfeldhälfte, nimmt Lauras Hand und befiehlt Ed, zu mir hinüberzugehen. Wir tragen unseren Heldenkampf aus, die Männer der Welt gegen die Frauen der Welt. Florence fällt über jeden Federball her, der in ihre Richtung fliegt. Dank großer Hilfe durch uns Männer erlangen die Frauen die Vorherrschaft über uns, marschieren mit erhobenen Schlägern in ihren Umkleideraum, und Ed und ich verschwinden in unserem.

Geht es um ihr Liebesleben?, frage ich mich. Einsame Tränen, die ich bemerkt habe, ohne etwas dazu zu sagen? Oder haben wir es hier mit dem zu tun, was die Seelenklempner des Büros so gern das Tropfen-Fass-Syndrom nennen, wenn die Dinge, über die man nicht sprechen darf, plötzlich schwerer wiegen als das, worüber man reden darf, und man kurzzeitig unter der Last einknickt?

Ich hole mein Diensthandy aus dem Spind, trete auf den Flur hinaus, rufe bei Florence an und erwische nur eine elektronische Stimme, die mir sagt, dass diese Nummer nicht zu erreichen sei. Ich versuche es noch ein paarmal, doch ohne Erfolg.

Ich gehe wieder in die Umkleide. Ed hat geduscht und sitzt mit einem Handtuch um die Schultern auf der Lattenbank.

»Das habe ich mich gefragt«, grübelt er, ohne bemerkt zu haben, dass ich den Raum verlassen habe und wieder zurückgekehrt bin. »Na, Sie wissen schon. Nur, wenn Sie Lust haben, oder so. Vielleicht könnten wir zusammen essen gehen. Nicht an der Bar. Das mag Laura nicht. Draußen irgendwo. Wir vier. Ich zahle.«

»*Jetzt gleich*, meinen Sie?«

»Ja. Wenn Sie Lust haben. Warum nicht?«

»Mit Florence?«

»Hab ich ja gesagt: wir vier.«

»Und woher wissen Sie, dass sie Zeit hat?«

»Hat sie. Ich hab sie gefragt. Sie hat Ja gesagt.«

Kurzes Nachdenken, dann, ja, ich habe Lust. Und sobald ich die Gelegenheit dazu finde – vorzugsweise vor dem Essen, nicht danach –, finde ich heraus, was zum Teufel in Florence gefahren ist.

»Ein Stück weiter die Straße hinauf ist das *Golden Moon*«, schlage ich vor. »Ein Chinese. Hat auch spät noch geöffnet. Den können wir mal ausprobieren.«

Kaum habe ich zu Ende gesprochen, klingelt mein verschlüsseltes Diensthandy. Florence, denke ich, na endlich. Gott sei Dank. Kaum hält sie sich nicht mehr an die Dienstvorschriften, sind wir schon zum Essen verabredet.

Ich murmle etwas von wegen Prue, die mich kurz bräuchte, und trete wieder hinaus auf den Gang. Aber es ist weder Prue noch Florence, sondern Ilja, der heute Nacht in der Oase Dienst schiebt; ich nehme an, er wird mir die längst überfällige Neuigkeit mitteilen, dass wir die Zustimmung des Unterkomitees zu ROSEBUD erhalten haben, was ja auch höchste Zeit wird.

Aber deswegen hat Ilja nicht angerufen.

»Eine Kurzmitteilung, Nat. Ihr Farmerfreund. Für Peter.«

Statt »Farmerfreund« lies PITCHFORK, russischer Forschungsstudent an der York University, Erblast von Giles. Statt Peter lies Nat.

»Inhalt?«, will ich wissen.

»Sie möchten ihm so bald wie möglich einen Besuch abstatten. Sie persönlich, sonst niemand. Es ist äußerst dringend.«

»Seine eigenen Worte?«

»Ich kann Ihnen die Nachricht schicken, wenn Sie wollen.«

Ich gehe in den Umkleideraum zurück. Ein *no-brainer*, wie Steff sagen würde. Manchmal sind wir Mistkerle, manchmal Samariter, und manchmal verstehen wir es einfach falsch. Aber wenn man eine Quelle in ihrer Not alleinlässt, dann ist man sie für immer los, wie mein Mentor Bryn Jordan zu sagen pflegte. Ed sitzt immer noch auf der Bank und hat den Kopf gesenkt. Er hockt breitbeinig da und starrt zu Boden, während ich auf dem Handy den Bahnfahrplan nachschaue. Der letzte Zug nach York geht in achtundfünfzig Minuten von King's Cross.

»Ich muss leider passen, tut mir leid, Ed«, sage ich. »Doch kein Chinese für mich. Ich muss mich um eine geschäftliche Angelegenheit kümmern, bevor sie mir umkippt.«

»Pech«, meint Ed, ohne den Kopf zu heben.

Ich gehe zur Tür.

»He, Nat.«

»Was denn?«

»Danke, okay? Das war sehr nett heute von Ihnen. Von Florence auch. Hab ich ihr schon gesagt. Hat Laura den Tag versüßt. Nur schade, dass Sie nicht mit zum Chinesen können.«

»Finde ich auch. Bestellen Sie die Pekingente. Sie wird mit Pfannkuchen und Marmelade serviert. Was ist denn mit Ihnen?«

Ed hat die Hände theatralisch ausgebreitet und lässt den Kopf kreisen, so als sei er ganz verzweifelt.

»Soll ich Ihnen was sagen?«

»Wenn es schnell geht.«

»Entweder ist Europa am Arsch oder jemand mit *Eiern in der Hose* findet ein Mittel gegen Trump.«

»Und wer könnte das sein?«, frage ich ihn.

Keine Antwort. Ed ist wieder in seinen Gedanken versunken, und ich bin auf dem Weg nach York.

9.

Ich tue, was sich gehört. Ich übernehme die Verantwortung, die jeder Quellenführer auf der Welt bis in sein Grab trägt. Die Melodie mag sich ändern, der Text mag sich ändern, doch am Ende läuft es immer auf dasselbe Lied hinaus: Ich ertrage das nicht länger, Peter, der Stress bringt mich um, Peter, die Last meines Verrats wird mir zu viel, meine Geliebte hat mich verlassen, meine Frau betrügt mich, meine Nachbarn haben mich im Verdacht, mein Hund ist überfahren worden, und du, mein vertrauenswürdiger Quellenführer, bist der einzige Mensch auf der Welt, der mich davon abhalten kann, mir die Pulsadern aufzuschneiden.

Und warum kommen wir Quellenführer jedes Mal angerannt? Weil wir das unseren Quellen schuldig sind.

Allerdings habe ich nicht das Gefühl, der auffallend schweigsamen Quelle PITCHFORK etwas schuldig zu sein, und ihm gelten auch nicht meine ersten Gedanken, als ich in einem verspäteten Zug nach York in einem Großraumwagen voller kreischender Kinder auf der Rückfahrt von einem Tagesausflug nach London Platz nehme. Ich denke an Florence' Weigerung, an einer Tarngeschichte mitzustricken, wie sie in unserem Geheimdienstleben so normal ist wie das Zähneputzen. Ich denke an die Freigabe der Operation ROSEBUD, die noch immer aussteht. Ich denke an Prues Antwort, als ich sie anrief, um ihr zu sagen, dass ich heute Nacht nicht nach Hause käme, und fragte, ob sie Neuigkeiten von Steff habe:

»Nur dass sie in eine neue schicke Wohnung in Clifton gezogen ist, ohne mir zu verraten, mit wem.«

»*Clifton*. Und wie hoch ist die Miete?«

»Das zu fragen steht uns nicht zu, fürchte ich. Eine E-Mail. Ohne Antwortmöglichkeit«, und dieses eine Mal schafft sie es nicht, den verzweifelten Unterton in ihrer Stimme zu verbergen.

Und wenn mir Prues traurige Stimme nicht im Ohr klingt, dann höre ich Florence, die mir um die Ohren haut: *Mir ist nicht nach weiteren beschissenen Lügen zumute. Nicht ihm gegenüber und auch nicht gegenüber sonst jemandem. Verstanden?* Was mich wiederum zu einer Frage zurückbringt, die seit Doms salbungsvollem Telefonat und seinem Angebot, mir einen Wagen mit Chauffeur zu schicken, an mir genagt hat, denn Dom tut nie etwas ohne Grund, und sei es noch so schräg. Ich versuche noch einige Male, Florence auf ihrem Diensthandy zu erreichen, bekomme aber nur das alte elektronische Geheul zu hören. In Gedanken bin ich noch immer bei Dom: Warum wolltest du mich heute aus dem Weg haben? Und bist du aus irgendeinem Grund dafür verantwortlich, dass Florence entschieden hat, nicht länger für ihr Land zu lügen, was eine ziemlich heftige Entscheidung darstellt, wenn Lügen für dein Land der Job deiner Wahl ist?

Es dauert also bis Peterborough, bis ich im Schutz einer kostenlosen Ausgabe des *Evening Standard* eine endlose Zahlenfolge in mein Handy tippe und mich dem unbefriedigenden Vorleben der Quelle PITCHFORK widme.

Sein Name lautet Sergej Borisowitsch Kusnetsow, und ich werde ihn von nun an, entgegen aller bekannten Regeln meines Gewerbes, schlicht und einfach Sergej nennen. Er ist der in Sankt

Petersburg geborene Sohn und Enkel von Tschekisten, sein Großvater war ein hochdekorierter General des NKWD, der innerhalb der Kremlmauern seine letzte Ruhe fand, sein Vater ein Oberst des KGB, der an den zahlreichen Verletzungen starb, die er in Tschetschenien erlitten hatte. So weit, so gut. Doch ob Sergej der wahre Erbe seiner noblen Herkunft ist, ist fraglich.

Die bekannten Tatsachen sprechen für ihn. Doch gibt es ziemlich viele davon, und manche sagen, es sind zu viele. Mit sechzehn wurde er auf eine besondere Schule bei Perm geschickt, an der man neben Physik auch »Politische Strategie« lehrte, ein Euphemismus für Konspiration und Spionage.

Mit neunzehn ging er auf die Moskauer Lomonossow-Universität. Nachdem er in Physik und Englisch mit Bestnoten abgeschlossen hatte, wurde er für den weiteren Werdegang in einem Ausbildungslager für Schläfer ausgewählt.

Vom ersten Tag seiner zweijährigen Ausbildung an, so seine eigene Aussage, sei er entschlossen gewesen, in jedes beliebige Land im Westen überzulaufen, in das er geschickt werden würde. Das erklärt auch, warum er nach seiner Ankunft am Flughafen Edinburgh um 10 Uhr abends höflich darum bat, mit einem »hochrangigen Beamten des britischen Geheimdiensts« sprechen zu dürfen.

Seine angeblichen Gründe dafür waren unanfechtbar. Schon von klein auf, so behauptete er, habe er heimlich jene Größen der Physik und des Humanismus angehimmelt wie Andrei Sacharow, Niels Bohr, Richard Feynman und Stephen Hawking. Stets habe er von Freiheit für alle, wissenschaftlicher Bildung für alle und Humanismus für alle geträumt. Wie wäre es also möglich, den barbarischen Autokraten Wladimir Putin und sein böses Werk nicht zu hassen?

Außerdem war Sergej homosexuell, wie er gestand. Diese Tatsache allein hätte für seine sofortige Entfernung aus dem

Ausbildungslager gesorgt, wenn andere Teilnehmer oder Ausbilder davon gewusst hätten. Doch dazu kam es nie, so Sergej. Irgendwie schaffte er es, eine heterosexuelle Fassade aufrechtzuerhalten, er flirtete mit den jungen Frauen in seiner Ausbildung und schlief sogar mit ein paar von ihnen – alles nur zur Tarnung, so seine Begründung.

Und zur Untermauerung des Obengenannten sollten Sie sich mal den überraschenden Schatz auf dem Tisch vor seinen verwirrten Befragern anschauen. Zwei Koffer und einen Rucksack, worin sich die gesamte Ausrüstung eines echten Spions befindet: Durchschlagblätter für Geheimschrift, die mit chemischen Substanzen vom nahezu neuesten Stand imprägniert sind; Hinweise auf eine fiktive Freundin in Dänemark, der er schreiben kann, wobei die verdeckte Botschaft mit dem unsichtbaren Durchschlagpapier zwischen den Zeilen festgehalten werden soll; eine Miniaturkamera als Anhänger an einem Schlüsselring; dreitausend Pfund in Zehnern und Zwanzigern als Startgeld, versteckt im Boden eines der Koffer; einen Haufen Blätter mit One-Time-Pad-Verschlüsselungen und als *nette Zugabe* eine Telefonnummer in Paris, die Sergej auswendig gelernt hat und die er nur im Notfall wählen darf.

Und alles passte, bis hin zu den von ihm gezeichneten Porträts seiner unter Pseudonymen lebenden Ausbilder und Mitteilnehmer, den Kniffen des Berufs, die man ihm beigebracht, den Trainingseinheiten, die er durchlaufen hatte, und seinem heiligen Auftrag als loyaler russischer Schläfer, den er wie ein Mantra herunterleierte: Studiere fleißig, verdiene dir den Respekt der Wissenschaftskollegen, ergreife Partei für deren Werte und Einstellungen, schreibe Artikel für ihre gelehrten Journale. Versuche im Notfall unter gar keinen Umständen, dich mit der dezimierten *Rezidentura* der Russischen Botschaft in London in Verbindung zu setzen, dort hat niemand je von dir gehört, denn

Rezidenturas kümmern sich nicht um die Schläfer, die eine ganz eigene Elite bilden und praktisch von Geburt an von ihrem eigenen exklusiven Team in Moskau von Hand aufgezogen und kontrolliert werden. Richte dein Fähnchen nach dem Wind, setze dich jeden Monat mit uns in Verbindung und träume Nacht für Nacht von Mütterchen Russland.

Das einzig Kuriose daran – und für seine Befrager mehr als nur kurios – war die Tatsache, dass alles das nicht ein Fitzelchen neuer oder einsetzbarer Information mit sich brachte. Jedes einzelne Körnchen, das er preisgab, war schon von anderen Überläufern enthüllt worden: alles zu Personen, den Ausbildungsmethoden, den Spionagetechniken, ja selbst der Ausrüstung, die sich in doppelter Ausfertigung im schwarzen Museum in der den höheren Gästen vorbehaltenen Suite im Erdgeschoss der Zentrale befand.

Abgesehen von den Bedenken der Befrager, hatte die Russlandabteilung unter dem momentan abwesenden Bryn Jordan PITCHFORK den vollen Willkommensgruß zuteilwerden lassen, der Überläufern zustand: Er wurde zum Essen ausgeführt und zu Fußballspielen mitgenommen, man half ihm bei seinen monatlichen Berichten an seine fiktive Freundin in Dänemark über die Machenschaften seiner Wissenschaftskollegen, verwanzte seine Wohnung, hackte seine Kommunikationsmittel und stellte ihn immer wieder mal unter verdeckte Beobachtung. Und wartete.

Aber worauf? Sechs, acht, zwölf kostspielige Monate lang gaben seine Führungspersonen aus dem Moskauer Hauptquartier keinen Mucks von sich: keinen Brief mit oder ohne geheimen Subtext, keine E-Mail, keinen Anruf, keine gesprochene Zauberformel in einer festgelegten Radiowerbesendung zu einer vorherbestimmten Zeit. Haben sie ihn fallen lassen? Hatten sie ihn durchschaut? War ihnen seine verheimlichte Homosexualität aufgegangen, hatten sie ihre Konsequenzen daraus gezogen?

Ein dürrer Monat nach dem anderen verging, und mit ihnen die Geduld der Russlandabteilung, bis PITCHFORK eines Tages zur »Betreuung und nicht aktiven Entwicklung« an die Oase weitergereicht wurde – oder um, wie Giles es formulierte, »mit dicken Gummihandschuhen und einer ganz langen Asbestzange angefasst zu werden, denn wenn ich jemals einen *Tripelagenten* gerochen habe, dann stinkt dieser Bursche geradezu«.

Der Gestank mochte in der Luft liegen, aber wenn, dann roch es nach gestern. Heute war Sergej Borisowitsch, wenn mich meine Erfahrung nicht täuschte, einfach nur noch ein armer Mitspieler im endlosen Reigen der russischen doppelten Doppelspiele, der seinen Moment gehabt hatte und ausrangiert worden war. Und nun hatte er beschlossen, dass es an der Zeit war, den Alarmknopf zu drücken.

Die lauten Kids haben sich in den Speisewagen begeben. Ich sitze allein in meiner Ecke und rufe Sergej auf dem Handy an, das wir ihm gegeben haben, und ich bekomme dieselbe brave, ausdruckslose Stimme zu hören, an die ich mich noch von der Übergabe mit Giles im Februar erinnere. Ich sage ihm, dass ich mich wegen seines Anrufs melde. Er bedankt sich. Ich frage ihn, wie es ihm geht. Es geht mir gut, Peter. Ich sage, ich treffe erst gegen halb zwölf in York ein, ob er heute Nacht noch ein Treffen will, oder ob es bis morgen Zeit hat? Ich bin müde, Peter, morgen ist vielleicht besser, danke der Nachfrage. So viel zu »äußerst dringend«. Ich teile ihm mit, dass wir wieder zu unserer »üblichen Vorgehensweise« zurückkehren werden, und frage: »Sind Sie damit einverstanden?«, denn der Agent im Einsatz, und sei er noch so zwielichtig, muss in Fragen der Spionagepraxis stets das letzte Wort haben. Danke, Peter, er ist einverstanden mit der üblichen Vorgehensweise.

Von meinem übel riechenden Hotelzimmer aus versuche ich erneut, Florence' auf dem Diensthandy zu erreichen. Wieder nur elektronisches Gejaule. Da ich keine andere Nummer von Florence habe, rufe ich Ilja in der Oase an. Hat er etwas Neues zu ROSEBUD gehört?

»Sorry, Nat, nicht einen Pieps.«

»Na, deswegen müssen Sie ja nicht gleich so flapsig sein«, schnauze ich ihn an und lege verärgert auf.

Ich hätte ihn fragen können, ob er zufällig von Florence gehört hatte oder vielleicht wüsste, warum ihr Diensthandy ausgeschaltet war, aber Ilja ist jung und sprunghaft, und ich will nicht, dass die ganze Oase in Aufregung verfällt. Es gehört zu den Pflichten aller im Dienst, eine Festnetznummer anzugeben, unter der man außerhalb der Dienstzeiten erreichbar ist, für den Fall, dass es mal keinen Handyempfang gibt. Die letzte Festnetznummer, die Florence angegeben hat, war in Hampstead, wo sie gerne laufen geht, wie ich mich erinnere. Es scheint niemandem aufgefallen zu sein, dass Hampstead nicht recht mit ihrer Behauptung zusammenpasst, sie würde bei ihren Eltern in Pimlico wohnen, allerdings, so versicherte sie mir, gebe es ja den 24er-Linienbus.

Ich wähle die Nummer in Hampstead, lande beim Anrufbeantworter und hinterlasse eine Nachricht: Hier spreche Peter vom Kundendienst, und wir hätten Grund zu der Annahme, dass ihr Kundenkonto gehackt worden sei, deshalb würde ich sie bitten, so schnell wie möglich unter dieser Nummer zurückzurufen. Ich trinke einen ordentlichen Schluck Whisky und versuche zu schlafen.

Die »übliche Vorgehensweise«, zu der ich Sergej verpflichtet habe, stammt noch aus den Tagen, als er wie ein aktiver Doppelagent mit ernsthaften Entwicklungschancen behandelt wurde. Als Kontaktort war der Vorplatz zur Pferderennbahn in York bestimmt. Er sollte den Bus nehmen und sich mit einer Ausgabe der *Yorkshire Post* vom Vortag bewaffnen, während seine Führungsperson in einer Parkbucht im Dienstwagen warten würde. Sergej sollte so lange durch die Menschenmenge bummeln, bis Percy Price' Observationsteam herausgefunden hatte, ob das Treffen von der Gegenseite beobachtet wurde, eine Möglichkeit, die nicht so weit hergeholt war, wie es sich anhörte. Gab das eigene Team das Okay, würde Sergej zur Bushaltestelle schlendern und den Fahrplan studieren. Zeitung in der linken Hand hieß Abbruch. Zeitung in der rechten Hand, alles startklar.

Die Übergabe, die Giles damals organisiert hatte, war im Gegensatz dazu recht unüblich verlaufen. Er hatte darauf bestanden, dass sie in Sergejs eigener Unterkunft auf dem Campus stattfinden sollte, mit Räucherlachssandwiches und einer Flasche Wodka zum Runterspülen. Unsere oblatendünne Tarnung, falls wir uns hätten verantworten müssen? Giles war ein Professor aus Oxford auf Besuch, gekommen, um Jagd auf qualifizierte Bewerber zu machen, ich sein Kofferträger.

Diesmal sind wir wieder bei der üblichen Vorgehensweise und ohne Räucherlachs. Ich habe mir einen klapprigen Vauxhall gemietet, das Beste, was mir die Mietwagenfirma in der kurzen Zeit anbieten konnte. Ich fahre mit einem Auge im Rückspiegel, ohne zu wissen, wonach ich Ausschau halte, schaue aber trotzdem. Es ist grau, es nieselt, und dem Wetterbericht zufolge bleibt es so. Die Straße zur Rennbahn verläuft eben und gerade. Vielleicht haben die Römer hier schon Rennen veranstaltet. Links von mir flackert ein weißes Geländer vorbei. Vor mir taucht ein beflaggtes Eingangstor auf. Im Schritttempo bahne ich mir einen Weg durch Kauflustige und Vergnügungssuchende an diesem regnerischen Tag.

Und tatsächlich steht Sergej inmitten einer Gruppe wartender Fahrgäste an der Bushaltestelle und studiert einen gelben Fahrplan. Er hält eine Ausgabe der *Yorkshire Post* in seiner rechten Hand und einen Instrumentenkoffer in der linken, der nicht zum Drehbuch gehört, einen zusammengerollten Regenschirm oben durchgeschoben. Ich halte ein paar Meter von der Haltestelle entfernt, kurble das Fenster herunter und rufe: »He, Jack! Kennst du mich noch? Peter!«

Erst tut er so, als würde er mich nicht hören. Alles lehrbuchmäßig, aber so sollte es nach zwei Jahren Schläferausbildung auch sein. Verwundert dreht er den Kopf, entdeckt mich und spielt Erstaunen und Freude.

»Peter! Mein Freund! Du bist das! Ich traue meinen Augen nicht.«

Okay, das langt, steig ein. Das tut er. Wir umarmen uns für das Publikum. Sergej trägt einen neuen hellbraunen Burberry. Er zieht ihn aus, faltet ihn zusammen und legt ihn ehrfurchtsvoll auf den Rücksitz, behält aber den Instrumentenkoffer zwischen den Knien. Wir fahren los, und ein Mann an der Haltestelle verzieht gegenüber der Frau neben ihm das Gesicht. Haben Sie das gesehen? Da schleppt doch eine alte Schwuchtel einen jungen Stricher ab, am helllichten Tag.

Ich beobachte, ob sich jemand hinter uns einfädelt, PKW, Lieferwagen oder Motorrad. Nichts, was mir ins Auge fällt. Nach der üblichen Vorgehensweise erfährt Sergej nicht im Voraus, wohin er gebracht wird; diesmal ist es nicht anders. Er wirkt dürrer und gehetzter, als ich ihn von der Übergabe in Erinnerung habe. Er hat verwuschelte schwarze Haare und einen tieftraurigen Schlafzimmerblick. Seine schmalen Finger trommeln auf das Armaturenbrett. In seiner College-Unterkunft trommelten sie denselben Takt auf der Holzlehne seines Stuhls. Sein neues Harris-Tweed-Jackett ist zu breit für seine Schultern.

»Was ist denn in dem Instrumentenkoffer?«, will ich wissen.

»Das ist Papier, Peter. Für Sie.«

»Nur Papier?«

»Bitte. Es ist sehr wichtiges Papier.«

»Freut mich zu hören.«

Meine Knappheit lässt ihn ungerührt. Vielleicht hat er damit gerechnet. Vielleicht rechnet er immer damit. Vielleicht verachtet er mich, so wie er Giles verachtet, wie ich vermute.

»Haben Sie irgendetwas bei sich, in der Kleidung oder sonst wo, abgesehen von den Papieren im Instrumentenkoffer, von dem ich wissen sollte? Etwas, das filmt, aufzeichnet oder sonst etwas in dieser Art?«

»Bitte, Peter, das habe ich nicht. Ich habe ausgezeichnete Neuigkeiten. Sie werden sich freuen.«

Das langt an Geschäftlichem, bis wir am Ziel angekommen sind. Bei dem Lärm des Dieselmotors und dem Geklapper der Karosserie fürchte ich schon, dass er mit Sachen ankommt, die ich nicht richtig hören und die mein Diensthandy nicht aufzeichnen und an die Oase übertragen kann. Wir reden Englisch, und das werden wir tun, bis ich mich anders entscheide. Giles' Russisch hat nichts getaugt. Und ich sehe keinen Wert darin, Sergej wissen zu lassen, dass es bei mir anders aussieht. Ich habe eine Hügelkuppe gute dreißig Kilometer außerhalb der Stadt ausgesucht, von der aus man angeblich einen guten Blick über die Moorlandschaft hat, doch als ich den Vauxhall unter großer Anstrengung zum Halten bringe und den Motor ausschalte, sehen wir nichts als graue Wolken unter uns, und der Regen peitscht über die Windschutzscheibe. Nach allen Regeln der Spionage sollten wir in der Zwischenzeit herausgefunden haben, wer wir offiziell sind, wann und wo wir uns das nächste Mal treffen und welche drängenden Sorgen er denn habe. Sergej allerdings hat sich den Instrumentenkasten auf den Schoß gelegt, löst die Riemen und zieht einen unversiegelten braunen, gefütterten A4-Umschlag heraus.

»Das Moskauer Hauptquartier hat sich endlich bei mir gemeldet, Peter. Nach einem ganzen Jahr«, verkündet er mit einem Ton zwischen gelehrter Verachtung und großer Aufregung. »Es ist offenkundig wichtig. Meine Anette in Kopenhagen hat mir einen schönen und erotischen Brief auf Englisch geschrieben und darunter, in unserer geheimen Durchschrift, einen Brief von meiner Führungsperson im Moskauer Hauptquartier geschickt, den habe ich für Sie ins Englische übersetzt« – woraufhin er eine Schau daraus macht, mir den Umschlag zu überreichen.

»Einen Augenblick, Sergej.« Ich habe den Umschlag genommen, aber noch nicht hineingeschaut. »Nur, um das klarzustellen. Sie haben von Ihrer Freundin in Dänemark einen Liebesbrief bekommen. Dann haben Sie die entsprechenden Chemikalien aufgetragen, den geheimen Subtext sichtbar gemacht, ihn dekodiert und mir zuliebe den Inhalt ins Englische übertragen. All das für sich. Ganz allein. Ist das richtig?«

»Das ist korrekt, Peter. Unsere vereinte Geduld wird belohnt.«

»Und *wann genau* haben Sie diesen Brief aus Dänemark erhalten?«

»Am Freitag. Gegen Mittag. Ich konnte meinen Augen nicht trauen.«

»Und heute ist Dienstag. Sie haben bis gestern Abend gewartet, bis Sie meine Behörde kontaktiert haben.«

»Das ganze Wochenende habe ich bei der Arbeit an Sie gedacht. Rund um die Uhr war ich so froh, dass ich in meinem Kopf alles entschlüsselt und übersetzt habe, und ich habe mir nur gewünscht, unser guter Freund Norman wäre bei uns, um unseren Erfolg zu genießen.«

Für Norman lies Giles.

»Der Brief von Ihrer Moskauer Führungsperson lag Ihnen also schon seit Freitag vor. Haben Sie ihn in der Zwischenzeit jemandem gezeigt?«

»Nein, Peter. Das habe ich nicht. Bitte schauen Sie in den Umschlag.«

Ich überhöre seine Bitte. Schockiert ihn eigentlich gar nichts mehr? Hebt ihn seine akademische Stellung aus der Masse der gewöhnlichen Spione heraus?

»Und während Sie das Blatt entwickelten und dekodierten und übersetzten, ist Ihnen da nicht eingefallen, dass Sie unter dem Befehl stehen, jeden Brief oder jede andere Form der Kommunikation, die Sie von Ihren russischen Kontaktleuten erreicht, *sofort* Ihrer Führungsperson zu melden –?«

»Aber natürlich. Genau das habe ich getan, nachdem ich –«

»– bevor irgendwelche weiteren Schritte von Ihnen, uns oder sonst jemandem unternommen werden? Und haben Ihre Befrager Ihnen nicht sofort nach Ihrer Ankunft in Edinburgh die Entwickler abgenommen? Damit Sie eben nicht *in der Lage wären*, selbst etwas zu entwickeln?«

Und als ich lange genug gewartet hatte, bis mein nicht nur vorgetäuschter Zorn verraucht ist, ich aber immer noch keine Antwort erhalten hatte, abgesehen von einem Seufzer der Nachsicht ob meiner Undankbarkeit:

»Und wie haben Sie das mit den Chemikalien angestellt? Sind Sie einfach in die nächste Apotheke spaziert und haben laut eine Liste an Zutaten vorgelesen, damit auch jeder Zuhörer wusste, ah, toll, der Kerl hat einen Geheimbrief zu entwickeln? Vielleicht gibt es ja sogar eine Apotheke auf dem Campus. Nicht?«

Wir sitzen Seite an Seite und hören dem Regen zu.

»Bitte, Peter. Ich bin nicht dumm. Ich bin mit dem Bus in die Stadt gefahren. Ich habe bei vielen verschiedenen Apotheken eingekauft. Ich habe bar bezahlt und mich auf keine Unterhaltung eingelassen, ich war diskret.«

Diese Selbstbeherrschung. Diese angeborene Überlegenheit. Ja, dieser Mann mochte gut der Sohn und Enkel von herausragenden Tschekisten sein.

Erst jetzt willige ich ein, mir den Inhalt des Umschlags anzuschauen.

Erstens zwei lange Briefe, der Tarnbrief und der Durchschlagtext darunter. Sergej hat jeden einzelnen Schritt der Entwicklung kopiert oder fotografiert und ordentlich sortierte und nummerierte Ausdrucke für mich angefertigt.

Zweitens der in Dänemark abgestempelte Umschlag mit Sergejs Namen und Collegeanschrift in einer mädchenhaften Handschrift vorn und der Absender mit Namen und Anschrift auf der Rückseite: Anette Pedersen, die im Apartment 5 im Erdgeschoss eines Hauses in einem Vorort von Kopenhagen wohnt.

Drittens der Tarntext auf Englisch, sechs eng beschriebene Seiten in derselben mädchenhaften Handschrift wie auf dem Umschlag, der Sergejs sexuelle Fähigkeiten in kindlichen Ausdrücken rühmt und behauptet, allein schon an ihn zu denken, verschaffe der Schreiberin einen Höhepunkt.

Dann der sichtbar gemachte Subtext, Spalte um Spalte, in Vierergruppen. Und noch die Version auf Russisch, mit seinem OTP dekodiert.

Und schließlich Sergejs Übersetzung des russischen *Klartexts*, aus Rücksicht auf mich als des Russischen Unkundigen. Ich runzle bei der russischen Version die Stirn und lege sie mit einer Geste der Ahnungslosigkeit beiseite, nehme mir seine

Übersetzung vor und lese sie zwei, drei Mal, während Sergej Zufriedenheit vorgibt und die Hände auf das Armaturenbrett legt, um die Anspannung zu lösen.

»Moskau sagt, dass Sie sich eine Wohnung in London suchen sollen, sobald die Sommersemesterferien beginnen«, bemerke ich beiläufig. »Warum verlangen die das von Ihnen, was glauben Sie?«

»*Sie* sagt«, korrigiert er mich mit heiserer Stimme.

»Wer?«

»Anette.«

»Wollen Sie sagen, dass Anette eine real existierende Frau ist? Nicht irgendein Mann im Hauptquartier, der sich als Frau ausgibt?«

»Ich kenne diese Frau.«

»Die *real existierende* Frau? Anette? Sie kennen sie?«

»Richtig, Peter. Dieselbe Frau, die sich aus Gründen der Konspiration selbst Anette nennt.«

»Und wie kommen Sie zu dieser ungeheuren Erkenntnis, wenn ich fragen darf?«

Er unterdrückt einen Seufzer, um anzudeuten, dass er sich nun auf ein Terrain begeben wird, das zu betreten ich nicht die Ausrüstung habe.

»Diese Frau hat uns im Ausbildungslager für Schläfer Woche für Woche eine Stunde in Englisch unterrichtet. Sie hat uns auf die geheimdienstliche Tätigkeit in England *vorbereitet*. Sie hat uns von vielen interessanten Vorleben *berichtet*, viele Ratschläge gegeben und uns zur Arbeit für den Geheimdienst ermutigt.«

»Und Sie wollen mir erzählen, dass diese Frau Anette hieß?«

»Wie alle Ausbilder und alle Teilnehmer hatte sie nur einen Decknamen.«

»Und der lautete?«

»Anastasia.«

»Also nicht Anette?«

»Das ist unwichtig.«

Ich beiße die Zähne zusammen und sage nichts. Nach einer Weile fährt Sergej in demselben herablassenden Ton fort.

»*Anastasia* ist eine Frau von beachtlicher Intelligenz, die auch in der Lage ist, auf hohem Niveau über Physik zu diskutieren. Ich habe sie Ihren Befragern gegenüber ausführlich beschrieben. Sie scheinen von diesen Informationen nichts zu wissen.«

Das stimmt. Er hatte Anastasia beschrieben. Allerdings nicht mit derart präzisen oder überschwänglichen Worten, und schon gar nicht als seine zukünftige Briefpartnerin namens Anette. Für die Befrager war sie nur eine weitere weibliche Variante eines *Apparatschik* vom Moskauer Hauptquartier, eine, die im Ausbildungslager vorbeischaute, um ihr Image aufzupolieren.

»Und Sie glauben, dass die Frau, die sich in der Schläferausbildung Anastasia genannt hat, Ihnen diesen Brief geschrieben hat?«

»Davon bin ich überzeugt.«

»Nur den Subtext oder auch den Brief selbst?«

»Beides. Anastasia ist Anette geworden. Das ist ein Erkennungszeichen für mich. Anastasia, unsere kluge Lehrerin vom Moskauer Hauptquartier, ist zu meiner leidenschaftlichen Geliebten in Kopenhagen geworden, die es nicht gibt. Ich kenne auch ihre Handschrift. Als Anastasia uns in der Schläferausbildung unterrichtet hat, hat sie uns auch die Charakteristika der Handschrift ohne den Einfluss des Kyrillischen nahegebracht. Alles, was sie uns beigebracht hat, diente nur einem Ziel: uns dem westlichen Feind gleichzumachen. ›Mit der Zeit *werden* Sie wie er. Sie werden *denken* wie er. Sie werden *sprechen* wie er. Sie werden *fühlen* wie er, und *schreiben* wie er. Nur im tiefsten Herzen bleiben Sie einer von uns.‹ Sie stammt wie ich aus einer alten

Tschekistenfamilie. Ihr Vater und auch ihr Großvater. Darauf war sie sehr stolz. Nach ihrer letzten Stunde bei uns nahm sie mich beiseite und sagte zu mir: Sie werden niemals meinen wahren Namen erfahren, aber Sie und ich sind aus einem Holz, wir sind rein, wir sind alte Tscheka, wir sind Russland, ich gratuliere Ihnen von ganzem Herzen zu Ihrer großen Berufung. Sie hat mich umarmt.«

Tönten mir zu diesem Zeitpunkt die Erinnerungen an meine geheimdienstliche Vergangenheit leise in den Ohren? Gut möglich, denn mein sofortiger Instinkt forderte, der Unterhaltung eine andere Richtung zu geben:

»Welche Schreibmaschine haben Sie verwendet?«

»Eine mechanische, Peter. Ich benutze nichts Elektronisches. Das wurde uns so beigebracht. Elektronik ist zu gefährlich. Anastasia, Anette, sie ist nicht für das Elektronische. Sie ist traditionell orientiert und wünscht, dass ihre Schüler auch traditionell sind.«

Unter Aufbietung meiner geschulten Fähigkeiten in der Selbstkontrolle tue ich so, als würde ich Sergejs Besessenheit von dieser Anette oder Anastasia überhören, und wende mich wieder der Lektüre seines dekodierten und übersetzten Subtexts zu.

»Sie sollen für den Juli und August ein Zimmer oder eine Wohnung in einem der drei ausgewählten Wohnviertel im Norden von London beziehen, richtig? Die Ihre Quellenführerin – Ihre ehemalige Ausbilderin, sagen Sie – dann für Sie ausstatten wird. Sagen Ihnen diese Anweisungen irgendetwas?«

»So hat sie es uns beigebracht. Um ein geheimes Treffen zu arrangieren, ist es notwendig, mehrere Orte zur Verfügung zu haben. Nur so ist es möglich, logistische Änderungen durchzuführen und die Sicherheit zu gewährleisten. So lautet ihre Maxime.«

»Waren Sie schon mal in einem dieser Bezirke im Norden Londons?«

»Nein, Peter, das war ich nicht.«

»Wann waren Sie das letzte Mal überhaupt in London?«

»Nur für ein Wochenende im Mai.«

»Mit wem?«

»Das ist unwichtig, Peter.«

»Nein, das ist es nicht.«

»Mit einer befreundeten Person.«

»Männlich oder weiblich?«

»Das ist unwichtig.«

»Also männlich. Hat der Freund auch einen Namen?«

Keine Antwort. Ich lese weiter:

»Während Ihres Aufenthalts in London von Juli bis August werden Sie den Namen Markus Schweizer annehmen, die Tarnidentität eines deutschsprachigen freien Journalisten aus der Schweiz, wofür Sie mit weiteren Dokumenten ausgestattet werden. Kennen Sie einen Markus Schweizer?«

»Peter, ich kenne keine solche Person.«

»Haben Sie schon jemals einen solchen Decknamen benutzt?«

»Nein, Peter.«

»Und noch nie von jemandem dieses Namens gehört?«

»Nein, Peter.«

»Ist Markus Schweizer der Name des Freundes, den Sie mit nach London genommen haben?«

»Nein, Peter. Außerdem habe ich ihn nicht mitgenommen. Er hat mich begleitet.«

»Aber Sie sprechen Deutsch.«

»Zufriedenstellend.«

»Ihre Befrager meinten, mehr als nur zufriedenstellend. Sie meinten, Sie könnten fließend Deutsch. Ich interessiere mich allerdings eher dafür, ob Sie eine Erklärung für Moskaus Anweisungen haben?«

Doch ich habe erneut seine Aufmerksamkeit verloren. Er ist in ein Ed ähnliches Grübeln versunken und starrt die regenüberströmte Scheibe an. Plötzlich hat er etwas zu verkünden:

»Peter, es tut mir leid, dass ich nicht diese Schweizer Person sein kann. Ich werde nicht nach London gehen. Das ist eine Provokation. Ich gebe auf.«

»Ich habe Sie gefragt, *warum* Moskau von Ihnen erwartet, zwei Sommermonate lang der *freie deutschsprachige Journalist* Markus Schweizer zu sein und in einem von drei ausgewählten Bezirken im Norden von London zu wohnen«, hake ich nach, ohne auf seinen Ausbruch zu reagieren.

»Um meine Ermordung zu ermöglichen. Dieser Schluss ist jedem klar, der mit der Praxis des Moskauer Hauptquartiers vertraut ist. Sind Sie vielleicht nicht. Wenn ich dem Hauptquartier eine Adresse in London gebe, gebe ich die Anweisungen heraus, wo und wie ich hinzurichten bin. Das ist die übliche Praxis bei mutmaßlichen Verrätern. Es wird Moskau eine Freude sein, einen besonders qualvollen Tod für mich zu bestimmen. Ich werde nicht nach London gehen.«

»Ziemlich umständlich, finden Sie nicht?«, bemerke ich ungerührt. »Sie nach London zu schleifen, nur um Sie umzubringen. Warum sollte man Sie nicht an einen entlegenen Ort bringen wie hier, ein Loch buddeln, Sie erschießen und vergraben? Und dann Ihren Freunden in York mitteilen, dass Sie in Moskau in Sicherheit sind, und Schluss? Warum antworten Sie mir nicht? Hat Ihr Sinneswandel irgendetwas mit dem Freund zu tun, von dem Sie mir nichts erzählen wollen? Den Sie mit nach London genommen haben? Ich habe das Gefühl, ich bin ihm sogar schon mal begegnet. Ist das möglich?«

Ich habe eine Eingebung. Ich zähle zwei und zwei zusammen

und komme auf fünf. Ich erinnere mich an einen Zwischenfall, der sich bei der geselligen Übergabe mit Giles in Sergejs Unterkunft am College abgespielt hat. Die Tür öffnet sich, ohne dass jemand angeklopft hätte, ein fröhlicher junger Mann mit Ohrring und Pferdeschwanz steckt seinen Kopf zur Tür herein und sagt: »He, Serge, hast du wohl eine –«, sieht uns, unterbricht sich mit einem »Ups« und schließt leise die Tür hinter sich, so als sei er überhaupt nicht da gewesen.

In einem anderen Winkel meines Verstandes haben mich meine Erinnerungen mit voller Wucht getroffen. Anastasia alias Anette, oder welche Namen sie sonst noch bevorzugt, ist nicht länger ein flüchtiger, halb vergessener Schatten aus meiner Vergangenheit. Sie ist ein real existierendes Wesen von Format und mit geheimdienstlichem Talent, genau so, wie Sergej selbst sie gerade beschrieben hat.

»Sergej«, sagte ich mit sanfterer Stimme als zuvor, »warum sonst wollen Sie denn nicht den Sommer über Markus Schweizer in London sein? Haben Sie einen Urlaub mit Ihrem Freund geplant? Das ist ein anstrengendes Leben. Das verstehen wir doch.«

»Die wollen mich nur umbringen.«

»Und *wenn* Sie Urlaubspläne haben und Sie mir sagen, wer Ihr Freund ist, dann können wir vielleicht zu einem für alle Seiten befriedigenden Arrangement kommen.«

»Ich habe solche Pläne nicht, Peter. Ich glaube tatsächlich, Sie projizieren da etwas auf mich. Vielleicht haben Sie selbst Pläne. Ich weiß nichts von Ihnen. Norman war nett zu mir. Sie sind eine Wand. Sie sind Peter. Sie sind nicht mein Freund.«

»Und wer ist Ihr Freund?«, hake ich nach. »Kommen Sie schon, Sergej. Wir sind auch nur Menschen. Sie können mir doch nicht erzählen, dass Sie sich nach einem Jahr allein hier in England mit niemandem angefreundet haben. Na gut, vielleicht hätten Sie uns Bescheid geben sollen. Schwamm drüber. Gehen wir mal davon aus, dass es nichts Ernstes ist. Nur jemand, mit dem man in Urlaub fahren kann. Eine Sommerbegleitung. Warum auch nicht?«

In russischem Zorn dreht er sich zu mir und bellt:

»Er ist nicht meine Sommerbegleitung! Er ist mein Herzensfreund!«

»Nun, *in dem Fall*«, sage ich, »klingt es ja ganz nach der Art Freund, ohne die Sie nicht auskommen, also müssen wir einen Weg finden, ihn bei Laune zu halten. Nicht in London, aber es wird uns schon etwas einfallen. Ist er Student?«

»Doktorand. Er ist *kulturny*« – und damit ich es besser verstehe: »Er ist in allen künstlerischen Dingen bewandert.«

»Und vielleicht ein Physikerkollege?«

»Nein. Englische Literatur. Ihre großen Dichter. Alle Dichter.«

»Weiß er, dass Sie russischer Agent waren?«

»Er würde mich dafür verachten.«

»Selbst wenn Sie für die Briten arbeiten?«

»Er verabscheut jede Art von Täuschung.«

»Dann müssen wir uns ja keine Sorgen machen, nicht wahr? Schreiben Sie mir nur seinen Namen auf dieses Stück Papier.«

Er nimmt meinen Notizblock und Stift entgegen, dreht mir den Rücken zu und schreibt.

»Und sein Geburtsdatum, das kennen Sie ja sicher«, füge ich hinzu.

Wieder schreibt er, reißt das Blatt heraus, faltet es und reicht es mir mit einer herrischen Geste. Ich falte es auseinander, werfe einen Blick auf den Namen, schiebe den Zettel in den gefütterten Umschlag mit seinen anderen Gaben und lasse mir meinen Block zurückreichen.

»Also, Sergej«, sage ich erheblich sanfter als zuvor. »Wir

werden in den nächsten paar Tagen die Angelegenheit mit Ihrem Barry klären. Ganz bestimmt. Und sicherlich wird uns etwas einfallen. Dann werde ich dem Innenministerium Ihrer Majestät nicht mitteilen müssen, dass Sie die Zusammenarbeit mit uns eingestellt haben, oder? Wodurch Sie gegen die Bedingungen Ihres Aufenthalts hier im Lande verstoßen würden.«

Ein frischer Regenschwall klatscht gegen die Scheibe.

»Sergej akzeptiert«, verkündet er.

Ich bin ein Stück weitergefahren und habe unter einer Gruppe von Kastanien geparkt, wo Wind und Regen nicht so heftig sind. Sergej neben mir hat die Haltung überlegener Distanziertheit angenommen und tut so, als würde er die Landschaft betrachten.

»Reden wir noch ein wenig über Ihre Anette«, schlage ich mit meiner entspanntesten Stimme vor. »Oder sollen wir sie weiter Anastasia nennen, denn so kannten Sie sie ja, als sie Sie unterrichtet hat? Erzählen Sie mir mehr von ihren Fähigkeiten.«

»Sie ist eine versierte Linguistin und eine Frau von Klasse, hoher Bildung und umfassender Erfahrung in der Spionagearbeit.«

»Wie alt?«

»Etwa fünfzig, würde ich sagen. Dreiundfünfzig, vielleicht. Nicht hübsch, aber mit großer Würde und Charisma. Auch im Gesicht. Eine solche Frau könnte an Gott glauben.«

Auch Sergej glaubt an Gott, wie er seinen Befragern verraten hat. Doch sein Glaube darf nicht von anderen vermittelt werden. Als Intellektueller macht er sich nichts aus dem Klerus.

»Größe?«, frage ich.

»Eins fünfundsechzig, würde ich sagen.«

»Welche Sprache hat sie gesprochen?«

»Anastasia sprach nur Englisch mit uns, und das beherrschte sie offenkundig perfekt.«

»Sie haben sie nie Russisch sprechen hören?«

»Nein, Peter. Das habe ich nicht.«

»Nicht ein Wort?«

»Nein.«

»Deutsch?«

»Ein einziges Mal hat sie Deutsch gesprochen. Als sie Heine rezitiert hat. Ein deutscher Dichter der Romantik und Jude.«

»Ihrer Einschätzung nach, der jetzigen oder vielleicht der von damals, als Sie sie sprechen gehört haben: Wie würden Sie sie geografisch einordnen? Aus welcher Gegend kam sie?«

Ich hatte damit gerechnet, dass er ausgiebig darüber nachdenken würde, doch er antwortete prompt:

»Es war mein Eindruck, dass diese Frau, nach ihrer Haltung und den dunklen Augen und der Hautfarbe zu urteilen, auch nach der Stimmmelodie, aus Georgien stammt.«

Stell dich dumm, befehle ich mir. Sei dein durchschnittliches berufliches Ich.

»Sergej?«

»Bitte, Peter?«

»Wann ist der Urlaub mit Barry geplant?«

»Für den ganzen August. Wir wollen zu Fuß zu euren geschichtlich relevanten britischen Orten der Kultur und geistigen Freiheit pilgern.«

»Wann beginnt das nächste Semester?«

»Am vierundzwanzigsten September.«

»Und warum verschieben Sie dann den Urlaub nicht auf den September? Sagen Sie ihm, Sie hätten ein wichtiges Forschungsprojekt in London.«

»Das kann ich nicht machen. Barry wird mich begleiten wollen.«

Doch mir schwirren schon weitere Möglichkeiten durch den Kopf.

»Wie wär's dann mit Folgendem: Wir schicken Ihnen – nur als Beispiel – einen offiziellen Brief auf dem Briefpapier der Physikalischen Fakultät der Harvard University und gratulieren Ihnen zu Ihrer großartigen Arbeit in York. Wir bieten Ihnen einen zweimonatigen Forschungsaufenthalt an der Harvard University im Juli und August an, übernehmen alle Kosten und zahlen ein Honorar. Den Brief könnten Sie Barry zeigen, und sobald Sie Ihre Zeit in London als Markus Schweizer hinter sich haben, können Sie beide dort wieder anknüpfen, wo Sie aufgehört haben, und eine tolle Zeit mit dem hübschen Geld verbringen, das Harvard Ihnen für Ihr Forschungsprojekt gezahlt hat. Wäre das eine Möglichkeit? Ja oder nein?«

»Vorausgesetzt, der Brief klingt plausibel und das Honorar ist realistisch, glaube ich, dass Barry stolz auf mich wäre«, verkündet Sergej.

Manche Spione sind Fliegengewichte, die so tun, als seien sie Schwergewichte. Manche sind ohne ihren Willen Schwergewichte. Wenn mich nicht alles täuscht, dann hat sich Sergej gerade selbst in die Schwergewichtsklasse aufgeschwungen.

Wir sitzen vorn im Wagen und unterhalten uns professionell darüber, wie die Antwort aussehen sollte, die wir Anette in Kopenhagen schicken werden: ein erster Entwurf des Subtexts, in der Sergej dem Hauptquartier versichert, dass er sich an die Anweisungen halten wird, dann der Klartext, wobei ich vorschlage, den Inhalt ganz seiner erotischen Fantasie zu überlassen, allerdings bestimme, den Klartext zusammen mit dem Subtext abzusegnen, bevor er versendet wird.

Nachdem ich – nicht zuletzt zu meinem eigenen Vorteil – entschieden habe, dass Sergej sich unter weiblicher Führung wohler fühlen würde, teile ich ihm mit, dass er von nun an bei allen Routinefragen mit Jennifer, alias Florence, zusammenarbeiten wird. Ich werde Jennifer zu einem Kennenlerntreffen nach York begleiten und mit ihr bereden, welche Tarnung am besten zu ihrer zukünftigen Beziehung passt: vielleicht nicht gerade Freundschaft, denn da Jennifer groß und gut aussehend ist, könnte Barry beleidigt sein. Ich bleibe Sergejs Quellenführer; Jennifer wird mir von allen weiteren Schritten berichten. Ich weiß noch, wie ich bei mir dachte, dass sich, nach allem, was beim Badminton in sie gefahren ist, hier das Geschenk einer anspruchsvollen Spionageoperation ergab, um ihre Arbeitsmoral wiederherzustellen und ihre Fähigkeiten zu testen.

An einer Tankstelle am Stadtrand von York kaufe ich zwei Eier-Kresse-Sandwiches und zwei Flaschen Limonade. Giles hätte zweifellos einen Picknickkorb von Fortnum & Mason dabeigehabt. Als wir unser Picknick beendet und die Krümel aus dem Wagen gefegt haben, setze ich Sergej am Busbahnhof ab. Er will mich umarmen. Stattdessen reiche ich ihm die Hand. Zu meiner Überraschung ist es noch immer früher Nachmittag. Ich bringe den Mietwagen zurück und erwische glücklicherweise einen Schnellzug, der mich rechtzeitig nach London zurückbringt, um mit Prue zu unserem Inder um die Ecke zu gehen. Da Büroangelegenheiten tabu sind, unterhalten wir uns beim Essen über die schändlichen Praktiken der großen Pharmaunternehmen. Zu Hause dann schauen wir uns die Channel-4-Nachrichten in der Mediathek an. An diesem unbefriedigenden Punkt gehen wir zu Bett, doch kann ich lange nicht einschlafen.

Florence hat sich auf meine Nachricht auf dem Anrufbeantworter noch immer nicht gemeldet, und das Urteil des Unterkomitees des Finanzministeriums zu ROSEBUD ist, so eine rätselhafte späte E-Mail von Viv, »jeden Augenblick fällig, steht aber noch aus«. Dass ich diese Prophezeiung nicht ganz so unheilvoll finde, wie ich es sonst getan hätte, hat wohl damit zu tun, dass ich mich immer noch an der unwahrscheinlichen Verbindung erfreue, die Sergej und seine Anette mir verraten haben. Mir fällt dazu eine Weisheit meines Mentors Bryn Jordan ein: Wenn man nur lang genug spioniert, taucht der alte Zirkus wieder auf.

10.

Während der U-Bahn-Fahrt nach Camden Town am frühen Mittwochmorgen widmete ich mich mit klarem Kopf den vor mir liegenden schwer zu priorisierenden Aufgaben. Was sollte nun auf Florence' Ansage folgen? Sollte ich sie bei der Personalabteilung melden und ein ausgewachsenes Disziplinarverfahren anzetteln? Gott bewahre. Es wäre besser, die Angelegenheit hinter geschlossenen Türen unter vier Augen mit Florence zu regeln. Und sie dann mit PITCHFORK zu belohnen.

Ich schließe die Tür auf, betrete den düsteren Flur der Oase und werde von ungewöhnlicher Stille empfangen. Iljas Fahrrad ist da, aber wo ist Ilja? Wo sind denn alle? Ich gehe die Treppe zum ersten Stock hinauf: kein Mucks. Alle Türen sind geschlossen. Ich steige in den zweiten Stock hinauf. Die Tür zu Florence' Kabuff ist mit Abdeckband versiegelt. Ein rotes Schild klebt darauf, ›Betreten verboten‹, und die Türklinke ist mit Wachs besprüht. Die Tür zu meinem eigenen Büro steht allerdings offen. Zwei Ausdrucke liegen auf meinem Schreibtisch.

Der erste ist eine interne Kurzmitteilung von Viv, in dem die Adressaten darüber informiert werden, dass nach reiflicher Überlegung des zuständigen Unterkomitees des Finanzministeriums die Operation ROSEBUD aufgrund des unverhältnismäßigen Risikos abgelehnt wurde.

Der zweite ist ein internes Memo von Moira, in dem alle beteiligten Abteilungen darüber in Kenntnis gesetzt werden, dass Florence mit Wirkung vom Montag an ihren Rücktritt aus dem Dienst angekündigt hat und dass, gemäß den Regeln des Innenministeriums zu Dienstauflösungen, eine umfassende Abfindungsvereinbarung getroffen wurde.

Erst nachdenken, dann in Panik geraten.

Laut Moira erfolgte Florence' Kündigung knappe vier Stunden nach dem gemischten Doppel mit Ed und Laura im Athleticus, was ihr merkwürdiges Verhalten dort zweifellos erklären würde. Was hatte ihre Kündigung bedingt? Dem Anschein nach die Ablehnung der Operation ROSEBUD, aber wir sollten vielleicht keine voreiligen Schlüsse ziehen. Nachdem ich beide Dokumente ein drittes Mal sorgfältig gelesen habe, trete ich auf den Treppenabsatz, lege die Hände um den Mund und brülle:

»Alle rauskommen, bitte. *Sofort!*«

Das Team taucht aus seiner Deckung auf, und ich bastle mir die Geschichte zusammen, zumindest so viel davon, wie es aus dem, was man weiß oder zu sagen bereit ist, möglich ist. Gegen 11 Uhr am Montag, als ich aus dem Weg geräumt und im dunkelsten Northwood war, hatte Florence Ilja über einen Termin mit Dom Trench in dessen Büro informiert. Ilja zufolge, normalerweise eine zuverlässige Quelle, schien sie angesichts dieser Aussicht eher besorgt denn aufgeregt zu sein.

Gegen 13.15 Uhr etwa, als Ilja oben war und die Telefonzentrale bediente und der Rest des Teams unten saß, Sandwiches verdrückte und in die Handys schaute, tauchte Florence nach ihrem Termin bei Dom in der Küchentür auf. Denise hatte in der Hackordnung direkt unter Florence ihren Platz gehabt und deren Quellen routinemäßig übernommen, wenn Florence eingespannt oder im Urlaub war.

»Sie stand einfach nur da, Nat, ein paar Minuten vielleicht, und starrte uns an, als hätten wir alle den Verstand verloren« – so Denise ehrfürchtig.

»Hat Florence irgendetwas *gesagt?*«

»Kein Wort, Nat. Sie hat uns nur angeglotzt.«

Florence war dann aus der Küche nach oben in ihr Kabuff gegangen, hatte sich eingesperrt und war – so Ilja – »fünf Minuten später mit einer Plastiktüte mit ihren Flipflops, dem Foto ihrer toten Mutter, das auf ihrem Schreibtisch gestanden hatte, ihrer Wolljacke für dann, wenn die Heizung nicht lief, und Frauenkram aus ihrer Schublade« wieder erschienen. Wie Ilja all das mit einem einzigen Blick gesehen haben will, entzieht sich meiner Kenntnis, also lassen wir ihm die dichterische Freiheit.

Florence »küsst mich auf russische Art drei Mal« – Ilja, der in Fahrt kommt –, »drückt mich noch mal extra und sagt, das sei für uns alle. Die Umarmung, meint sie. Ich frage sie, was soll das denn alles, Florence? Denn wir wissen ja, besser, wir nennen sie nicht Flo. Und Florence sagt, ach, nichts, Ilja, nur dass die Ratten am Ruder sind und ich das Schiff verlassen habe.«

Aus Mangel an weiteren Zeugen müssen diese wohl als Florence' letzte Worte an die Oase gelten. Sie hatte eine Unterhaltung mit Dom, hatte ihre Kündigung eingereicht, war von der Zentrale zur Oase zurückgekehrt, hatte ihre Habseligkeiten zusammengepackt und war gegen 15.05 Uhr wieder gegangen, arbeitslos. Wenige Minuten nach ihrem Abschied tauchten zwei schweigsame Vertreter der Internen Sicherheit in einem grünen Dienstlieferwagen auf – nicht die Ratten, die das Ruder übernommen hatten, sondern Frettchen, wie sie allgemein genannt wurden –, und montierten Florence' Computer und Aktenschrank ab. Auch wurden alle Mitglieder des Teams nacheinander dazu befragt, ob Florence mit ihnen irgendwelche Geheimnisse geteilt oder über die Gründe für ihren Abschied gesprochen hätte. Nachdem die erforderlichen Beteuerungen auf beide Fragen eingeholt waren, wurde das Kabuff versiegelt.

Ich weise alle an, mit ihrer Arbeit ganz normal fortzufahren, ein hoffnungsloses Unterfangen, verlasse das Haus, biege in eine Seitengasse und gehe strammen Schrittes zehn Minuten lang, bis ich ein Café finde und mir einen doppelten Espresso bestelle. Tief Luft holen. Prioritäten setzen. Ich versuche es noch einmal auf gut Glück mit Florence' Handynummer. Doch der Anschluss ist mausetot. Der Anrufbeantworter in Hampstead hat eine neue Ansage. Ein junger, verächtlich klingender Upper-Class-Schnösel lässt verlauten:

»Falls Sie mit Florence sprechen wollen, ist sie unter dieser Nummer nicht mehr zu erreichen, also verschwinden Sie schon aus der Leitung.«

Ich rufe Dom an und bekomme Viv an die Strippe:

»Leider hat Dom den ganzen Tag über ein Meeting nach dem anderen, Nat. Kann ich Ihnen irgendwie behilflich sein?«

Oh, ich glaube nicht, aber danke, Viv. Finden seine Meetings denn vor Ort statt oder außerhalb in der Stadt?

Zögert sie? Ja, das tut sie:

»Dom nimmt keine Anrufe entgegen, Nat«, sagt sie und legt auf.

»*Nat*, mein Bester«, sagt Dom höchst überrascht und gibt seiner neuen Gewohnheit nach, meinen Namen als Waffe einzusetzen. »Immer willkommen. Haben wir eine Verabredung? Würde morgen passen? Ich bin ein wenig eingeschneit, um ehrlich zu sein.«

Und zum Beweis hat er seinen Schreibtisch mit Unterlagen zugepackt, was mir nur verrät, dass er mich den ganzen Morgen über schon erwartet hat. Dom hat es nicht so mit Konfrontation, wie wir beide wissen. Sein Leben besteht darin, sich zwischen den Dingen hindurchzuschlängeln, denen er sich nicht stellen kann. Ich lasse die Klinke an seiner Tür los und setze mich in einen der Sessel mit den hohen Lehnen. Dom, der intensiv in seinen Papierkram vertieft ist, bleibt an seinem Schreibtisch sitzen.

»Du bleibst also?«, fragt er nach einer Weile.

»Wenn es dir nichts ausmacht, Dom.«

Er nimmt erneut eine Akte aus dem Eingangskorb, schlägt sie auf und taucht in deren Inhalt ab.

»Schade, das mit ROSEBUD«, bemerke ich nach einer angemessenen Schweigezeit.

Er kann mich nicht hören, so versunken ist er in die Arbeit.

»Schade auch das mit Florence«, sage ich. »Eine der besten Russlandleute, die der Dienst jemals verloren hat. Darf ich den Bericht einsehen? Hast du ihn vielleicht dort vor dir liegen?«

Noch immer bleibt der Kopf gesenkt. »Bericht? Was faselst du da?«

»Der Bericht des Unterkomitees. Wegen des unverhältnismäßigen Risikos. Darf ich ihn bitte sehen?«

Er hebt den Kopf ein wenig, aber nicht zu sehr. Die vor ihm aufgeschlagene Akte ist wichtiger.

»Nat, ich muss dich darüber informieren, dass du als kommissarischer Angestellter des Großraums London keine Sicherheitsfreigabe für die *entsprechende* Stufe hast. Gibt es noch weitere Fragen zu klären?«

»Ja, Dom. Gibt es. Warum hat Florence gekündigt? Warum hast du mich völlig sinnloserweise nach Northwood geschickt? Wolltest du dich an sie ranmachen?«

Bei dieser letzten Bemerkung hebt er den Kopf ruckartig.

»Ich hätte angenommen, dass diese Möglichkeit eher in *dein* Gebiet fällt, nicht in meines.«

»Warum dann?«

Lehn dich zurück. Lass die Fingerspitzen einander finden und ihr Hochzeitsspalier bilden. Das tun sie. Nun kann die vorbereitete Rede beginnen.

»Nat, wie du vielleicht vermutest, habe ich, auf strikt vertraulicher Basis unter vier Augen, im Vorfeld einen Hinweis erhalten, wie das Unterkomitee entscheiden würde.«

»Wann?«

»Das ist vollkommen nebensächlich, was dich betrifft. Darf ich fortfahren?«

»Ich bitte darum.«

»Florence, wie wir beide wissen, ist nicht gerade die Art von Person, die du und ich reif nennen würden. Das ist der Hauptgrund, warum sie aus dem Verkehr gezogen wurde. Talentiert, das bestreitet niemand, ich am allerwenigsten. Allerdings war mir seit ihrer Präsentation der Operation ROSEBUD klar, dass sie in emotionaler Weise – ich wage zu sagen, zu emotionaler Weise – an dem Ergebnis der Sache interessiert war, und das war für sie und für uns nicht gut. Ich hatte gehofft, dass ich vielleicht ihre Enttäuschung ein wenig abmildern könnte, wenn ich sie informell etwas vorwarnen würde, bevor die Entscheidung des Unterkomitees offiziell bekannt gegeben wird.«

»Und deshalb hast du mich nach Northwood geschickt, während du ihr die Stirn abgetupft hast. Wie zuvorkommend.«

Aber Dom steht nicht so auf Ironie, vor allem dann nicht, wenn er Zielscheibe der Ironie ist.

»In der wichtigeren Frage ihres abrupten Abgangs sollten wir uns allerdings gratulieren«, fährt er fort. »Ihre Reaktion auf die Entscheidung des Unterkomitees, ROSEBUD aus Gründen des nationalen Interesses nicht zu genehmigen, war übertrieben und hysterisch. Der Dienst kann froh sein, sie los zu sein. Jetzt erzähl mir doch mal von PITCHFORK gestern. Eine virtuose Vorstellung des alten Nat, wenn ich so sagen darf. Wie interpretierst du die Anweisungen aus Moskau?«

Doms Angewohnheit, von einem Thema zum nächsten zu wechseln, um Gegenbeschuss zu vermeiden, ist mir ebenfalls vertraut. Allerdings hat er mir in dieser Angelegenheit einen Gefallen getan. Ich halte mich im Allgemeinen nicht für hinterlistig, aber bei Dom laufe ich zu Höchstform auf. Die einzige Person, die mir jemals sagen wird, was zwischen Florence und ihm passiert ist, ist Florence selbst, doch die ist nicht erreichbar. Nur deshalb bin ich hier.

»Wie *ich* die Anweisungen interpretiere? Die Frage sollte wohl eher lauten, wie die Interpretation der Russlandabteilung aussehen wird«, erwidere ich so hochtrabend wie er auch.

»Und die wäre wie?«

Hochtrabend, aber entschieden. Ich bin ein alter Russlandhase, der kaltes Wasser auf das Feuer eines unerfahrenen Kollegen gießt.

»PITCHFORK ist ein Schläfer, Dom. Das scheinst du zu vergessen. Er ist langfristig hier installiert. Er schläft seit genau einem Jahr. Zeit für Moskau, ihn zu aktivieren, abzustauben und auf einen Testlauf zu schicken, um zu sehen, ob er noch für sie da ist. Wenn er das erst mal bewiesen hat, heißt es, zum Schlafen zurück nach York.«

Er will gerade etwas einwenden, besinnt sich aber eines Besseren.

»Und wie *genau* sieht unsere Taktik aus, wenn man davon ausgeht, dass deine Grundannahme stimmt, was ich nicht notwendigerweise so sehe?«, will er trotzig wissen.

»Beobachten und abwarten.«

»Und machen wir, während wir beobachten und abwarten, die Russlandabteilung auf unser Vorgehen aufmerksam?«

»Wenn du willst, dass die den Fall übernehmen und den Großraum London völlig kaltstellen, dann ist jetzt ein so guter Augenblick wie jeder andere auch«, entgegne ich.

Er macht einen Schmollmund und schaut weg, so als würde er eine höhere Macht anrufen.

»Also gut, Nat«, gibt er meinem Vorschlag nach, »wir beobachten und warten ab, so wie du es sagst. Ich erwarte, dass du mich über jede weitere Entwicklung umfassend informierst, ganz gleich, wie nebensächlich, und zwar umgehend. Und danke, dass du vorbeigeschaut hast«, fügt er noch an und wendet sich wieder den Papieren auf seinem Schreibtisch zu.

»Allerdings«, sage ich und rühre mich nicht vom Fleck.

»*Was*, allerdings?«

»Allerdings gibt es da noch einen Subtext zu PITCHFORKs Anweisungen, der meiner Meinung nach darauf hindeuten *könnte*, dass wir es hier mit mehr als nur dem üblichen Testlauf zu tun haben, um den Schläfer auf Trab zu halten.«

»Aber du hast doch gerade das genaue Gegenteil gesagt.«

»Nun, das kommt daher, dass es an PITCHFORKs Geschichte noch einen weiteren Aspekt gibt, den betreffend du keineswegs die Freigabe hast.«

»Unsinn. Was für einen *Aspekt*?«

»Außerdem ist dies nicht der richtige Zeitpunkt, deinen Namen auf die Liste der Eingeweihten zu setzen, sonst wird die Russlandabteilung nach dem Grund dafür fragen. Und das, nehme ich an, willst du ebenso wenig wie ich.«

»Und *warum* will ich das nicht?«

»Nun, wenn meine Vermutung stimmt, dann *könnte das* hier – vorbehaltlich einer Bestätigung – die einmalige Gelegenheit für die Oase und den Großraum London sein, eine Operation auf die Beine zu stellen, mit der unser beider Namen verbunden sind und die von keinem Unterkomitee des Finanzministeriums abgeschmettert werden kann. Bist du ganz Ohr oder soll ich zu einem geeigneteren Zeitpunkt noch mal wiederkommen?«

Er seufzt und schiebt die Blätter beiseite.

»Womöglich bist du ganz allgemein vertraut mit dem Fall meines früheren Agenten WOODPECKER? Oder bist du zu jung dafür?«, frage ich.

»Natürlich bin ich mit dem Fall WOODPECKER *vertraut*. Ich habe ihn gründlich studiert. Wer hat das nicht? Triest. Der ortsansässige Chef, ehemals KGB, alter Hase, Tarnung als Konsul. Du hast ihn beim Badminton angeheuert, wenn ich mich recht erinnere. Später kehrte er erwartungsgemäß zurück und schloss sich der Opposition an, falls er sie überhaupt jemals verlassen hat. Nicht gerade ein Ruhmesblatt von dir, würde ich meinen. Warum reden wir plötzlich über WOODPECKER?«

Für einen Späteinsteiger hat Dom seine Hausaufgaben gründlich gemacht.

»WOODPECKER war bis auf das letzte Jahr, in dem er für uns gearbeitet hat, eine zuverlässige und wertvolle Quelle«, teile ich ihm mit.

»Wenn du das sagst. Andere haben womöglich andere Ansichten dazu. Können wir auf den Punkt kommen, bitte?«

»Ich möchte gern die Anweisungen des Moskauer Hauptquartiers an PITCHFORK mit ihm bereden.«

»Mit *wem*?«

»Mit WOODPECKER. Mal hören, was er dazu zu sagen hat. Die Einschätzung eines Insiders.«

»Du bist verrückt.«

»Möglich.«

»Vollkommen den Verstand verloren. WOODPECKER ist offiziell als toxisch eingestuft. Niemand aus diesem Dienst darf ihn ohne persönliche schriftliche Einwilligung des Leiters der

Russlandabteilung, der gerade in Washington, D. C., weilt, aufsuchen. WOODPECKER ist nicht vertrauenswürdig, absolut doppelzüngig und ein weit vernetzter russischer Krimineller.«

»Heißt das Nein?«

»Das heißt nur über meine Leiche. Ab hier und jetzt. Ich werde das umgehend schriftlich festhalten und dem Disziplinarkomitee eine Kopie zukommen lassen.«

»In der Zwischenzeit werde ich mir mit deiner Erlaubnis eine Woche freinehmen und golfen gehen.«

»Du spielst doch überhaupt kein Golf.«

»Und für den Fall, dass WOODPECKER einwilligt, mich zu treffen, und sich herausstellt, dass er interessante Ansichten zu PITCHFORKs Anweisungen vom Moskauer Hauptquartier hat, dann *könntest* du immer noch entscheiden, dass du mir befohlen hast, ihm einen Besuch abzustatten. In der Zwischenzeit rate ich dir, noch mal darüber nachzudenken, bevor du diesen bösen Brief an das Disziplinarkomitee schreibst.«

Ich bin bereits an der Tür, als Dom mich zurückruft. Ich drehe mich um, bleibe aber an der Tür stehen.

»Nat?«

»Ja?«

»Was glaubst du denn, was du aus ihm herausbekommst?«

»Mit etwas Glück nichts, das ich nicht schon weiß.«

»Und warum willst du dann zu ihm?«

»Weil niemand die Operative Leitung nur auf Grundlage einer Vermutung zusammentrommelt, Dom. Das Direktorat bevorzugt umsetzbare Ergebnisse, die zweifach und am besten dreifach durchgekaut wurden. Sie lassen sich nicht vom selbstsüchtigen Geschwafel eines gestrandeten Außendienstlers beeindrucken, der am Arsch der Welt in Camden festsitzt, *und auch nicht* von dessen kaum erprobtem Chef des Großraums London.«

»Du bist verrückt«, wiederholt Dom und zieht sich wieder hinter seine Akten zurück.

Ich bin zurück in der Oase. Ich schließe die Tür auf, sehe in die langen Gesichter meines Teams und setze mich daran, einen Brief an meinen ehemaligen Agenten WOODPECKER alias Arkady, zu schreiben. Ich formuliere ihn in meiner fiktiven Eigenschaft als Sekretärin eines Badmintonvereins in Brighton. Ich lade ihn ein, ein gemischtes Team aus Spielern in unsere schöne Stadt am Meer zu bringen. Ich schlage Daten und Spielzeiten vor und biete ihm kostenlose Unterkunft an. Der Einsatz von offenen Textcodes ist älter als die Bibel und beruht auf dem beiderseitigen Verständnis von Schreiber und Empfänger. Das Verständnis zwischen Arkady und mir war auf kein Codebuch angewiesen, sondern allein auf das Konzept, dass jede Bedingung ihr genaues Gegenteil bedeutet. Ich lud ihn entsprechend also nicht ein, sondern bat ihn darum, eingeladen zu werden. Die Daten, an denen der fiktive Verein seine Gäste empfangen wollte, waren die Termine, an denen ich hoffte, von Arkady empfangen zu werden. Meine Angebote waren eine höfliche Anfrage, ob er mich empfangen würde, und wenn ja, wo wir uns treffen könnten. Die Spielzeiten deuteten darauf hin, dass mir jede Zeit recht war.

In einem Absatz, der der Realität so nahe kam, wie Tarnung das nur erlaubte, erinnerte ich ihn an die freundschaftlichen Beziehungen, die unser beider Vereine trotz der sich ständig wandelnden Spannungen in der Welt ringsherum über lange Zeit gepflegt hatten. Ich unterschrieb mit (Mrs) Nicola Halliday, denn Arkady hatte mich in den neun Jahren unserer Zusammenarbeit als Nick gekannt, trotz der Tatsache, dass mein richtiger Name die offizielle Liste der Konsularvertreter schmückte. Mrs Halliday gab keinen Absender an. Arkady kannte genügend

Orte, an die er sein Schreiben adressieren konnte, wenn er denn wollte.

Dann lehnte ich mich zurück und stellte mich auf eine lange Wartezeit ein, denn Arkady hatte es bei wichtigen Entscheidungen nie eilig.

Ich machte mir durchaus Sorgen darüber, worauf ich mich bei Arkady eingelassen hatte, deshalb wurden mir meine montäglichen Badmintonkämpfe mit Ed und unsere politischen *tours d'horizon* am Stammtisch immer wertvoller – trotz der Tatsache, dass Ed mich, wie ich widerwillig eingestehen musste, inzwischen mit links besiegte.

Es kam scheinbar über Nacht. Plötzlich spielte er schneller, freier, glücklicher, und der Altersunterschied zwischen uns klaffte immer weiter auseinander. Es dauerte ein, zwei Montage, bevor ich ganz objektiv seine Steigerung genießen konnte, und ich gratulierte mir, so gut ich konnte, Anteil an dieser Entwicklung zu haben. Unter anderen Umständen hätte ich mich nach einem jüngeren Spieler umgeschaut, der es mit ihm aufnehmen konnte, doch als ich Ed dies vorschlug, war er so beleidigt, dass ich es zurücknahm.

Die größeren Probleme meines Lebens ließen sich nicht so einfach lösen. Jeden Morgen kontrollierte ich die Deckadressen des Büros nach Arkadys Antwort. Nichts. Und wenn Arkady nicht mein Problem war, dann war es Florence. Ilja und Denise gegenüber war sie immer freundlich gewesen, doch so sehr ich die beiden auch drängte, sie wussten ebenso wenig von ihrem Aufenthaltsort oder ihrem Treiben wie irgendein anderes Teammitglied. Selbst wenn Moira wusste, wo ich sie erreichen konnte, dann war ich wohl die letzte Person, der sie es verraten würde. Jedes Mal, wenn ich mir vorzustellen versuchte, wie ausgerechnet Florence ihre geschätzten Quellen sitzen lassen konnte, scheiterte ich. Und jedes Mal, wenn ich versuchte, mir ihre Begegnung mit Dom Trench vorzustellen, scheiterte ich ebenfalls.

Nach langer Gewissenserforschung versuchte ich mein Glück bei Ed. Es war weit hergeholt, das wusste ich. Meine zusammengeschusterte Tarngeschichte ließ nicht zu, dass Florence und ich mehr voneinander wussten, als wir bei dem angeblichen Treffen im Büro meines angeblichen Freundes und bei dem Badmintonspiel mit Laura erfahren hatten. Das Einzige, was ich hatte, war der immer stärkere Eindruck, dass die beiden einander vom ersten Augenblick an attraktiv gefunden hatten, doch da ich nun um Florence' Verfassung im Athleticus wusste, konnte ich mir nur schwer vorstellen, dass sie in der Stimmung gewesen sein könnte, sich zu irgendjemandem hingezogen zu fühlen.

Wir sitzen an unserem Stammtisch. Wir haben unser erstes Bier getrunken und ich habe eine zweite Runde geholt. Ed hat mich gerade vier zu eins geschlagen, was ihn verständlicherweise befriedigt, mich allerdings nicht.

»Und wie war's beim Chinesen?«, frage ich ihn, als ich den Zeitpunkt für gekommen erachte.

»Was für ein Chinese?« – Ed ist wie üblich zerstreut.

»Das *Golden Moon*, die Straße hinauf. Wo wir zusammen essen gehen wollten, bis ich wegmusste, um ein Geschäft zu retten, wissen Sie noch?«

»Ach ja, richtig. Toll. Sie mochte die Ente sehr. Laura, meine ich. Das Beste, was sie je gegessen hat. Die Kellner haben sie nach Strich und Faden verwöhnt.«

»Und die junge Frau? Wie hieß sie noch gleich? Florence? War mit der auch alles in Ordnung?«

»Ach ja. Florence. Die war auch toll.«

Wird er mir gegenüber schweigsamer, oder ist das nur wieder seine grobe Seite? Ich versuche es trotzdem:

»Sie haben nicht zufällig eine Telefonnummer von ihr? Mein Kumpel hat mich angerufen, der, bei dem sie kurzfristig gearbeitet hat. Er meinte, sie sei erstklassig gewesen, und er wolle ihr eine feste Stelle anbieten, aber die Arbeitsvermittlung spiele nicht mit.«

Ed denkt eine Weile darüber nach. Runzelt die Stirn. Kramt in seinem Verstand oder gibt sich zumindest den Anschein.

»Nein, das tut das Amt nicht, oder?«, pflichtet er mir bei. »Diese Arbeitsvermittler würden sie am liebsten für den Rest ihres Lebens an der Leine halten, wenn sie könnten. Ja. Tut mir leid, da kann ich nicht helfen. Nein«, gefolgt von einer Tirade über den Plan unseres amtierenden Außenministers, diesem verfluchten Narzissten von elitärem Eton-Absolventen, der nicht eine einzige feste Überzeugung zu bieten hätte, mal abgesehen von seinem eigenen Fortkommen usw.

Wenn es, über unsere ausgedehnten montäglichen Badmintonabende hinaus, einen Trost in dieser endlosen Wartezeit gibt, dann besteht er in Sergej alias PITCHFORK. Über Nacht ist er zum höchstgeschätzten Agenten der Oase geworden. Gleich nach Semesterende hat Markus Schweizer, der freie Journalist aus der Schweiz, eine Wohnung im ersten seiner drei Nord-Londoner Bezirke bezogen. Sein Ziel, von Moskau umgehend gebilligt, ist es, sich in jedem Bezirk umzusehen und darüber Bericht zu erstatten. Da ich ihm nun Florence nicht mehr als Führungsperson zuweisen kann, habe ich Denise, die auf öffentliche Schulen gegangen und seit ihrer Kindheit von allem Russischen besessen ist, damit betraut. Sergej hat sie wie eine verlorene Schwester ins Herz geschlossen. Um ihr die Arbeit zu erleichtern, billige ich die Unterstützung durch weitere Mitglieder des Teams Oase. Ihre Legende ist kein Problem. Sie können sich als angehende Reporter ausgeben, als arbeitslose Schauspieler oder gar nichts. Selbst wenn Moskaus Londoner Dependance ihre gesamte Gegenspionage-Kavallerie einsetzte, würde sie leer ausgehen. Moskaus unstillbares Verlangen nach Details zum Aufenthaltsort könnte den fleißigsten Schläfer strapazieren, doch Sergej ist dem gewachsen, und Denise und Ilja stehen bei Fuß und bieten ihre Hilfe an. Die verlangten Fotos werden nur mit Sergejs Handy gemacht. Kein topografisches Detail ist für Anette, alias Anastasia, zu unwichtig. Wann immer neue Anforderungen vom Moskauer Hauptquartier eintreffen, entwirft Sergej seine Antworten auf Englisch, und ich genehmige sie. Dann übersetzt er sie ins Russische, und heimlich kontrolliere ich sie, bevor der Text von Sergej mithilfe eines OTP aus seinem Bestand verschlüsselt wird. Dadurch ist Sergej theoretisch verantwortlich für seine eigenen Fehler, und die darauf einsetzende, gereizte Korrespondenz mit dem Hauptquartier klingt authentisch. Die Fälschungsabteilung hat sich mit der Einladung an die Physikalische Fakultät der Harvard University ordentlich angestrengt. Sergejs Freund Barry ist entsprechend beeindruckt. Dank Bryn Jordans Einsatz in Washington wird ein Physikprofessor in Harvard alle Fragen abfangen, die von Barry oder sonst wem kommen könnten. Ich schicke Bryn einen persönlichen Dankesbrief für seine Bemühungen, erhalte aber keine Antwort.

Dann heißt es erneut warten.

Darauf, dass das Moskauer Hauptquartier aufhört, herumzueiern, und sich für einen Ort im nördlichen London entscheidet. Darauf, dass Florence den Kopf über den Zaun streckt und mir verrät, was sie dazu veranlasst hat, ihre Quellen sitzen zu lassen und ihre eigene Karriere an den Nagel zu hängen. Darauf, dass Arkady sich rührt. Oder auch nicht.

Am Ende kam es, wie es kommen musste: Alles geschah gleichzeitig. Arkady hat geantwortet; nicht gerade überschwänglich, aber immerhin eine Antwort. Und nicht nach London, sondern an seine bevorzugte Deckadresse in Bern: ein einfacher Umschlag, adressiert an N. Halliday, tschechischer Stempel, elektronische Schreibmaschine, darin eine Ansichtskarte vom Heilbad Karlovy Vary und eine Broschüre auf Russisch von einem Hotel, zehn Kilometer außerhalb des Ortes. In der Hotelbroschüre ein zusammengefaltetes Buchungsformular zum Ankreuzen: gewünschtes An- und Abreisedatum, Art der Unterkunft, geschätzte Ankunftszeit, Allergien. Die in die Kästchen eingetippten Kreuze sagen mir, dass ich am kommenden Montagabend um 22 Uhr einchecken soll. Bedenkt man die Herzlichkeit unserer früheren Beziehung, fällt es schwer, sich eine zögerlichere Antwort vorzustellen, doch zumindest darf ich überhaupt kommen.

Unter Verwendung meines gültigen Reisepasses auf den Falschnamen Nicholas George Halliday – den hätte ich nach meiner Rückkehr nach England abgeben sollen, aber niemand hat mich darum gebeten – buche ich mir für Montagmorgen einen Flug nach Prag und bezahle mit meiner eigenen Kreditkarte. Ich schicke Ed eine E-Mail, in der ich zu meinem Bedauern unsere Badmintonverabredung absage. Er antwortet: »Feigling.«

Am Freitagnachmittag erhalte ich eine SMS von Florence auf meinem Privathandy. Darin steht, wir könnten »reden, wenn Sie wollen«, und eine Nummer, die nicht derjenigen entspricht, von der aus sie ihre SMS verschickt hat. Ich rufe mit einem Prepaidhandy an, lande auf der Mobilbox und stelle fest, dass ich erleichtert darüber bin, nicht mit ihr persönlich zu sprechen. Ich hinterlasse eine Nachricht und sage, ich würde es in ein paar Tagen noch mal versuchen; während ich auflege, denke ich, dass ich mich wie eine Person anhöre, die ich nicht kenne.

Um 18 Uhr schicke ich eine Rundmail an die Oase, Kopie an

die Personalabteilung, und informiere sie alle darüber, dass ich mir »aus familiären Gründen« vom 25. Juni bis zum 2. Juli eine Woche freinehme. Falls ich mich frage, um welche familiären Gründe es sich handeln könne, brauche ich nicht weiter als bis zu Steff zu schauen, die nach wochenlanger Funkstille angekündigt hat, mit »einer vegetarischen Bekanntschaft« zum Sonntagsessen hereinzuschneien. Es gibt den richtigen Zeitpunkt für eine vorsichtige Versöhnung. Was mich angeht, war dies kein solcher Zeitpunkt, aber ich erkenne meine Pflichten, wenn ich sie vor mir sehe.

In unserem Schlafzimmer packe ich meine Reisetasche für Karlovy Vary, suche in meiner Kleidung nach Wäschereimarken und allem, was nicht zu Nick Halliday gehören sollte. Prue, die ein langes Telefonat mit Steff geführt hat, ist nach oben gekommen, um mir beim Packen zu helfen und von dem Gespräch zu berichten. Ihre erste Frage hat nicht das Ziel, für Harmonie zu sorgen.

»Musst du *wirklich* deine Badmintonausrüstung nach Prag mitschleppen?«

»Tschechische Spione spielen andauernd Badminton«, erwidere ich. »Vegetarischer *Mann* oder vegetarische *Frau*?«

»Ein Mann.«

»Jemand, den wir kennen, oder jemand, den wir erst noch kennenlernen müssen?«

Es gab exakt zwei von Steffs vielen Freunden, zu denen ich einen Draht hatte. Beide stellten sich als schwul heraus.

»Es handelt sich um diesen *Juno*, falls dir der Name was sagt, und die beiden sind auf dem Weg nach Panama. Juno ist kurz für Junaid, hat sie mir mitgeteilt, was offenbar so viel wie *Kämpfer* bedeutet. Ich weiß nicht, ob dir das eher zusagt?«

»Vielleicht.«

»Sie fliegen von Luton aus. Um 3 Uhr früh. Sie werden also die Nacht nicht bei uns verbringen, wie du sicherlich erleichtert aufnehmen wirst.«

Da liegt Prue richtig. Ein neuer Freund in Steffs Zimmer und Marihuanadunst, der unter der Tür hervorquillt, passen nicht ganz zu meiner Vorstellung von Familienglück, schon gar nicht, wenn ich für Karlovy Vary packe.

»Wer zum Teufel fliegt denn überhaupt nach Panama?«, will ich ebenso gereizt wissen.

»Nun, Steff, glaube ich. Und zwar richtig.«

Ich verstehe den Ton in ihrer Stimme nicht recht und drehe mich zu ihr um. »Was meinst du damit? Zieht sie dort hin und kommt nicht wieder zurück?«, nur um festzustellen, dass Prue lächelt.

»Weißt du, was sie zu mir gesagt hat?«

»Noch nicht.«

»Wir könnten ja zusammen eine *Quiche* machen. Steff und ich. Wir zwei. Eine Quiche zum Essen. Juno liebt Spargel, und wir dürfen nicht über den Islam reden, er ist Moslem und trinkt keinen Alkohol.«

»Klingt doch ideal.«

»Das ist bestimmt schon fünf Jahre her, dass Steff und ich zusammen gekocht haben. Sie fand, Männer gehören in die Küche, erinnerst du dich? Nicht wir Frauen.«

Um dem Anlass möglichst gerecht zu werden, gehe ich in den Supermarkt, kaufe ungesalzene Butter und Sodabrot, zwei Grundbestandteile in Steffs Ernährungsplan, und um für mein flegelhaftes Benehmen zu büßen, noch eine eisgekühlte Flasche Champagner, auch wenn Juno nichts davon trinken darf. Und wenn Juno nichts davon trinken darf, dann Steff auch nicht, denn in der Zwischenzeit ist sie wahrscheinlich auf dem besten Wege, zum Islam zu konvertieren.

Als ich vom Einkauf zurückkehre, finde ich die beiden im Flur vor. Zwei Dinge geschehen gleichzeitig. Ein höflicher, gut gekleideter Inder tritt vor und nimmt mir den Einkauf ab. Steff schlingt ihre Arme um mich, drückt ihren Kopf in meine Halsbeuge und lässt ihn dort ruhen, dann richtet sie den Kopf wieder auf und sagt: »Dad! *Sieh mal*, Juno, ist er nicht *großartig*?« Der höfliche Inder tritt erneut vor, um diesmal ganz offiziell vorgestellt zu werden. In der Zwischenzeit habe ich einen bedeutsam wirkenden Ring an Steffs Ringfinger entdeckt, aber ich habe gelernt, dass es bei Steff besser ist, zu warten, bis sie sich mir mitteilt.

Die Frauen gehen in die Küche, um die Quiche zuzubereiten. Ich öffne den Champagner und bringe den beiden ein Glas, dann gehe ich ins Wohnzimmer und biete Juno ebenfalls Champagner an, denn ich nehme Steffs Anleitungen zu ihren Männern nicht immer für bare Münze. Juno nimmt das Glas ohne Einwände und wartet, dass ich ihn bitte, sich zu setzen. Das ist Neuland für mich. Juno erklärt, er fürchte, dies alles sei doch recht plötzlich für uns gekommen. Ich versichere ihm, dass uns bei Steff gar nichts überrascht, und er wirkt erleichtert. Ich frage ihn, warum ausgerechnet Panama? Er erklärt, er sei promovierter Zoologe, und das Smithsonian habe ihn eingeladen, eine Feldstudie zu den großen Fledermäusen auf der Insel Barro Colorado im Panamakanal durchzuführen, und Steff solle ihn begleiten.

»Aber nur, wenn ich wanzenfrei bin, Dad«, wirft die beschürzte Steff ein, die ihren Kopf zur Tür hereingesteckt hat. »Ich muss mich ausräuchern lassen, ich darf nichts anhauchen, und ich darf noch nicht mal meine neuen Fuck-me-Schuhe anziehen, oder, Juno?«

»Sie kann ihre eigenen Schuhe tragen, aber sie muss Überschuhe anziehen«, erklärt mir Juno, »und niemand wird ausgeräuchert. Das hast du dir nur ausgedacht, Steff.«

»Und wir müssen auf Krokodile achten, wenn wir an Land gehen, aber Juno wird mich tragen, oder nicht, Juno?«

»Und die Krokodile um ihre Mahlzeit bringen? Sicherlich nicht. Schließlich sind wir dort, um die Tierwelt zu schützen.«

Steff lacht laut auf und schließt die Tür hinter sich. Beim Essen zeigt sie ihren Verlobungsring herum, wohl hauptsächlich mir zuliebe, weil sie Prue in der Küche ja schon alles verraten hat.

Juno meint, sie würden mit der Heirat warten, bis Steff ihren Abschluss in der Tasche hätte, was aber noch eine Weile dauern würde, da sie zu Medizin gewechselt habe. Steff hatte es noch nicht geschafft, uns diesen Entschluss mitzuteilen, aber Prue und ich haben auch gelernt, auf solche lebensverändernden Enthüllungen nicht überzureagieren.

Juno hat offiziell bei mir um Steffs Hand anhalten wollen, doch Steff bestand darauf, dass ihre Hand ihr ganz allein gehöre. Er fragt mich trotzdem über den Tisch hinweg, und ich sage ihm, dass dies ganz allein ihre Entscheidung sei und sie sich alle Zeit nehmen sollten, die sie bräuchten. Das würden sie tun, verspricht er. Sie wollen Kinder – »sechs«, wirft Steff ein –, aber erst später, und bis dahin möchte Juno uns erst mal seinen Eltern vorstellen, die beide Lehrer in Mumbai seien und planten, um Weihnachten nach England zu kommen. Und ob Juno wohl erfahren dürfte, welchen Beruf ich denn hätte, denn Steff hätte sich da vage ausgedrückt, aber seine Eltern würden das bestimmt wissen wollen. *Öffentlicher* Dienst oder *Sozial*dienst? Steff schien sich da nicht sicher zu sein.

Steff sitzt an der anderen Seite des Tischs, eine Hand am Kinn, die andere bei Juno, und wartet auf meine Antwort. Ich hatte nicht damit gerechnet, dass sie unsere Skiliftunterhaltung für sich behalten würde, und noch keine Gelegenheit gehabt, sie darum zu bitten. Doch offenkundig hat sie den Mund gehalten.

»Oh, *öffentlich* und *anständig*, durch und durch«, beteuere ich lachend. »Im *Auslands*dienst, um genau zu sein. Handelsvertreter für die Queen mit begrenztem diplomatischen Status, so ungefähr kommt es hin.«

»Wirtschaftsberater?«, fragt Juno. »Kann ich meinen Eltern sagen, Sie seien britischer Wirtschaftsberater?«

»Das würde passen«, versichere ich ihm. »Nach Hause zurückgerufener Wirtschaftsberater kurz vor dem Ruhestand.«

Worauf Prue erwidert: »Unsinn, Liebling. Nat macht sich immer so klein.«

Und Steff sagt: »Er ist treuer Diener der Krone, Juno, und ein scheißguter noch dazu, nicht wahr, Dad?«

Als die beiden fort sind, beteuern Prue und ich uns gegenseitig, dass das Ganze ja wohl eher ein schönes Märchen sei, aber falls sie sich morgen trennen würden, hätte Steff wohl die Kurve gekriegt und wäre die junge Frau, von der wir immer gewusst hätten, dass es sie gibt. Nach dem Abwasch gehen wir zu Bett, weil wir miteinander schlafen wollen und mein Flug schon bei Sonnenaufgang geht.

»Und wen hast du in Prag versteckt?«, fragt Prue mich schelmisch beim Abschied an der Haustür.

Ich hatte ihr erzählt, ich müsse in Prag zu einer Konferenz. Von Karlovy Vary und einem Waldspaziergang mit Arkady hatte ich ihr nichts gesagt.

Wenn ich eine Information aus dieser scheinbar endlosen Wartezeit bis zum Schluss aufgehoben habe, dann aus dem Grunde, weil ich dieser zum Zeitpunkt, als sie aufkam, keine Bedeutung beigemessen habe. An dem Freitagnachmittag, als die Oasebelegschaft gerade ins Wochenende aufbrechen wollte, lieferte die Abteilung Inlandsrecherche, ein berüchtigt lethargisches Gremium, Erkenntnisse zu den drei Bezirken Nord-Londons auf

Sergejs Liste ab. Nach einer ganzen Reihe von nutzlosen Beobachtungen zu öffentlichen Wasserwegen, Kirchen, Stromtrassen, zu Orten von historischer Bedeutung und architektonischem Interesse, wurde in einer Fußnote darauf hingewiesen, dass alle drei »genannten Bezirke« durch eine Fahrradroute miteinander verbunden waren, die von Hoxton in die Innenstadt führte. Der Einfachheit halber hatten die Mitarbeiter eine Karte in großem Maßstab angehängt, auf der die Strecke in Rosa eingezeichnet war. Ich habe die Karte hier vor mir liegen, während ich dies schreibe.

11.

Es gibt nicht viel Literatur über Agenten (und ich hoffe, das wird es auch nie), die die besten Jahre ihres Lebens der Spionage widmen, ihr Gehalt und ihre Bonuszahlungen sowie Abfindungen annehmen und ohne großes Aufhebens, ohne enttarnt zu werden oder überzulaufen, zu einem friedlichen Leben in das Land zurückkehren, das sie zuvor so hingebungsvoll betrogen haben, oder sich ein vergleichbar freundliches Umfeld suchen.

Um eine solche Person handelte es sich jedoch bei WOODPECKER alias Arkady, dem ehemaligen Chef der *Rezidentura* des Moskauer Hauptquartiers in Triest, meinem früheren Badmintongegner und britischen Agenten. Wollte man die Selbstverpflichtung dieses Mannes für die Sache der liberalen Demokratie beschreiben, hieße das, die turbulente Reise eines im Grunde ehrlichen Menschen zu verfolgen – meiner Meinung nach, die sich nicht unbedingt mit der aller anderen deckt –, der von Geburt an fest mit dem Auf und Ab der zeitgenössischen Geschichte Russlands verbunden war.

Das uneheliche Straßenkind einer Prostituierten jüdischer Abstammung in Tiflis und eines georgischen orthodoxen Priesters wird unter der Hand im christlichen Glauben erzogen und dann von seinen marxistischen Lehrern als herausragender

Schüler erkannt. Er orientiert sich neu und tritt umgehend zum Marxismus-Leninismus über.

Mit sechzehn wird er ein zweites Mal entdeckt, diesmal vom KGB, er wird zum verdeckten Ermittler ausgebildet und damit beauftragt, die christlichen konterrevolutionären Elemente in Nordossetien zu unterwandern. Als ehemaliger und vermutlich noch immer gläubiger Christ ist er bestens für diese Aufgabe vorbereitet. Viele von denen, die er verrät, werden erschossen.

In Anerkennung seiner guten Arbeit wird er zum untersten Rang im KGB befördert, wo er sich wegen seines Gehorsams und seiner Neigung zum »kurzen Prozess« einen guten Ruf erwirbt. Das hindert ihn nicht daran, sich in der Abendschule in höherer marxistischer Dialektik fortzubilden und Fremdsprachen zu erlernen, wodurch er sich für die Spionagetätigkeit im Ausland qualifiziert.

Er wird auf Auslandsmissionen geschickt und packt bei »außerrechtlichen Maßnahmen«, ein Euphemismus für Attentate, mit an. Bevor er sich allzu sehr besudelt, wird er nach Moskau zurückbeordert und dort in der feinen Kunst der falschen Diplomatie ausgebildet. Als Fußsoldat der Spionage dient er in den *Residenturen* in Brüssel, Berlin und Chicago, beschäftigt sich mit Feldaufklärung und Gegenüberwachung, arbeitet für Agenten, die er nie zu sehen bekommt, befüllt und leert zahllose tote Briefkästen und nimmt weiter an der »Neutralisierung« echter oder vermeintlicher Feinde des Sowjetregimes teil.

Dennoch kann ihn mit einsetzender Reife kein noch so großer patriotischer Eifer davor bewahren, eine innere Bewertung seines Lebenswegs vorzunehmen, angefangen bei seiner jüdischen Mutter über die unvollständige Abkehr vom christlichen Glauben bis hin zu seiner überstürzten Hingabe an den Marxismus-Leninismus. Und als die Mauer fällt, erhebt sich aus den Trümmern seine Vision von einem goldenen Zeitalter eines russischen, liberal-demokratischen, populären Kapitalismus und Wohlstands für alle.

Doch welche Rolle wird Arkady persönlich bei dieser stark verzögerten Erneuerung seines Heimatlandes spielen? Er wird sein, was er seinem Land schon immer war: getreuer Anhänger und Beschützer. Er wird es von Saboteuren und Schwindlern befreien, seien es Fremde oder Landsleute. Er erfasst die Unbeständigkeit der Geschichte. Nichts bleibt, wofür man nicht kämpft. Den KGB gibt es nicht mehr: gut. Ein neuer, idealistischer Geheimdienst wird alle Russen beschützen, nicht nur ihre Anführer.

Sein ehemaliger Waffenbruder Wladimir Putin sorgt für die entscheidende Enttäuschung, erst durch die Unterdrückung des tschetschenischen Freiheitsdrangs, gefolgt von der seines eigenen geliebten Georgiens. Putin war schon immer ein fünftklassiger Spion gewesen. Nun war er ein zum Autokraten gewordener Spion, der alles im Leben nach Begriffen der *konspirazija* auslegte. Dank Putin und seiner Bande unerlöster Stalinisten bewegte sich Russland nicht auf eine strahlende Zukunft zu, sondern zurück in die eigene dunkle, wahnhafte Vergangenheit.

»Sind Sie Londons Mann?«, brüllt er mir auf Englisch ins Ohr.

Wir beide sind Diplomaten – genau genommen, Konsuln –, einer russisch, der andere englisch, die einen Tanzabend bei der jährlichen Neujahrsparty des führenden Triester Sportclubs aussitzen, dem Verein, in dem wir im Laufe von drei Monaten fünf Badmintonspiele gegeneinander ausgetragen haben. Es ist der Winter 2008. Der Tschetschenienkrieg flaut ab, und die Rebellen sind auf der Flucht. Die Stadt Grosny wird Tag und Nacht von russischen Flugzeugen und Artillerie beschossen. Nach den Ereignissen im August hält Moskau Georgien die Waffe an den Kopf. Mit Feuereifer gibt die Band Hits der Sechzigerjahre zum Besten.

Kein Lauscher, kein verstecktes Mikrofon hätte hier eine Chance. Arkadys Fahrer und Leibwächter, der in der Vergangenheit unsere Spiele vom Balkon aus beobachtet und uns sogar in den Umkleideraum begleitet hatte, zecht an dem Abend am anderen Ende der Tanzfläche mit seiner neu aufgetanen Herzensdame.

Ich muss wohl »Ja, ich bin Londons Mann« gesagt haben, aber bei dem Lärm höre ich kaum mein eigenes Wort. Schon seit unserem dritten Badmintonmatch, als ich einen spontanen Annäherungsversuch unternommen habe, habe ich auf diesen Augenblick gewartet. Mir ist klar, dass auch Arkady darauf gewartet hat.

»Dann sagen Sie London, er ist gewillt«, trägt er mir auf.

Er? Er meint den Mann, der aus ihm werden wird.

»Er arbeitet nur für Sie«, fährt er auf Englisch fort. »Er wird in vier Wochen hier verbittert gegen Sie antreten, zur selben Zeit, ein Einzel. Er wird Sie offiziell am Telefon herausfordern. Sagen Sie London, er braucht identische Schläger mit hohlen Griffen. Diese Schläger werden bei passender Gelegenheit im Umkleideraum ausgetauscht. Sie regeln das für ihn.«

Was möchte er im Gegenzug dafür haben?, frage ich ihn.

»Freiheit für sein Volk. Alle Menschen. Er ist kein Materialist. Er ist Idealist.«

Wenn sich je ein Mensch herzerweichender angedient hat, dann habe ich davon noch nichts gehört. Nach zwei Jahren in Triest verloren wir ihn wieder an das Moskauer Hauptquartier, wo er die Nummer zwei in der Nordeuropa-Abteilung war. Während seiner Zeit in Moskau verweigerte er den Kontakt. Als er unter dem Deckmantel des Kulturattachés nach Belgrad versetzt wurde, wollten meine Vorgesetzten in der Russlandabteilung vermeiden, dass auffiel, wie ich ihm folgte, also machten sie mich zum Handelskonsul in Budapest, von wo aus ich ihn führte.

In den letzten Jahren seiner Karriere entdeckten unsere Analysten in seinen Berichten erste verdächtige Anzeichen, zunächst bestehend in Übertreibungen, dann waren es waschechte Erfindungen. Sie machten darum mehr Wind als ich. Für mich war das nur ein weiterer Fall eines Agenten, der alt und müde geworden war und ein wenig die Nerven verliert, den Kontakt aber nicht abbrechen will. Erst nachdem Arkadys zwei Herren ihn beglückwünschen – das Moskauer Hauptquartier ausgiebig, wir erheblich zurückhaltender – und zur Anerkennung seiner selbstlosen Hingabe an unsere unterschiedlichen Ziele mit Orden übersät hatten, erfuhren wir aus anderen Quellen, dass er zum absehbaren Ende seiner beiden Karrieren hin fleißig das Fundament zu einer dritten Laufbahn gelegt hatte: Er bediente sich am kriminellen Wohlstand seines Landes, und das in einem Umfang, den sich weder seine russischen noch seine britischen Zahlmeister je hätten träumen lassen.

Der Bus aus Prag taucht immer tiefer in die Dunkelheit ein. Die schwarzen Hügel links und rechts werden vor dem Nachthimmel höher und höher. Ich habe keine Angst vor Höhe, mag aber Abhänge nicht, und ich frage mich, was ich hier mache und was mich geritten hat, diese unsichere Reise anzutreten, die ich vor zehn Jahren nicht freiwillig unternommen hätte und nicht mal einem Kollegen zugemutet hätte, der halb so alt ist wie ich. Beim Training für Außeneinsätze haben wir am Ende eines langen Tages beim Scotch gesessen und uns dem Angstfaktor gestellt: Wie wägt man die Risiken ab und findet ein Maß für die eigene Angst, nur dass wir nicht Angst gesagt haben, sondern Mut.

Der Bus füllt sich mit Licht. Wir kommen zur Hauptdurchgangsstraße von Karlovy Vary, früher Karlsbad, seit Peter dem Großen beliebtes Kurbad der russischen *nomenklatura* und heute vollkommen in russischer Hand. Strahlende Hotels, Badehäuser, Casinos und Juweliere mit funkelnden Schaufensterauslagen ziehen unbeeindruckt zu beiden Seiten an uns vorbei. Dazwischen ein Fluss, über den eine prächtige Fußgängerbrücke führt. Als ich vor zwanzig Jahren hier war, um mich mit einem tschetschenischen Agenten zu treffen, der einen wohlverdienten Urlaub mit seiner Geliebten verbrachte, war die Stadt noch dabei, das trostlose Grau des Sowjetkommunismus abzulegen. Das größte Hotel am Platz war das Hotel Moskva gewesen, und der einzige Luxus fand sich in den abseits gelegenen früheren Erholungsheimen, wo sich ein paar Jahre zuvor die Parteielite und ihre Nymphen fernab der Blicke des Proletariats vergnügt hatten.

Es ist 21.10 Uhr. Der Bus hält am Busbahnhof. Ich steige aus und gehe los. Nur nicht den Eindruck machen, nicht zu wissen, wohin. Niemals absichtlich trödeln. Ich bin ein gerade eingetroffener Tourist, Fußgänger, stehe ganz unten. Ich schaue mich um, so wie es jeder normale Tourist tun würde. Die Reisetasche habe ich mir über die Schulter gehängt, und der Griff des Badmintonschlägers ragt heraus. Ich bin einer dieser albern wirkenden englischen Mittelschichtstouristen, fehlt nur noch der um den Hals baumelnde Reiseführer. Ich bewundere ein Plakat für das Filmfestival in Karlovy Vary. Vielleicht sollte ich mir eine Eintrittskarte kaufen? Das Plakat daneben preist die heilende Wirkung der berühmten Bäder an. Kein einziges Plakat verkündet, dass die Stadt auch berühmt dafür ist, beliebter Aufenthaltsort der Oberschicht des russischen organisierten Verbrechens zu sein.

Das Paar vor mir ist nicht in der Lage, ein vernünftiges Tempo anzuschlagen. Die Frau hinter mir schleppt eine klobige Reisetasche. Ich habe eine Seite der Hauptstraße hinter mich gebracht. Zeit also, die prächtige Fußgängerbrücke zu überqueren und auf der anderen Seite zurückzuflanieren. Ich bin ein Engländer im Ausland, der sich nicht entscheiden kann, ob er seiner Frau eine goldene Uhr von Cartier kaufen soll, ein Kleid von Dior, ein Diamantcollier oder ein nachgebildetes Arrangement zarenrussischer Möbel für fünfzigtausend Dollar.

Ich bin auf dem von Flutlichtern erhellten Vorplatz zum Grandhotel und Casino Pupp, dem ehemaligen Moskva, gelandet. Die beleuchteten Flaggen aller Herren Länder bewegen sich im Abendwind. Ich bewundere die Pflastersteine aus Messing, in die die Namen berühmter Gäste aus Vergangenheit und Gegenwart eingraviert sind. Goethe war hier! Sting auch! Schätze, es ist Zeit, dass ich mir ein Taxi nehme, und siehe da, keine fünf Meter neben mir hält eins an.

Eine deutsche Familie steigt aus. Kofferset in einheitlichem Schottenkaro. Zwei funkelnagelneue Kinderfahrräder. Der Fahrer nickt mir zu. Ich setze mich auf den Beifahrersitz und werfe meine Reisetasche auf die Rückbank. Spricht er Russisch? Finsterer Blick. *Njet*. Englisch? Deutsch? Ein Lächeln, ein Kopfschütteln. Ich kann kein Tschechisch. Über gewundene, unbeleuchtete Straßen fahren wir den bewaldeten Hügel hinauf, dann geht es steil bergab. Rechts von uns taucht ein See auf. Ein Auto kommt mit eingeschaltetem Fernlicht auf der falschen Straßenseite auf uns zugerast. Mein Fahrer behält die Spur. Der Wagen weicht aus.

»Russen *reich*«, erklärt der Fahrer zischend. »Tschechen *nicht reich*. *Ja!*«, und bei dem Wort *Ja* tritt er auf die Bremse und lenkt das Auto mit einem Ruck auf einen Parkplatz, wie ich annehme, bis wir uns in einem Kreuzfeuer aus Sicherheitsleuchten wiederfinden.

Der Fahrer lässt die Scheibe herunter und ruft etwas. Ein blonder Bursche Mitte zwanzig mit einer Seesternnarbe auf der Wange steckt seinen Kopf herein, sieht meine Reisetasche mit dem British-Airways-Anhänger und schaut mich an.

»Ihr Name, bitte, Sir?«, will er auf Englisch wissen.

»Halliday. Nick Halliday.«

»Ihre Firma, bitte?«

»Halliday & Company.«

»Warum Sie kommen nach Karlovy Vary, bitte?«

»Um mit einem Freund von mir Badminton zu spielen.«

Er erteilt dem Fahrer einen Befehl auf Tschechisch. Wir fahren zwanzig Meter weiter und kommen an einer sehr alten Frau mit Kopftuch vorbei, die einen Rollator vor sich herschiebt. Wir halten vor einem Gebäude, das wie eine Ranch aussieht, mit einer von ionischen Säulen bestandenen Veranda, goldenem Teppich und rotseidenen Geländerseilen. Auf der untersten Stufe der Verandatreppe stehen zwei Männer in Anzügen. Ich bezahle den Fahrer, nehme meine Tasche vom Rücksitz und gehe unter dem blutleeren Blick der beiden Männer die königlich goldenen Stufen hinauf in die Hotelhalle, wo mir das Aroma aus menschlichem Schweiß, Diesel, schwarzem Tabak und Parfum entgegenschlägt, das jedem Russen verrät, dass er daheim ist.

Ich stehe unter einem Kronleuchter, während eine junge Frau mit ausdrucksloser Miene meinen Pass außerhalb meines Blickfelds kontrolliert. Hinter einer Glasabtrennung in einer rauchgeschwängerten Bar, ausgewiesen mit den Worten »Geschlossene Gesellschaft«, hält ein alter Mann mit einem Kalpak auf dem Kopf eine Rede vor einem Publikum aus gebannt lauschenden Orientalen, nur Männer. Die junge Frau an der Rezeption schaut über meine Schulter hinweg. Der blonde Bursche mit der Narbe steht hinter mir. Er muss mir wohl den goldenen Teppich hinauf gefolgt sein. Sie reicht ihm meinen Pass, er schlägt ihn auf, vergleicht das Foto mit meinem Gesicht, sagt: »Folgen Sie mir bitte, Mr Halliday«, und führt mich in ein weitläufiges Büro mit einem Fresko nackter Frauen und mit Glastüren, die auf den

See hinausgehen. Ich zähle drei leere Stühle vor drei Computern, zwei Schminkspiegel, einen Stapel Kartons, mit rosafarbenen Bändern verschnürt, und zwei durchtrainierte junge Männer in Jeans und Sneakers und mit Goldketten.

»Eine Formalität, Mr Halliday«, sagt der junge Mann, während die Männer sich mir nähern. »Wir haben gewisse schlechte Erfahrungen gemacht. Verzeihen Sie.«

Wir, Arkady? Oder wir, die aserbaidschanische Mafia, die, der Akte aus der Zentrale zufolge, die ich eingesehen habe, dieses Anwesen mit den Gewinnen aus Menschenschmuggel errichtet hat? Vor etwa dreißig Jahren, so diese Akte, kamen die russischen Mafiosi überein, dass Karlovy Vary ein zu netter Ort sei, um sich dort gegenseitig zu killen: Lasst uns lieber einen sicheren Zufluchtsort für unser Geld, unsere Familien und unsere Gespielinnen daraus machen.

Die Männer wollen meine Reisetasche haben. Der erste streckt seine Hand danach aus, der zweite steht schon bereit. Instinkt und Erfahrung sagen mir, dass es sich nicht um Tschechen, sondern Russen handelt, vielleicht ehemalige Eliteeinheit. Sei auf der Hut, wenn sie lächeln. Ich reiche ihnen meine Tasche. Im Schminkspiegel wirkt der junge Mann mit der Narbe jünger, als ich dachte, und er spielt nur den starken Mann, nehme ich an. Die beiden Kerle, die meine Reisetasche durchsuchen, müssen nichts vorspielen. Sie haben das Futter abgetastet, die elektrische Zahnbürste geöffnet, an meinen Hemden gerochen, an den Sohlen meiner Hallenschuhe herumgedrückt. Sie haben den Griff meines Schlägers kontrolliert, das Gewebeband halb abgewickelt, gegen den Schläger geklopft, ihn geschüttelt und ein paar Schwünge damit gemacht. Sind sie instruiert worden, oder sagt ihnen ihr Instinkt: Wenn es irgendwo ist, dann hier, *was immer es auch ist?*

Jetzt stopfen sie alles wieder in die Tasche, und der junge

Mann mit der Narbe leistet ihnen dabei Hilfe und versucht, es ordentlicher zu machen. Die beiden wollen mich abtasten. Ich hebe die Arme, aber nicht ganz in die Höhe, nur als Signal, dass ich bereit bin, also los. Etwas an meinem Verhalten bringt den ersten Mann dazu, mich genauer zu betrachten, dann tritt er etwas argwöhnisch auf mich zu, während sein Freund einen Schritt hinter ihm bereitsteht. Arme, Achselhöhlen, Gürtel, Brustbereich, umdrehen, Rücken. Er geht auf die Knie, tastet meinen Schritt und die Innenseiten meiner Beine ab, dann spricht er Russisch mit dem jungen Mann, doch ich als einfacher britischer Badmintonspieler tue so, als würde ich nichts verstehen. Der Junge mit der Seesternnarbe übersetzt.

»Sie möchten, dass Sie Ihre Schuhe ausziehen, bitte.«

Ich öffne die Schnürsenkel und gebe ihnen meine Schuhe. Jeder nimmt einen davon, verbiegt ihn, betastet ihn und reicht ihn mir zurück. Ich schnüre meine Schuhe wieder zu.

»Sie fragen bitte: Warum haben Sie kein Handy?«

»Das habe ich zu Hause gelassen.«

»Warum, bitte?«

»Ich reise gern allein«, erwidere ich spöttisch.

Der junge Mann übersetzt. Niemand lächelt.

»Sie sagen auch, dass ich Ihre Armbanduhr und Stift und Brieftasche nehmen soll; ich gebe sie Ihnen bei der Abreise zurück«, sagt der junge Mann.

Ich gebe ihm Stift und Brieftasche und lege die Armbanduhr ab. Die Männer grinsen höhnisch. Eine japanische Billiguhr, Wert fünf Pfund. Die Männer schauen mich prüfend an, so als hätten sie den Eindruck, sich mir noch nicht genau genug gewidmet zu haben.

Der junge Mann schnauzt mit überraschender Autorität:

»Okay. Genug. Fertig.«

Die beiden zucken mit den Schultern, verziehen zweifelnd die

Gesichter, verschwinden durch die Glastüren und lassen mich mit dem jungen Mann allein.

»Sie sind hier, um mit meinem Vater Badminton zu spielen, Mr Halliday?«, fragt er.

»Wer ist denn Ihr Vater?«

»Arkady. Ich bin Dimitri.«

»Ich freue mich, Sie kennenzulernen, Dimitri.«

Wir geben uns die Hand. Dimitris Handfläche ist feucht, so wie es meine hätte sein sollen. Ich spreche mit dem Sohn ebenjenes Arkady, der noch an demselben Tag, als ich ihn offiziell angeworben habe, Stein und Bein geschworen hat, niemals ein Kind in diese verrottete Welt setzen zu wollen. Ist Dimitri adoptiert? Oder hatte Arkady die ganze Zeit über irgendwo einen Sohn versteckt und schämte sich dafür, das Leben des Jungen durch seine Spionagetätigkeit für uns aufs Spiel zu setzen? Die junge Frau in dem schwarzen Kostüm an der Rezeption hält mir einen Zimmerschlüssel mit einem angehängten Messingnashorn entgegen, doch Dimitri erklärt ihr demonstrativ auf Englisch: »Mein Gast kommt später noch mal wieder«, führt mich dann den goldenen Teppich hinunter zu einem Mercedes Allrad und öffnet mir die Beifahrertür.

»Mein Vater möchte, dass Sie unauffällig sind«, sagt er.

Ein zweites Fahrzeug folgt uns. Ich sehe nur die Scheinwerfer. Ich verspreche, unauffällig zu sein.

Wir fahren sechsunddreißig Minuten lang bergauf, so die Uhr im Mercedes. Wieder ist die Straße steil und kurvig. Es dauert eine Weile, bis Dimitri anfängt, mich auszuquetschen.

»Sir, Sie haben meinen Vater über viele Jahre gekannt.«

»Eine ganze Reihe von Jahren, ja.«

»War er damals für die Sicherheitsorgane tätig?« – womit er den Geheimdienst meint.

Ich lache. »Ich weiß nur, dass er ein Diplomat war, der ganz ordentlich Badminton spielte.«

»Und Sie? Damals?«

»Ich war ebenfalls ein Diplomat. Zuständig für Handelsfragen.«

»War das in Triest?«

»Und an anderen Orten. Wo immer wir uns treffen und ein Badmintonfeld auftreiben konnten.«

»Aber seit vielen Jahren haben Sie nicht mehr Badminton gegen ihn gespielt?«

»Stimmt, habe ich nicht.«

»Und jetzt treiben Sie Geschäfte miteinander. Sie sind beide Geschäftsleute.«

»Aber das ist ziemlich vertraulich, Dimitri«, ermahne ich ihn, als mir die Art von Arkadys Legende für seinen Sohn langsam dämmert. Ich frage ihn, was er noch im Leben vorhat.

»Bald werde ich an die Stanford University in Kalifornien gehen.«

»Und was wollen Sie dort studieren?«

»Ich möchte Meeresbiologe werden. Ich habe schon an der Lomonossow in Moskau studiert und in Besançon.«

»Und davor?«

»Mein Vater wollte, dass ich auf das Eton College gehe, aber er war nicht zufrieden mit den Sicherheitsvorkehrungen. Deshalb habe ich ein Gymnasium in der Schweiz besucht, wo besser für die Sicherheit gesorgt war. Sie sind ein ungewöhnlicher Mensch, Mr Halliday.«

»Wie kommen Sie darauf?«

»Mein Vater respektiert Sie sehr. Das ist nicht typisch für ihn. Außerdem sagt er, Sie sprechen perfekt Russisch, aber das zeigen Sie mir nicht.«

»Nur, damit Sie Ihr Englisch üben können, Dimitri!«, beharre ich spielerisch, und ich habe vor meinem geistigen Auge das Bild von Steff, wie sie mit Skibrille auf der Nase neben mir im Skilift sitzt.

Wir haben an einer Straßensperre gehalten. Zwei Männer winken uns heran, kontrollieren uns und nicken uns durch. Keine sichtbaren Waffen, Karlovy Varys Russen sind gesetzestreu. Waffen werden versteckt. Wir fahren bis zu zwei Jugendstiltorpfosten aus den Tagen der Habsburgermonarchie. Scheinwerfer flammen auf, Kameras fixieren uns, aus einem Wachhaus treten zwei Männer hervor, strahlen uns mit überflüssigen Taschenlampen an und winken uns ebenfalls durch.

»Sie sind gut bewacht«, sage ich zu Dimitri.

»Das ist leider auch notwendig«, erklärt er. »Mein Vater liebt den Frieden, doch wird diese Liebe nicht immer erwidert.«

Rechts und links ziehen sich hohe Drahtzäune durch den Wald. Ein geblendetes Reh blockiert uns den Weg. Dimitri hupt, und das Tier verschwindet mit einem Satz in der Dunkelheit. Vor uns erhebt sich eine Villa mit Türmchen, halb Jagdhaus, halb bayerischer Bahnhof. Hinter vorhanglosen Fenstern sieht man Menschen würdevoll vorbeiziehen. Aber Dimitri fährt nicht auf die Villa zu. Er ist in einen Waldweg eingebogen. Wir kommen an kleinen Landarbeiterhäuschen vorbei und landen auf einem gepflasterten Hof mit Ställen an der einen und einer fensterlosen Scheune mit schwarz verwitterter Holzverschalung an der anderen Seite. Dimitri hält an, streckt die Hand aus und drückt mir die Beifahrertür auf.

»Viel Spaß beim Spiel, Mr Halliday.«

Er fährt davon. Ich stehe allein mitten auf dem Hof. Über den Wipfeln taucht der Halbmond auf. Im Schein des Mondes erkenne ich zwei Männer, die vor dem geschlossenen Scheunentor stehen. Das Tor öffnet sich von innen. Der Strahl einer grellen Taschenlampe macht mich kurzzeitig blind und eine sanfte russische Stimme mit georgischem Akzent ruft mich aus der Dunkelheit:

»Kommst du jetzt rein und spielst Badminton gegen mich, oder muss ich rauskommen und dir die Scheiße aus dem Leib prügeln?«

Ich trete vor. Die beiden Männer lächeln mich höflich an und lassen mich passieren. Das Tor schließt sich hinter mir. Ich stehe allein im weißen Eingangsbereich. Vor mir führt eine zweite, offene Tür auf ein Badmintonfeld mit Kunstrasen. Mir gegenüber steht die gepflegte, kompakte Gestalt meines sechzigjährigen ehemaligen Agenten Arkady, Codename WOODPECKER, in einem Trainingsanzug. Die kleinen Füße sorgsam nebeneinander in Position gebracht, die Arme kampfbereit dezent angehoben. Der leicht vorgebeugte Stand eines Seemanns oder Ringers. Kurzes graues Haar, nur etwas schütterer. Derselbe skeptische Blick, dieselben zusammengebissenen Zähne, die Falten tiefer. Dasselbe straffe Lächeln, noch immer so undeutbar wie an dem Abend vor Jahren, als ich bei einer konsularischen Cocktailparty in Triest auf ihn zuschlenderte und ihn zu einem Badmintonmatch herausforderte.

Er bedeutet mir mit einer Kopfbewegung, ihm zu folgen, dreht sich um und marschiert los. Ich gehe ihm über das Feld nach, eine Holzstiege hinauf, die zu einem Zuschauerbalkon führt. Als wir oben sind, schließt er eine Tür auf, winkt mich hindurch und schließt ab. Wir klettern eine zweite Stiege hinauf zu einem großen Speicherraum, an dessen Ende eine Glastür in den Giebel eingebaut ist. Er schließt sie auf, und wir treten auf einen weinberankten Balkon. Er schließt ab und spricht barsch auf Russisch in ein Handy: »Wegtreten.«

Zwei Holzstühle, ein Tisch, eine Flasche Wodka, Gläser, ein Teller mit Schwarzbrot, der Halbmond zur Beleuchtung. Die

Türmchenvilla erhebt sich über den Bäumen. Auf den in Flutlicht getauchten Rasenflächen gehen Männer in Anzügen einzeln auf und ab. Fontänen plätschern in einem von steinernen Nymphen beherrschten Teich. Mit präziser Geste schenkt Arkady zwei Wodka ein, reicht mir ein Glas und deutet auf das Brot. Wir setzen uns.

»Hat Interpol dich geschickt?«, fragt er mich in seinem schnellen georgisch eingefärbten Russisch.

»Nein.«

»Bist du gekommen, um mich zu erpressen? Um mir zu sagen, dass du mich an Putin ausliefern wirst, wenn ich nicht wieder mit London zusammenarbeite?«

»Nein.«

»Warum denn nicht? Der Augenblick ist günstig. Die Hälfte der Leute, die ich beschäftige, gibt hinter meinem Rücken Informationen an Putins Hof weiter.«

»Ich fürchte, London würde deinen Informationen nicht mehr trauen.«

Erst jetzt erhebt er sein Glas und prostet mir stumm zu. Ich tue es ihm gleich und finde, dass ich ihn bei all unseren Höhen und Tiefen noch nie so wütend erlebt habe.

»Also lebst du doch nicht in deinem geliebten Russland«, sage ich mit gespieltem Tadel. »Ich dachte, du hättest immer von dieser einfachen *datscha* inmitten russischer Birken geträumt. Oder zurück nach Georgien? Was ist schiefgelaufen?«

»Nichts ist schiefgelaufen. Ich habe Häuser in Sankt Petersburg und in Tiflis. Als Internationalist gefällt es mir in meinem Karlovy Vary am besten. Wir haben hier eine orthodoxe Kathedrale, hundertfünfzig Jahre alt. Gläubige russische Gauner gehen dort einmal die Woche beten. Wenn ich tot bin, werde ich mich ihnen anschließen. Ich habe eine Vorzeigefrau. Sehr jung. Sehr schön. Alle meine Freunde wollen mit ihr schlafen. In der Regel lässt sie sie nicht. Was sollte ich mir mehr wünschen?«, fragt er leise und hastig.

»Wie geht es Ludmilla?«

»Sie ist tot.«

»Das tut mir leid. Woran ist sie gestorben?«

»Ein militärfähiges Nervengift namens Krebs. Vor vier Jahren. Zwei Jahre habe ich um sie getrauert. Danach dachte ich: wozu?«

Niemand von uns hat Ludmilla jemals kennengelernt. Arkady zufolge war sie wie Prue Anwältin gewesen und hatte eine Kanzlei in Moskau.

»Und dein junger Dimitri – ist er Ludmillas Sohn?«, frage ich.

»Magst du ihn?«

»Er ist ein guter Junge. Scheint eine große Zukunft vor sich zu haben.«

»Die hat niemand.«

Er wischt sich mit der kleinen Faust schnell über die Lippen, eine Geste, die stets seine Anspannung verriet, dann starrt er konzentriert über die Villa und die hell angestrahlten Grasflächen hinaus.

»Weiß London, dass du hier bist?«, fragt er und blickt noch immer zur Villa hinüber.

»Ich dachte, ich erzähle London später davon. Ich wollte erst mit dir sprechen.«

»Bist du Freiberufler?«

»Nein.«

»Ein Nationalist?«

»Nein.«

»Was bist du dann?«

»Ein Patriot, nehme ich an.«

»Welcherart? Facebook? Dotcoms? Die Erderwärmung? Firmen, die so groß sind, dass sie dein verschissenes kleines Land mit einem Bissen verschlingen könnten? Wer bezahlt dich?«

»Meine Behörde. Hoffe ich. Wenn ich zurückkomme.«

»Was willst du?«

»Ein paar Antworten. Zu den alten Zeiten. Wenn ich sie von dir kriegen kann. Bestätigungen, wenn du dazu bereit bist.«

»Du hast mich nie angelogen«, was wie eine Anschuldigung klingt.

»Ein oder zwei Mal schon. Als mir nichts anderes übrigblieb.«

»Lügst du jetzt?«

»Nein. Und lüge du mich auch nicht an, Arkady. Als du das letzte Mal gelogen hast, war meine hübsche Karriere beinahe am Ende, verflucht.«

»Pech«, bemerkt er nur, und eine Weile schauen wir einfach hinaus in die Nacht.

»Verrate mir doch mal eins.« Er trinkt einen Schluck Wodka. »Welchen Scheiß dreht ihr Briten uns Verrätern heutzutage an? Die liberale Demokratie als Heilsbringer der Menschheit? Warum bin ich nur auf diesen Scheiß hereingefallen?«

»Vielleicht, weil du es wolltest.«

»Ihr spaziert aus Europa hinaus und tragt die Nasen oben. ›Wir sind etwas Besonderes. Wir *brauchen* Europa nicht. Wir haben unsere Kriege alle allein gewonnen. Keine Amerikaner, keine Russen, niemand. Wir sind Superhelden.‹ Der große, freiheitsliebende Präsident Donald Trump wird euch den ökonomischen Arsch retten, habe ich gehört. Weißt du, was Trump ist?«

»Sag du es mir.«

»Er ist Putins Latrinenputzer. Er tut alles für den kleinen Putin, was der kleine Putin nicht selbst tun kann, und pisst dabei auf die europäische Einheit, pisst auf die Menschenrechte, pisst auf die NATO. Er versichert uns, dass die Krim und die Ukraine zum Heiligen Russischen Reich gehören, dass der Nahe Osten den Juden und den Saudis gehört, und zum Teufel mit der Weltordnung. Und ihr Briten, was macht ihr? Ihr lutscht seinen Schwanz und ladet ihn zum Tee bei der Queen ein. Ihr nehmt unser Schwarzgeld und wascht es für uns, ihr heißt uns willkommen, solange wir als Gauner nur groß genug sind, ihr verkauft uns halb London. Ihr ringt die Hände, wenn wir unsere Verräter vergiften, und ihr sagt, bitte, bitte, liebe russische Freunde, treibt Handel mit uns. Habe ich dafür mein Leben riskiert? Ich glaube nicht. Ich glaube, ihr Briten habt mir eine riesige Wagenladung verlogener Pferdescheiße angedreht. Erzähl mir also nicht, dass du gekommen bist, um mich an mein liberales Gewissen zu erinnern, an meine christlichen Werte und meine Liebe zu deinem großen *British Empire*. Das wäre ein Fehler. Hast du mich verstanden?«

»Bist du fertig?«

»Nein.«

»Ich glaube nicht, dass du jemals für mein Land gearbeitet hast, Arkady. Ich glaube, du hast für dein Land gearbeitet, aber es hat nicht gehalten, was versprochen war.«

»Ist mir scheißegal, was du glaubst. Ich hab dich gefragt, was du verflucht noch mal willst.«

»Was ich immer wollte. Gehst du zu Wiedersehenstreffen mit deinen alten Genossen? Zu den Zusammenkünften, Ordensverleihungen? Jubelfeiern auf die alten Zeiten? Zu den Beerdigungen der Großen und Guten? Bei so einem ehrwürdigen Veteranen wie dir gehört das doch praktisch zur Pflicht.«

»Und was, wenn?«

»Dann würde ich dir dazu gratulieren, dass du deine Tarnung als eingefleischter Tschekist der alten Schule bis zum Ende auslebst.«

»Ich habe kein Problem mit Tarnungen. Ich bin ein ausgewachsener russischer Held. Ich kenne keinen Verfolgungswahn.«

»Und deshalb haust du in einer tschechischen Festung und hast einen ganzen Stall voller Leibwächter.«

»Es gibt *Konkurrenten*. Das hat mit Verfolgungswahn nichts zu tun. Das gehört zum normalen Geschäftsgebaren.«

»Unseren Unterlagen zufolge hast du in den letzten achtzehn Monaten an vier Veteranentreffen teilgenommen.«

»Und?«

»Redest du jemals mit deinen alten Kollegen über irgendwelche Fälle? Womöglich sogar über aktuelle Fälle?«

»Wenn die Themen aufkommen, ja. Ich spreche nie einen Punkt von mir aus an, ich mache auch keine Andeutungen, wie du genau weißt. Also, wenn du glaubst, du kannst mich auf Fischfang nach Moskau schicken, dann hast du vollkommen den Verstand verloren. Komm zur Sache, bitte.«

»Aber gern. Ich bin gekommen, um dich zu fragen, ob du mit Valentina in Kontakt bist, der Zierde des Moskauer Hauptquartiers.«

Er starrt ein Loch in die Luft und reckt sein Kinn herrisch nach vorn. Sein Rücken ist kerzengerade.

»Ich habe noch nie von dieser Frau gehört.«

»Nun, das überrascht mich, Arkady, weil du mir mal erzählt hast, dass sie die einzige Frau gewesen sei, die du je geliebt hättest.«

In seinem Gesicht ändert sich nichts. Das war auch früher nicht anders. Nur seine Körperspannung verrät mir, dass er mich hört.

»Du wolltest dich von Ludmilla trennen und mit Valentina neu anfangen. Doch nach allem, was du mir gerade erzählt hast, ist sie nicht die Frau, mit der du jetzt verheiratet bist. Valentina war nur zehn Jahre jünger als du. Das klingt für mich nicht gerade nach sehr junger Vorzeigefrau.«

Noch immer rührt sich nichts.

»Wir hätten sie umdrehen können, wenn du dich erinnerst. Wir hatten die Mittel dazu. Du hast sie uns selbst beschafft. Valentina wurde in einer wichtigen Mission für das Hauptquartier nach Triest entsandt. Ein höherer österreichischer Diplomat wollte Landesgeheimnisse verraten, weigerte sich aber, mit irgendeinem russischen Offiziellen zu verhandeln. Niemand aus dem konsularischen oder diplomatischen Korps. Moskau hat dir Valentina geschickt. Das Hauptquartier verfügte damals nicht über viele Frauen im Dienst, aber Valentina war außergewöhnlich: brillant, wunderschön und der Traum deines Lebens, hast du mir erzählt. Kaum hatte sie den Mann in der Tasche, habt ihr beiden euch zusammengetan, dem Hauptquartier eine Woche lang nichts verraten und euch einen romantischen Urlaub an der Adria gegönnt. Ich meine mich erinnern zu können, dass wir euch dabei behilflich waren, die passende diskrete Unterkunft aufzutun. Wir hätten sie erpressen können, aber wir fanden keine Möglichkeit dazu, ohne dich zu kompromittieren.«

»Ich habe dir gesagt, ihr sollt sie in Ruhe lassen, sonst bringe ich dich um.«

»Ja, das hast du, und wir waren durchaus beeindruckt. Sie war Georgierin, so wie du, aus einer alten Tschekistenfamilie, wenn ich mich recht erinnere. Alles passte, und du warst verrückt nach ihr. Eine Perfektionistin, hast du mir gesagt. Perfekt in der Arbeit, perfekt in der Liebe.«

Wie lange sitzen wir da und starren in die Nacht hinaus?

»Zu perfekt, vielleicht«, murmelt Arkady schließlich gekränkt.

»Was ist schiefgelaufen? War sie verheiratet? Hatte sie einen anderen? Das hätte dich doch nicht abgehalten.«

Wieder langes Schweigen, was bei Arkady ein gutes Zeichen dafür ist, dass er düsteren Gedanken nachhängt.

»Vielleicht war sie zu sehr mit dem *kleinen Wladi Putin* verbandelt«, sagt er grob. »Vielleicht nicht körperlich, aber geistig. Putin ist *Russland*, meinte sie zu mir. Putin ist *Peter der Große*. Er ist *rein*, er ist *clever*. Er *trickst* den dekadenten Westen *aus*. Er gibt uns unseren russischen *Stolz* zurück. Wer immer den Staat bestiehlt, ist ein verdorbener Räuber, denn er bestiehlt *Putin* persönlich.«

»Und du warst einer dieser verdorbenen Räuber?«

»*Tschekisten* stehlen nicht, meinte sie zu mir. *Georgier stehlen* nicht. Wenn sie gewusst hätte, dass ich für dich arbeite, dann hätte sie mich mit einer Klaviersaite erdrosselt. Vielleicht wäre es also doch nicht ganz die passende Verbindung gewesen« – gefolgt von einem bitteren Lachen.

»Und wie endete das Ganze, falls überhaupt?«

»Ein wenig war zu viel. Mehr war zu wenig. Ich wollte ihr *das hier alles* geben« – ein Schwung mit dem Kopf in Richtung Wald, Villa, erleuchteter Rasenflächen, des hohen Zauns und der einsamen Wachposten auf ihren Runden. »Sie meint zu mir: Arkady, du bist der Teufel, biete mir ja nicht dein gestohlenes Königreich an. Ich sage zu ihr: Valentina, verrate mir etwas, bitte. Wer in dieser beschissenen Welt heutzutage ist reich und kein Dieb? Erfolg ist keine Schande, sage ich zu ihr, sondern eine Absolution, der Beweis für Gottes Liebe. Aber sie hat keinen Gott. Ich auch nicht.«

»Triffst du sie noch ab und zu?«

Er zuckt mit den Schultern. »Bin ich heroinsüchtig? Ich bin nach Valentina süchtig.«

»Und sie nach dir?«

So war es früher schon gewesen, wir schlichen auf Zehenspitzen entlang der Klippe seiner gespaltenen Loyalitäten, er als mein unberechenbarer, wertvoller Agent, ich als der einzige Mensch auf der Welt, dem er vertrauen kann.

»Siehst du sie noch ab und zu?«

Erstarrt Arkady, oder bilde ich mir das nur ein?

»Manchmal in Sankt Petersburg, wenn sie mag«, antwortet er kurz.

»Welchen Job macht sie denn mittlerweile?«

»Was schon immer ihr Job war. Sie war nie konsularisch oder diplomatisch unterwegs, nicht kulturell, nichts mit der Presse. Sie ist immer noch Valentina, die große Veteranin mit der sauberen Weste.«

»Und was macht sie?«

»Dasselbe wie immer. Sie leitet vom Moskauer Hauptquartier aus illegale Netzwerke. Nur Westeuropa. Meine alte Abteilung.«

»Fallen Schläfer auch in ihren Bereich?«

»Schläfer, die sich zehn Jahre lang in die Scheiße einbuddeln und zwanzig Jahre brauchen, um sich wieder frei zu buddeln? Klar. Valentina betreut Schläfer. Wenn du mit ihr schläfst, wachst du nie wieder auf.«

»Würde sie riskieren, ihre Schläfer für eine große Quelle außerhalb des Netzwerks arbeiten zu lassen?«

»Wenn es sich lohnt, sicherlich. Wenn das Moskauer Hauptquartier glaubt, dass die *Rezidentura* vor Ort nur ein Nest voller Arschlöcher ist, was ja für gewöhnlich stimmt, dann würde der Einsatz ihrer Illegalen wohl genehmigt werden.«

»Sogar der ihrer Schläfer?«

»Wenn sie nicht auf ihr eingeschlafen sind, warum nicht?«

»Und auch heute noch, nach all den Jahren, hat sie eine reine Weste«, stelle ich fest.

»Sicher. Blütenrein.«

»Auch rein genug, um mit einer zivilen Tarnung in den Außeneinsatz zu gehen?«

»Was immer sie will. Egal wohin. Kein Problem. Sie ist ein Genie. Frag sie.«

»Sie würde also, nur als Beispiel, in ein westliches Land gehen, um eine wichtige Quelle zu bearbeiten oder anzuwerben?«

»Wenn es sich um einen großen Fisch handelt, sicher.«

»Welche Art von Fisch?«

»Einen großen. Sagte ich doch. Er muss groß sein.«

»So groß wie du?«

»Vielleicht noch größer. Ist doch scheißegal.«

Von heute aus betrachtet wirkt das, was ich nun erzähle, wie eine Vorahnung. Doch es war damals nichts dergleichen. Es dreht sich nur um den Mann, der ich mal gewesen war. Es geht darum, dass ich meinen Agenten besser kennen musste als mich selbst; darum, die Anzeichen, die sich in ihm aufstauen, zu erspüren, bevor er sie selbst erkennt. Das, was ich erzähle, war das Resultat gestohlener Nächte in einem Wagen in einer Seitengasse irgendeiner gottverlassenen kommunistischen Stadt, wenn ich ihm zuhörte, wie er die Geschichte eines Lebens erzählte, das für einen Mann allein zu viel der Geschichte war. Doch die traurigste Geschichte von allen ist die, die ich mir gerade selbst noch einmal erzähle: die sich wiederholende Tragödie seines einsamen Liebeslebens, in der dieser Mann von scheinbar unanfechtbarer Potenz im entscheidenden Augenblick zu dem verlorenen Kind wird, das er einst gewesen ist, ohnmächtig, zurückgewiesen und gedemütigt, weil sein Verlangen in diesem Moment zur Schmach wird und der Zorn in ihm lodert. Von seinen vielen schlecht gewählten Partnerinnen stand Valentina für das Muster schlechthin, erweckt den lieblosen Anschein, als würde sie seine Leidenschaft erwidern, putzt sich für ihn heraus und jagt ihn, sobald sie ihn gefügig gemacht hat, wieder auf die Straße hinaus, von der er gekommen war.

Und nun ist sie präsent, ich kann es spüren: in der übermäßig sorglosen Stimme, mit der er das Thema abtut, in der übertriebenen Körpersprache, die zu unnatürlich ist für ihn.

»Männlicher Fisch oder weiblicher Fisch?«, frage ich.

»Woher zum Teufel soll ich das denn wissen?«

»Du weißt es, weil Valentina es dir gesagt hat. Wie wär's damit?«, entgegne ich. »Nicht alles. Nur kleine Andeutungen, leise ins Ohr geflüstert, wie das ihre Art war. Um dich bei der Stange zu halten. Dich zu beeindrucken. Dich aufzustacheln. Dieser große Fisch, der ihr ins Netz gegangen ist. Hat sie zufällig erwähnt, dass es sich um einen *britischen* Fisch handelt? Ist es das, was du mir verschweigst?«

Der Schweiß rinnt ihm im Mondschein über sein eingefallenes, tragisches Gesicht. Er redet, wie er früher geredet hat, schnell und ganz aus dem Inneren kommend, er gibt Informationen preis, wie er sie früher preisgegeben hat, hasst sich selbst, hasst den Gegenstand seines Verrats, genießt seine Liebe zu ihr, verachtet sich dafür, bestraft sie für seine eigenen Unzulänglichkeiten. Ja, ein großer Fisch. Ja, britisch. Ja, ein Mann. Ein Freiwilliger. Ideologisch wie zu kommunistischen Zeiten. Mittelschicht. Valentina wird ihn persönlich ausbilden. Er wird ihr Besitz sein, ihr Schüler. Vielleicht ihr Liebhaber, das wird sie noch entscheiden.

»Hast du jetzt genug?«, brüllt Arkady plötzlich und dreht seinen schmächtigen Leib herausfordernd zu mir um. »Bist du deshalb gekommen, du imperialistisches, englisches Stück Scheiße? Damit ich meine Valentina ein zweites Mal an dich verrate?«

Er springt auf.

»Du hast mit ihr geschlafen, du Mösenschnüffler!«, brüllt er laut. »Denkst du, ich weiß nicht, dass du jede Frau in Triest gevögelt hast? Sag mir, dass du mit ihr geschlafen hast!«

»Tut mir leid, Arkady, das Vergnügen hatte ich nicht«, antworte ich.

Er marschiert los, Ellbogen ausgestreckt, die kurzen Beine in vollem Schwung. Ich folge ihm über die Dachsparren und die zwei Stiegen hinunter. Auf dem Badmintonfeld packt er mich am Arm.

»Weißt du noch, was damals das Erste war, was du zu mir gesagt hast?«

»Natürlich weiß ich das noch.«

»Sag es.«

Entschuldigen Sie, Konsul Arkady. Ich habe gehört, Sie spielen gut Badminton. Wie wär's mit einem Freundschaftsmatch zwischen zwei großen Kriegsalliierten?

»Umarme mich.«

Ich umarme ihn. Er reagiert, indem er mich gierig packt, und stößt mich dann von sich weg.

»Das macht eine Million Dollar, zahlbar in Goldbarren auf mein Schweizer Nummernkonto«, erklärt er. »Pfund Sterling taugt nichts. Wenn du nicht zahlst, sag ich es Putin!«

»Tut mir leid, Arkady, ich fürchte, wir sind pleite«, erwidere ich, und wir beide lächeln.

»Komm nicht wieder her, Nick. Niemand hat noch irgendwelche Träume, verstehst du? Ich liebe dich. Beim nächsten Mal bringe ich dich um. Das ist ein Versprechen.«

Wieder stößt er mich von sich weg. Das Tor schließt sich hinter mir. Ich stehe auf dem vom Halbmond beschienenen Hof. Ein leichter Wind geht. Ich spüre seine Tränen auf meinen Wangen. Dimitri im Mercedes Allrad lässt seine Scheinwerfer aufleuchten.

»Haben Sie meinen Dad besiegt?«, fragt er, als wir losfahren.

»Wir waren ungefähr gleich stark«, antworte ich.

Er gibt mir Armbanduhr, Brieftasche, Pass und Stift zurück.

Die beiden Sicherheitsleute, die mich durchsucht haben, sitzen mit ausgestreckten Beinen in der Hotellobby. Sie schauen nicht auf, als ich an ihnen vorbeigehe, doch als ich die oberste Stufe erreiche und die Treppe hinabblicke, richten sie ihre Blicke zu mir empor. Am Kopfende meines Himmelbetts wacht eine gütige Jungfrau Maria über kopulierende Engel. Bedauert Arkady, dass er mich in sein qualvolles Leben eingelassen hat, und sei es auch nur für eine halbe Stunde? Beschließt er, dass ich eigentlich doch besser tot sein sollte? Er hat mehr Lebensläufe gelebt, als ich es jemals werde, und keinen zu Ende gebracht. Leise Schritte auf dem Gang. Es gibt ein zusätzliches Zimmer für meinen Leibwächter, ich habe aber keinen, der dort übernachten könnte. Ich habe keine Waffe, bis auf den Zimmerschlüssel, etwas englisches Wechselgeld und einen Körper mittleren Alters, der den beiden Sicherheitsleuten nichts entgegensetzen kann.

So groß wie du? Vielleicht größer. Ist doch scheißegal ... Wenn du mit ihr schläfst, wachst du nie wieder auf ... Niemand hat noch irgendwelche Träume, verstehst du?

12.

Moskau hat gesprochen. Arkady hat gesprochen. Ich habe gesprochen und bin gehört worden. Dom Trench hat seinen Brief an das Disziplinarkomitee zerrissen. Großraum London hat mir meine Reisekosten erstattet, aber den Einsatz eines Taxis zum Seehotel in Karlovy Vary beanstandet. Anscheinend gab es einen Bus, den ich hätte nehmen können. Die Russlandabteilung unter der zeitweiligen Leitung von Guy Brammel hat den Fall PITCHFORK für aktiv und dringlich erklärt. Sein Vorgesetzter, Bryn Jordan, hat aus Washington seine Zustimmung signalisiert und für sich behalten, was er von dem ungenehmigten Besuch eines gewissen Beamten bei einem toxischen ehemaligen Agenten hält. Die Vorstellung von einem Verräter von Arkadys Kaliber in unserer Mitte hat im Taubenschlag von Whitehall für ziemliches Flügelschlagen gesorgt. Quelle PITCHFORK, die irgendwo im Norden Londons in einem Zweizimmerapartment im Erdgeschoss untergebracht ist, hat nicht weniger als drei codierte Subtexte seiner angeblichen dänischen Liebe Anette erhalten, und deren Inhalt hat einen ziemlichen Schauder durch die Oase gejagt, der sich unverzüglich und in aufsteigender Reihenfolge auf Dom Trench, die Russlandabteilung und die Operative Abteilung überträgt:

»Das ist eine göttliche Fügung, Peter«, flüstert Sergej mit ehrfurchtsvoller Stimme. »Vielleicht ist es Sein Wunsch, dass ich ein ganz kleiner Mitspieler in einer großen Operation bin, von der ich sonst gar nichts wüsste. Das ist mir gleich. Ich möchte nur mein gutes Herz unter Beweis stellen.«

Percy Price' Wachhunde allerdings, die nur zögerlich von alten Verdächtigungen Abstand nehmen, halten ihn unter dezenter Gegenüberwachung, dienstag- und donnerstagnachmittags von 14 bis 18 Uhr, mehr kann Percy sich im Augenblick nicht leisten. Sergej hat seine Mentorin Denise außerdem gefragt, ob sie ihn heiraten würde, wenn er die britische Staatsbürgerschaft erhalten hat. Denise vermutet, dass Barry einen Neuen hat und dass Sergej beschlossen hat, von nun an hetero zu sein, um sich die Schmach nicht eingestehen zu müssen. Die Aussichten auf eine Eheschließung sind allerdings schlecht. Denise ist lesbisch und hat eine Frau.

Die Subtexte des Moskauer Hauptquartiers beinhalten eine Billigung von Sergejs Wahl der Unterkunft und die Forderung nach weiteren detaillierten Informationen zu den beiden verbliebenen Nord-Londoner Bezirken, was nur Anettes Vorliebe für Überorganisation bestätigt. Besonderes Augenmerk gilt den öffentlichen Parkanlagen, ihrer Zugänglichkeit für Fußgänger und Fahrzeuge, den Öffnungszeiten, der Frage nach An- oder Abwesenheit von Parkwächtern, Förstern und »wachsamen Elementen«. Ebenso von Interesse sind die Standorte von Parkbänken, Gartenlauben, Pavillons und Parkmöglichkeiten. Die Nachrichtenaufklärung hat eine ungewöhnliche Zunahme an Verkehr von und zur Nordabteilung des Moskauer Hauptquartiers beobachtet.

Seit meiner Rückkehr aus Karlovy Vary erlebt meine Verbindung zu Dom Trench erwatungsgemäß eine Schonzeit, auch wenn die Russlandabteilung ihn ganz diskret von jeglicher Verantwortung für STARDUST befreit hat, dem nach Zufallsprinzip erstellten Codewort, das der Computer der Zentrale ausgespuckt hat, um damit die Nutzung der Daten, die zwischen dem Moskauer Hauptquartier und Quelle PITCHFORK fließen, zu kaschieren. Doch Dom, wie immer argwöhnisch, reagiert betont überschwänglich bei der Vorstellung, dass meine Berichte unser beider Zeichen tragen. Er ist sich seiner Abhängigkeit von mir bewusst, und das verunsichert ihn, was ich recht angenehm finde.

Ich hatte versprochen, mich bei Florence zu melden, was ich jedoch in der Euphorie des Augenblicks vor mir hergeschoben habe. Die erzwungene Flaute, während wir auf entscheidende Anweisungen vom Moskauer Hauptquartier warten, bietet wohl den bestmöglichen Rahmen, um meine Unhöflichkeit wiedergutzumachen. Prue besucht ihre kranke Schwester auf dem Land. Sie rechnet damit, das Wochenende über fortzubleiben. Ich rufe sie an und frage nach. Ihre Pläne haben sich nicht geändert. Ich rufe Florence nicht von der Oase aus an und auch nicht mit dem Diensthandy. Ich gehe nach Hause, esse eine kalte Fleischpastete, spüle sie mit ein paar Scotch hinunter, bewaffne mich mit Kleingeld, gehe die Straße entlang zu einer der letzten übrig gebliebenen Telefonzellen in Battersea und wähle die aktuellste Nummer, die Florence mir gegeben hat. Ich rechne schon mit einer weiteren Ansage des Anrufbeantworters, stattdessen hebt Florence ganz außer Atem ab.

»Bleiben Sie dran«, sagt sie, legt eine Hand über das Mundstück und ruft jemandem in einem offenbar leeren Haus etwas zu. Ich kann zwar die Worte nicht verstehen, aber ich höre ihr Echo wie Stimmen im Nebel auf See, erst die von Florence, dann die eines Mannes. Dann ist sie wieder bei mir, klar und geschäftsmäßig:

»Ja, Nat?«

»Also, hallo noch mal«, sage ich.

»Hallo.«

Falls ich mit dem Ton leichter Zerknirschung gerechnet habe, so findet sich in ihrer Stimme und in deren Echo nichts davon.

»Ich rufe an, weil ich ja gesagt habe, dass ich mich noch mal melde; wie es scheint, haben wir noch etwas zu bereden«, sage ich, überrascht, dass ich mich erklären muss, wo es doch eigentlich an ihr sein sollte, sich zu erklären.

»Etwas Berufliches oder Persönliches?«, will sie wissen, und ich spüre, wie sich mir die Nackenhaare sträuben.

»Sie haben in Ihrer Textnachricht geschrieben, dass wir *reden könnten, wenn ich wolle*«, erinnere ich sie. »Angesichts der Art Ihres Abgangs fand ich das ein wenig frech.«

»Und *welcher* Art war mein Abgang?«

»Abrupt, gelinde gesagt. Und enorm rücksichtslos gegenüber gewissen Personen, für die Sie zuständig waren, falls Sie es genau wissen wollen«, schnauze ich, und in der langen Stille, die darauf folgt, bedaure ich meinen groben Ton.

»Wie geht es ihnen?«, fragt sie.

»Ihren Quellen?«

»Wem denn sonst, was glauben Sie?«

»Man vermisst Sie fürchterlich«, antworte ich sanfter.

»Brenda auch?« – nach einer weiteren langen Pause.

Brenda, ein anderer Name für ASTRA, ORSONs enttäuschte Mätresse, Hauptquelle für Operation ROSEBUD. Ich will ihr gerade mit aller Schärfe erklären, dass *Brenda* sich strikt weigert, weiter mit uns zusammenzuarbeiten, nachdem sie von Florence' Abgang gehört hat, doch der gepresste Klang von Florence' Stimme ist schon sehr auffällig, deshalb mildere ich meine Antwort ein wenig ab.

»Alles in allem schlägt sie sich ganz gut. Sie fragt nach Ihnen, sieht aber vollkommen ein, dass das Leben weitergehen muss. Sind Sie noch dran?«

»Nat?«

»Was?«

»Ich glaube, es ist besser, Sie führen mich zum Essen aus.«

»Wann?«

»Bald.«

»Morgen?«

»In Ordnung.«

»Fisch, nehme ich an?«, frage ich, als mir unsere Fischpastete im Pub nach ihrer Präsentation von ROSEBUD wieder einfällt.

»Ist mir scheißegal, was wir essen«, entgegnet sie und legt auf.

Die einzigen Fischrestaurants, die ich kenne, waren als *preiswerte* Lokale im Wirtschaftsteil der Zeitung empfohlen worden, was bedeutete, dass wir dort wahrscheinlich auf Dienstkollegen beim Essen mit ihren Kontakten treffen würden, was das Letzte war, was wir beide wollten. Ich entscheide mich für ein Nobelrestaurant im West End und ziehe einen Batzen Geld aus dem Automaten, weil ich nicht möchte, dass die Rechnung auf unserem gemeinsamen Kreditkartenkonto erscheint. Manchmal im Leben wird man bei Sünden erwischt, die man gar nicht begangen hat. Ich bitte um einen Ecktisch, hätte mir aber nicht die Mühe zu machen brauchen. London schmachtet in der schier entlosen Hitze. Ich treffe wie üblich vor der Zeit ein und bestelle mir einen Scotch. Das Restaurant ist nahezu leer und die Kellner nur müde Wespen. Nach zehn Minuten taucht Florence in einer Sommervariante ihrer Bürokleidung auf: strenge Bluse im Militärstil mit langen Ärmeln und hohem Kragen, kein Make-up. In der Oase hatten wir uns am Anfang nur zugenickt und uns später Luftküsse zugeworfen. Jetzt waren wir wieder bei »Hallo« angelangt, und sie behandelt mich wie den Ex-Liebhaber, der ich nicht bin.

Im Schutz einer riesigen Speisekarte schlage ich ihr ein Glas Champagner der Hausmarke vor. Sie erinnert mich barsch daran, dass sie nur roten Burgunder trinkt. Eine Seezunge wäre ihr recht, aber nur eine kleine. Als Vorspeise Krabben und Avocado, wenn ich auch eine Vorspeise nehme. Das tue ich. Mir fallen ihre Hände auf. Der schwere Herrensiegelring, den sie an ihrem Ringfinger trug, ist einem schäbigen Silberring mit kleinen roten Steinchen gewichen. Er ist ihr zu groß und verdeckt nicht den blassen Streifen Haut, den der Vorgänger hinterlassen hat.

Wir geben unsere Bestellungen auf und dem Kellner die riesigen Speisekarten zurück. Bislang hat sie Augenkontakt vermieden. Jetzt schaut sie mich unverwandt an, und in ihrem Blick liegt nicht ein Hauch von Zerknirschung.

»Was hat Trench Ihnen erzählt?«, will sie wissen.

»Über Sie?«

»Ja. Über mich.«

Ich war davon ausgegangen, dass ich die harten Fragen stellen würde, aber Florence hat da andere Vorstellungen.

»Dass Sie emotional überreagiert hätten und generell eine Fehlbesetzung gewesen wären«, erwidere ich. »Ich sagte, Sie seien nicht die Person gewesen, die ich kennen würde. Aber da waren Sie ja schon davongestürmt, deshalb war meine Aussage völlig nutzlos. Sie hätten es mir während des gemischten Doppels beim Badminton sagen können. Sie hätten mich anrufen können. Das haben Sie nicht getan.«

»Haben *Sie* gedacht, dass ich emotional überreagiert habe und eine Fehlbesetzung gewesen bin?«

»Das habe ich doch gerade erklärt. Wie ich schon zu Trench sagte, waren Sie in der Situation nicht die Florence, die ich kannte.«

»Ich habe Sie gefragt, was Sie *gedacht* haben, nicht, was Sie *gesagt* haben.«

»Was hätte ich denn *denken* sollen? Die Sache mit ROSEBUD hat uns alle enttäuscht. Aber es ist nicht ungewöhnlich, dass eine Spezialoperation in letzter Minute abgesagt wird. Also habe ich natürlich *gedacht*, dass Sie hitzköpfig waren. Und dass Sie persönliche Probleme mit Dom gehabt haben müssen. Aber das geht mich vielleicht nichts an«, füge ich bedeutungsschwanger an.

»Was hat Ihnen Dom noch über unser Gespräch erzählt?«

»Nichts Wichtiges.«

»Und er hat nicht vielleicht seine liebreizende Gattin erwähnt, *Baroness Rachel*, Tory-Prominente und Vermögensverwalterin?«

»Nein. Warum sollte er?«

»Sie sind nicht zufällig ein guter Freund von ihr?«

»Bin ihr nie begegnet.«

Florence trinkt einen Schluck Burgunder, gefolgt von einem Schluck Wasser, taxiert mich mit einem Blick, als würde sie sich fragen, ob ich der geeignete Empfänger sei, und holt tief Luft.

»Baroness Rachel ist Vorstandsvorsitzende und zusammen mit ihrem Bruder Gründerin einer exklusiven Vermögensverwaltung in der City. Nur Privatkunden. Ab fünfzig Millionen Dollar aufwärts, sonst brauchen Sie gar nicht erst anzurufen. Ich war davon ausgegangen, Sie wüssten das.«

»Das wusste ich nicht.«

»Das Spezialgebiet der Firma sind Offshore-Konten: Jersey, Gibraltar und die Insel Nevis. Kennen Sie sich mit Nevis aus?«

»Noch nicht.«

»Nevis ist ein Ausbund an Anonymität. Nevis ist voll von Weltmeistern des Verschleierns. Niemand auf Nevis weiß, wer die Besitzer der ganzen Firmen sind. Mist.«

Ihre Entrüstung bezieht sich auf Messer und Gabel, die ihr unkontrolliert in den Händen zittern. Sie legt das Besteck krachend hin und nimmt noch einen Schluck Burgunder.

»Soll ich fortfahren?«

»Ich bitte darum.«

»Baroness Rachel und ihr Bruder führen die nicht haftbare, nicht verantwortliche Aufsicht über vierhundertdreiundfünfzig nicht miteinander verknüpfte, namenlose, unabhängige Offshore-Firmen mit Sitz auf Nevis. Sie hören mir doch zu, oder? Sie machen so ein Gesicht.«

»Ich werde mich bemühen, ein anderes aufzusetzen.«

»Zusätzlich zur Einhaltung absoluter Diskretion erwarten ihre Klienten hohe Renditen auf ihre Investitionen. Fünfzehn, zwanzig Prozent, sonst lohnt es sich nicht. Die Kernkompetenz der Baroness und ihres Bruders konzentriert sich auf die Ukraine. Einige ihrer größten Spieler sind ukrainische Oligarchen. Einhundertsechsundsiebzig der besagten namenlosen Firmen besitzen 1-a-Immobilien in London, die meisten in Knightsbridge und Kensington. Bei einer dieser Immobilien handelt es sich allerdings um ein Doppelhaus in der Park Lane, das einer Firma gehört, die wiederum im Besitz einer Firma ist, welche im Besitz eines Treuhandfonds ist, der ORSON gehört. Tatsachen. Unwiderlegbar. Zahlenmaterial vorhanden.«

Ich neige nicht zu dramatischen Reaktionen, und die Behörde lädt nicht gerade zu so etwas ein. Zweifellos ärgerte sie sich, dass ich keinen Wutschrei von mir gab, sondern nur bemerkte, dass unsere Weingläser leer waren, und einen lang anhaltenden Disput zwischen drei Kellnern unterbrach, um sie auffüllen zu lassen.

»Wollen Sie den Rest auch noch wissen oder nicht?«, fragt sie mich.

»Unbedingt.«

»Wenn sich Baroness Rachel nicht um ihre armen, bedürftigen Oligarchen kümmert, sitzt sie in ein paar Unterkomitees des Finanzministeriums als hinzugewähltes Mitglied des Oberhauses. Sie war persönlich anwesend, als ROSEBUD diskutiert wurde. Von dem Meeting gibt es keine Mitschrift.«

Nun ist es an mir, einen ordentlichen Schluck Wein zu mir zu nehmen.

»Gehe ich recht in der Annahme, dass Sie diese angeblichen Verbindungen schon seit einer Weile verfolgt haben?«, frage ich.

»Könnte sein.«

»Lassen wir mal für einen Augenblick die Frage beiseite, woher Sie das zu wissen glauben und ob es überhaupt stimmt: Wie viel davon haben Sie Dom bei Ihrem Vieraugengespräch gesagt?«

»Genug.«

»Was ist genug?«

»Die Tatsache, dass seine liebreizende Gattin ORSONs Firmen verwaltet, während sie so tut, als tue sie das nicht, unter anderem.«

»*Sofern* sie es tut.«

»Ich habe Freunde, die sich in solchen Dingen auskennen.«

»Den Eindruck habe ich auch langsam. Wie lange kennen Sie diese Freunde schon?«

»Was zum Teufel hat das mit dem allen zu tun?«

»Was ist mit Rachels Zugehörigkeit zum Unterkomitee? Haben Sie das auch von Ihren Freunden?«

»Könnte sein.«

»Haben Sie das Dom gegenüber ebenfalls erwähnt?«

»Warum sollte ich? Er wusste es ja bereits.«

»Wie kommen Sie darauf, dass er es wusste?«

»Sie sind miteinander verheiratet, verdammt noch mal!«

Ist diese böse Bemerkung auf mich gemünzt? Wahrscheinlich, selbst wenn das Hirngespinst der nicht real existierenden Affäre zwischen uns in ihrer Fantasie einen größeren Platz einnimmt als in meiner.

»Rachel ist eine echte Lady«, fährt sie sarkastisch fort. »Die Hochglanzmagazine verehren sie. Sie hat Orden für ihre wohltätige Arbeit kassiert. Spendendinner im Savoy. Hängt im Claridge's herum. So was eben.«

»Nur dass die Hochglanzmagazine nichts darüber verlauten lassen, dass sie in höchst geheimen Unterkomitees des Finanzministeriums sitzt, nehme ich an. Vielleicht findet sich das eher im Darknet.«

»Woher soll ich das wissen?«, entgegnet sie etwas zu entrüstet.

»Das frage ich Sie ja gerade. Woher wissen *Sie* davon?«

»Kein Kreuzverhör, Nat. Ich falle nicht mehr in Ihren Besitz!«

»Mich überrascht, dass Sie überhaupt auf diesen Gedanken kommen.«

Unser erster Liebesstreit, dabei haben wir uns doch nie geliebt.

»Und was hat Dom auf das, was Sie über seine Frau gesagt haben, geantwortet?«, frage ich, nachdem ich eine Pause habe verstreichen lassen, in der sich die Leidenschaft ein wenig abkühlen kann – insbesondere ihre Leidenschaft, und zum ersten Mal sehe ich, dass sie in ihrer Entschlossenheit wankt, mich als Feind zu behandeln. Sie beugt sich über den Tisch und spricht leiser:

»Erstens. Die höchsten Stellen im Land sind mit all diesen Verbindungen vertraut. Sie haben sie untersucht und abgesegnet.«

»Hat er gesagt, welche höchsten Stellen das sind?«

»Zweitens. Es gibt keinen Interessenskonflikt. Vollumfängliche und freimütige Offenlegung von allen Seiten. Drittens, die Entscheidung, ROSEBUD auf Eis zu legen, wurde nach reiflicher Abwägung aller Aspekte des Falls im nationalen Interesse gefällt. Und viertens, es sieht so aus, als hätte ich Geheiminformationen, zu denen ich keinen Zugang haben sollte, also sollte ich wohl besser die Schnauze halten. Und das wollen Sie mir doch sicher auch raten.«

Sie hatte recht, wenn auch aus anderen Gründen.

»Und wem haben Sie noch davon erzählt? Mal abgesehen von Dom und mir?«, frage ich.

»Niemandem. Warum, sollte ich das?«, kehrt sie zu ihrer vorherigen Feindseligkeit zurück.

»Nun, Sie sollten es dabei belassen. Ich möchte nicht als Angeklagter im Old Bailey stehen und mich vor Gericht für Sie verbürgen. Darf ich Sie noch mal fragen: Seit wann kennen Sie diese Freunde?«

Keine Antwort.

»Aus der Zeit, bevor Sie sich dem Dienst angeschlossen haben?«

»Schon möglich.«

»Wer ist Hampstead?«

»Ein Mistkerl.«

»Welche Art von Mistkerl?«

»Ein vierzigjähriger Hedgefonds-Manager im Ruhestand.«

»Verheiratet, nehme ich an.«

»Wie Sie.«

»Ist er auch die Person, die Ihnen davon berichtet hat, dass die Baroness sich um ORSONs Offshore-Konten kümmert?«

»Er sagte, sie sei die angesagte Investorin in der City für scheißreiche Ukrainer. Er sagte, sie könne auf der Klaviatur der Finanzbehörden spielen wie keine Zweite. Er sagte, er habe sie in ein paar Fällen selbst beauftragt, und sie habe geliefert.«

»Mit was beauftragt?«

»Gewisse Dinge durchzubringen. Vorschriften zu umgehen, die nichts vorschreiben. Was denken Sie denn?«

»Und Sie haben diese Gerüchte – Resultate vom Hörensagen – an Ihre Freunde weitergereicht, die sich dem dann gewidmet haben. Richtig?«

»Vielleicht.«

»Und was soll ich jetzt mit dieser Geschichte anfangen, die Sie mir da gerade erzählt haben? Vorausgesetzt, sie stimmt?«

»Gar nichts. Wie alle anderen auch, richtig?«

Sie steht auf. Ich folge ihr. Ein Kellner bringt die exorbitante Rechnung. Wir schauen alle zu, wie ich Zwanziger auf den Teller blättere. Florence folgt mir hinaus auf die Straße und packt mich. Zum ersten Mal umarmen wir uns, aber kein Kuss.

»Und denken Sie an die drakonischen Dokumente, die Sie in der Personalabteilung unterzeichnen mussten, als Sie gekündigt haben«, ermahne ich sie, als wir uns trennen. »Es tut mir leid, dass es so schlecht enden musste.«

»Nun, vielleicht ist es noch *nicht* vorbei«, entgegnet sie. Dann korrigiert sie sich schnell, so, als habe sie sich versprochen: »Ich werde die Zeit nicht vergessen, wollte ich sagen, das ist alles. All die tollen Leute. Meine Quellen. Die Oase. Sie waren alle toll«, ergänzt sie etwas zu fröhlich.

Sie tritt auf die Straße, hält ein Taxi an und wirft die Tür hinter sich zu, bevor ich ihre Zielangabe aufschnappen kann.

Ich stehe allein auf dem brütend heißen Bürgersteig. Es ist 22 Uhr, aber noch immer steigt mir die Tageshitze ins Gesicht. Unser Stelldichein war so kurz, dass ich, bedenkt man den Wein und die Hitze, geneigt bin, mich zu fragen, ob es überhaupt stattgefunden hat. Was unternehme ich als Nächstes? Zettle ich einen Streit mit Dom an? Das hat Florence bereits getan. Soll ich die *Prätorianergarde* des Büros rufen und den Zorn Gottes auf Florence' *Freunde* hinabfahren lassen, die ich mir als einen Haufen idealistischer, zorniger Kinder in Steffs Alter vorstelle, die jede freie Minute damit verbringen, das System zu schikanieren?

Soll ich mir Zeit lassen, nach Hause gehen, schlafen, mal sehen, was ich morgen früh darüber denke? Ich will gerade zu all diesen Dingen schreiten, als mein Diensthandy eine dringende Textnachricht ankündigt. Ich trete aus dem Laternenschein und tippe den erforderlichen Zahlencode ein.

Quelle PITCHFORK hat entscheidende Nachricht erhalten. Alle STARDUSTer morgen früh Punkt 7 Uhr in mein Büro.

Abgezeichnet mit dem Kürzel von Guy Brammel, kommissarischer Leiter der Russlandabteilung.

13.

Jeder Versuch meinerseits, die operationellen, privaten und öffentlichen Ereignisse der folgenden elf Tage in eine saubere Reihenfolge zu bringen, ist von vornherein zum Scheitern verurteilt. Eine alberne Kleinigkeit löst das nächste Großereignis ab. Die Straßen von London mögen ja unter der Rekordhitzewelle leiden, wimmeln aber nur so von wütenden Demonstranten mit ihren Plakaten, unter ihnen auch Prue und ihre linksgerichteten Anwaltsfreunde. Spontan gebildete Bands trommeln ihren Protest heraus. Nachbildungen in Form von Gasballons schweben über der Menge. Sirenen von Polizeiautos und Rettungswagen heulen auf. Die City of Westminster ist unerreichbar, Trafalgar Square nicht zu überqueren. Und der Grund für dieses Chaos? Großbritannien rollt den roten Teppich aus für einen gewissen amerikanischen Präsidenten, der gekommen ist, um die schwer erkämpften Beziehungen zu Europa zu verhöhnen und die Premierministerin zu erniedrigen, die ihn eingeladen hat.

Das 7-Uhr-Meeting in Brammels Büro ist die erste einer ganzen Reihe von nicht enden wollenden STARDUST-Kriegsratssitzungen. Anwesend sind der hochwichtige Percy Price, Regens der Observation, und die Elite der Russlandabteilung und der Operativen Abteilung. Nur Dom nicht, und bemerkenswerterweise fragt niemand, wo er ist, also unterlasse ich das ebenfalls. Die Gefürchtete Marion von unserem Bruderdienst erscheint in Begleitung zweier Anwälte in dunklen Anzügen, trotz der brütenden Hitze. Brammel persönlich verliest die neuesten Anweisungen an Sergej vom Moskauer Hauptquartier. Man wird Unterstützung für den Außeneinsatz schicken für ein verdecktes Treffen zwischen einem wichtigen Moskauer Emissär, Geschlecht nicht bekannt, und einem erstrangigen *britischen Kollaborateur*, weitere Einzelheiten gibt es keine. Meine eigene Rolle bei STARDUST wird formell festgehalten und gleichzeitig eingeschränkt. Entdecke ich da Bryn Jordans Handschrift, oder bin ich nur noch paranoider als sonst? Als Leiter der Nebenstelle Oase bin ich »verantwortlich für Wohl und Behandlung von PITCHFORK und seinen Führungspersonen«; jede Form der verdeckten Kommunikation mit dem Moskauer Hauptquartier wird über mich laufen. Doch Guy Brammel, der kommissarische Leiter der Russlandabteilung, wird allerart Kommunikation der Oase abzeichnen, bevor sie rausgeht.

Und genau an diesem Punkt finden meine offiziellen Pflichten auf einen Schlag ihr Ende: Nur wird das nicht wirklich so sein, denn das bin ich nicht, und das sollte der abwesende Bryn besser wissen als alle anderen. Ja, ich werde ermüdenden Sitzungen mit Sergej und seiner Mentorin Denise in der heruntergekommenen konspirativen Wohnung gleich neben der U-Bahn-Station Camden Town beiwohnen. Ja, ich werde Sergejs Subtexte formulieren und bis spät in die Nacht mit ihm Schach spielen, während wir darauf warten, dass durch die nächste obskure osteuropäische Radiostation – mithilfe eines vorher verabredeten Wortcodes – bestätigt wird, dass man unseren letzten Liebesbrief nach Kopenhagen auswertet.

Aber ich bin Außendienstler, kein Schreibtischhengst, kein Sozialarbeiter. Ich mag in die Oase verbannt worden sein, aber ich bin auch der Schöpfer der Operation STARDUST. Wer hat denn die wichtige Nachbesprechung mit Sergej durchgeführt und Blut geleckt? Wer hat Sergej aus seinem Niemandsland geholt? Wer hat ihn nach London gebracht, wer hat die verbotene Pilgerreise zu Arkady unternommen und damit für den schlüssigen Beweis gesorgt, dass es sich hier nicht um die übliche russische Variante der Reise nach Jerusalem handelt, sondern um eine hochklassige Spionageoperation, rund um eine potenzielle oder aktive britische Quelle von hohem Wert und persönlich geleitet von der Königin der illegalen Agenten im Moskauer Hauptquartier?

In unserer gemeinsamen Zeit haben Percy Price und ich zusammen Pferde gestohlen, wie man so sagt, und damit denke ich nicht nur an diesen Prototyp einer russischen Boden-Luft-Rakete in Poznań. Es hätte also niemanden in der obersten Etage überraschen dürfen, dass Percy und ich wenige Tage nach dem ersten Kriegsrat zu STARDUST im Laderaum eines Wäschetransporters hockten, der mit den neuesten Errungenschaften der modernen Überwachungstechnik ausgestattet war, und im Verlauf unserer Touren erst den ersten, dann den zweiten und nun den letzten der drei Nord-Londoner Bezirke abfuhren, die Sergej auskundschaften sollte. Percy hat das Gebiet Ground Beta getauft; ich habe gegen seine Wahl nichts einzuwenden.

Bei unseren gemeinsamen Touren schwelgen wir in Erinnerungen an alte Fälle, alte Quellen, alte Kollegen, und klingen dabei wie alte Männer. Dankenswerterweise führt Percy mich auch diskret in seine *Grande Armée* aus Beobachtern ein, ein Privileg, das der Zentrale ausdrücklich nicht passt: Schließlich könnten sie ja eines Tages auch *dich selbst* beobachten. Ort der Zusammenkunft der Beobachter ist ein aus Ziegeln errichtetes, säkularisiertes Gotteshaus am Rande von Ground Beta, das auf seinen Abriss wartet. Unsere Tarnung ist eine Gedenkfeier. Percy hat locker hundert seiner Leute zusammengetrommelt.

»Jede kleine Aufmunterung, die du für meine Jungs und Mädels übrighast, wäre höchst willkommen und geschätzt, Nat«, sagt er zu mir in seinem gemütlichen Londoner Akzent. »Das *sind* engagierte Leute, aber die Arbeit *kann* auch ziemlich mühsam sein, vor allem bei der derzeitigen Hitze. Du wirkst ein wenig besorgt, wenn ich das so sagen darf. Denk bitte daran, dass meine Jungs und Mädels gern ein freundliches Gesicht sehen. Aber sie sind ja auch Beobachter, da ist das ganz normal.«

Aus Zuneigung zu Percy schüttle ich Hände und klopfe Schultern, und als er mich bittet, seinen Getreuen ein paar aufmunternde Worte zu sagen, enttäusche ich ihn nicht.

»Was wir alle am kommenden Freitagabend *zu sehen* hoffen« – und meine Stimme schallt angenehm zwischen den Zirbelkiefersparren –, »am zwanzigsten Juli, um genau zu sein, ist ein präzise durchorganisiertes geheimes Treffen zwischen zwei Personen, denen wir noch nie begegnet sind. Die eine Person, Codename Gamma, ist ein erfahrener Spion, der oder die alle Tricks unseres Gewerbes aus dem Ärmel schütteln kann. Bei der anderen, Codename Delta, handelt es sich ebenfalls um eine Person unbekannten Alters, Berufs und Geschlechts«, setze ich sie in Kenntnis, wie immer darauf bedacht, die Quelle zu schützen. »Seine oder ihre Motive sind für uns ebenso ein Geheimnis, wie sie es für Sie sein werden. So viel kann ich Ihnen aber verraten: Wenn der Berg an harten Informationen, der auch jetzt gerade in diesem Augenblick noch anwächst, irgendetwas mit sich bringt, dann die große Dankbarkeit, zu der die britische Öffentlichkeit Ihnen gegenüber verpflichtet ist – auch wenn sie nie davon erfahren sollte.«

Der vollkommen unerwartete, donnernde Applaus rührt mich.

Mochte Percy sich über die Wirkung meines Gesichtsausdrucks auf seine Schäfchen gesorgt haben, so hat Prue keinerlei Bedenken dieser Art. Wir nehmen ein frühes Frühstück zu uns.

»Einfach schön, dich so voller Elan in den Tag starten zu sehen«, sagt sie und legt den *Guardian* beiseite. »Was immer du auch vorhast. Das freut mich sehr, nach all den trüben Gedanken, die du dir wegen deiner Heimkehr und deiner Zukunft gemacht hast. Ich hoffe nur, es ist nicht *zu* wahnsinnig illegal, was immer du auch tust?«

Falls ich die Frage richtig deute, dann stellt sie einen bedeutenden Fortschritt im Prozess unserer vorsichtigen Wiederannäherung dar. Seit unseren Moskauer Tagen herrscht zwischen uns beiden das Einvernehmen, dass Prue, trotz ihrer strengen Einwände gegen den Staat im Staate, nicht das Recht hat, vertrauliche Informationen auszunutzen, wenn ich tatsächlich mal gegen die Dienstvorschriften verstoßen und ihr gegenüber auspacken sollte. Im Gegenzug hatte ich – vielleicht zu sehr – darauf geachtet, mich nicht an ihren Rechtsgeheimnissen zu vergreifen, selbst dann nicht, wenn es um solch gigantische Schlachten ging wie jene, die ihre Kanzlei gerade gegen die großen Pharmafirmen ausficht.

»Komischerweise ist es diesmal *überhaupt nicht* schlimm, Prue«, antworte ich. »Ich *glaube* sogar, die Sache würde deine Zustimmung finden. Die Zeichen stehen günstig, dass wir kurz davor sind, einen hochrangigen russischen Spion zu entlarven« – womit ich nicht nur gegen die Dienstvorschriften verstoße, sondern gar auf ihnen herumtrample.

»Und du wirst ihn oder sie vor Gericht bringen, wenn ihr die Person entlarvt habt, wer immer es auch ist. Sicher. Vor ein *öffentliches* Gericht, will ich doch hoffen.«

»Nun, das ist eine Entscheidung für ganz oben«, erwidere ich vorsichtig, denn wenn der Dienst einen feindlichen Agenten aufgetan hat, wäre das Letzte, was man will, ihn der Justiz zu überstellen.

»Und hattest du eine Schlüsselrolle dabei, ihn oder sie zu entlarven?«

»Nun, Prue, wenn du schon fragst, ja, um ehrlich zu sein, schon«, gebe ich zu.

»Ging es um so etwas, wie nach Prag zu fliegen und die Sache mit tschechischen Verbindungsleuten zu bereden?«

»Es gibt ein gewisses tschechisches Element. Lass es mich so ausdrücken.«

»Nun, ich finde, das ist absolut brillant von dir, Nat, und ich bin sehr stolz auf dich«, sagt sie und wischt damit Jahre schmerzlichen Langmuts beiseite.

Ach, und ihre Kanzlei geht davon aus, die großen Pharmafirmen in der Hand zu haben. Und Steff war gestern Abend am Telefon ganz süß.

Es ist also ein strahlend sonniger Morgen, alles hat sich so gefügt, wie ich es mir nicht zu erträumen gewagt habe, und die Operation STARDUST nimmt unaufhaltsam an Fahrt auf. Sergejs neueste Anweisungen vom Moskauer Hauptquartier verlangen, dass er sich um 11 Uhr in einer Brasserie in der Nähe des Leicester Square einfindet. Er wird sich einen Platz im »nordwestlichen Teil« aussuchen und sich einen Chocolate Latte, einen Hamburger und einen Tomatensalat bestellen. Zwischen 11.15 Uhr und 11.30 Uhr, wenn diese Erkennungszeichen vor ihm auf dem Tisch stehen, wird eine Person auf ihn zukommen und behaupten, ein alter Bekannter zu sein, ihn umarmen und gleich wieder gehen, mit der Begründung, sich sonst bei einer Verabredung zu verspäten. Bei der Umarmung wird Sergej um ein »nicht verunreinigtes« Handy reicher werden – so Moskaus Beschreibung –, in dem sich neben einer neuen SIM-

Karte auch ein Stück Mikrofilm mit weiteren Anweisungen finden wird.

Sergej, der sich durch dieselbe wimmelnde Menschenmenge und Hitze kämpft, die Percy Price' Observation der Begegnung erschwert, nimmt in der Brasserie wie verlangt Platz, gibt seine Bestellung auf und zeigt sich erfreut, als sich ihm mit ausgestreckten Armen kein anderer als der gut gelaunte und jugendlich wirkende Felix Iwanow nähert. Als dieser wird er von Percys Beobachtern in weniger als einer Stunde identifiziert –, ein Klassenkamerad im selben Jahrgang und aus demselben Kurs in der gemeinsamen Schläferausbildung außerhalb von Perm.

Die heimliche Handyübergabe verläuft störungsfrei, nimmt aber unerwartete gesellschaftliche Dimensionen an. Iwanow ist ebenfalls überrascht und erfreut, seinen alten Freund Sergej in derart guter Verfassung zu sehen. Weit davon entfernt, sich auf eine dringende Verabredung zu berufen, setzt er sich zu ihm, und die beiden Schläfer genießen das traute Beisammensein, das zu sehen ihre Ausbilder in die Verzweiflung getrieben hätte. Trotz des Lärms hat Percys Team keine Schwierigkeiten damit, das Gespräch zu verstehen oder die Begegnung mit Kameras festzuhalten. Kaum verabschiedet sich Iwanow – in der Zwischenzeit vom Computer der Russlandabteilung willkürlich auf TADZIO getauft –, entsendet Percy ein Team, um ihn zu observieren. Anders als sein literarischer Namensvetter ist TADZIO kräftig gebaut, groß, fröhlich, ein kleiner russischer Bär, sehr beliebt bei seinen Mitauszubildenden, vor allem dem weiblichen Anteil.

Wie sich bei der Verarbeitung der hereinkommenden Datenflut durch die Prüfabteilung der Zentrale herausstellt, ist Iwanow nicht länger Iwanow, und auch kein Russe. Nach Abschluss der Schläferausbildung ist er als Pole namens Strelsky neu erfunden worden, Doktorand mit Studentenvisum an der London

School of Economics. Seinem Visumsantrag zufolge spricht er Russisch, Englisch und fließend Deutsch, hat an Universitäten in Bonn und Zürich studiert, und sein Vorname lautet nicht mehr Felix, sondern Michail, Verteidiger der Menschheit. Der Russlandabteilung gilt er als interessantes Geschöpf, gehört er doch einer neuen Welle russischer Spione an, die, fernab der angerosteten Methoden des alten KGB, unsere westlichen Sprachen wie Muttersprachler beherrschen und unsere kleinen Eigenheiten bis zur Perfektion imitieren können.

Im heruntergekommenen Unterschlupf der Oase in Camden Town hocken Sergej und Denise nebeneinander auf einem durchgesessenen Sofa. Ich sitze auf dem einzigen Lehnstuhl, öffne TADZIOs Handy, fische den Mikrofilm heraus und lege ihn in den Vergrößerungsapparat ein. Mit Sergejs OTP decodieren wir Moskaus neueste Anweisungen. Sie sind auf Russisch. Wie üblich bringe ich Sergej dazu, sie für mich ins Englische zu übertragen. Nun ist es zu spät, das Risiko einzugehen, dass er merkt, vom ersten Tag an von mir hereingelegt worden zu sein.

Wie sonst auch sind die Anweisungen lupenrein, oder wie Arkady sagen würde, zu lupenrein. Sergej wird einen »No Nukes«-Flyer in die obere linke Ecke des Schiebefensters seiner Souterrainwohnung stecken. In seiner Rückantwort wird er bestätigen, dass und aus welcher Entfernung der Flyer für Fußgänger aus beiden Richtungen zu sehen ist. Da ein solcher Flyer allerdings bei keinem der üblichen Anbieter von Protestmaterial zu kriegen ist, da heute eher »No Fracking« bevorzugt wird, fertigt die Fälschungsabteilung einen für uns an. Sergej wird außerdem einen viktorianischen Staffordshire Bullterrier aus Keramik erwerben, dreißig bis fünfundvierzig Zentimeter groß. eBay ist voll davon.

Und machten Prue und ich in diesen glücklichen, hektischen, sonnendurchfluteten Tagen nicht ein paar kleine Abstecher nach Panama? Natürlich, und zwar im Rahmen einer ganzen Reihe von urkomischen nächtlichen Skypesitzungen, mal nur mit Steff in der Leitung, wenn Juno auf Fledermaussafari war, mal mit den beiden zusammen, denn selbst wenn man rundum mit STARDUST befasst ist, muss das *echte* Leben, wie Prue es beharrlich nennt, weitergehen.

Die Brüllaffen trommeln sich um 2 Uhr früh auf die Brust und wecken das ganze Camp, erzählt uns Steff. Und die Riesenfledermäuse schalten ihr Radar aus, wenn sie die Flugbahn kennen, deshalb ist es so einfach, sie in Netzen einzufangen, die zwischen den Palmen aufgespannt werden. Aber wenn man sie aus den Netzen befreit und beringt, dann muss man richtig, richtig gut aufpassen, Mum, die beißen, und sie haben Tollwut, und man muss verdammt riesige dicke Handschuhe tragen wie bei der Kanalreinigung, und die Babyfledermäuse sind genauso schlimm. Steff ist wieder ganz Kind, versichern wir uns gegenseitig dankbar. Und Juno ist, so weit wir uns das zu glauben gestatten, ein ordentlicher, ehrlicher junger Mann, der sich Mühe gibt mit unserer Tochter, also Welt, hör auf dich zu drehen.

Doch nichts im Leben bleibt folgenlos. Eines Abends – meiner schwachen Erinnerung nach ist es STARDUST-Abend minus acht – klingelt unser Telefon. Prue hebt ab. Junos Eltern sind aus einer Laune heraus nach London geflogen. Sie wohnen in einem Hotel in Bloomsbury, das einer Freundin von Junos Mutter gehört, sie haben Tickets für Wimbledon und für das Kricket-Länderspiel England – Indien im Lord's Cricket Ground. Und sie wären hochgeehrt, die Eltern ihrer zukünftigen Schwiegertochter kennenzulernen, »wann immer es dem *Wirtschaftsberater* und Ihrer werten Person passen würde«. Prue ist ganz aus dem Häuschen vor Freude, als sie sich bemüht, mir diese Nachricht zu überbringen. Das darf sie ruhig, denn ich sitze hinten in Percy Price' Überwachungsfahrzeug am Ground Beta, und Percy erklärt mir, wo er seine festen Posten aufzustellen gedenkt.

Dennoch gelingt es mir wundersamerweise, mich zwei Tage später – S-Abend minus sechs – in einem schicken Anzug vor dem gasbetriebenen Kamin in unserem Wohnzimmer mit Prue an meiner Seite zu präsentieren und in meiner Rolle als britischer Wirtschaftsberater mit den zukünftigen Schwiegereltern unserer Tochter über solche Themen zu diskutieren wie Großbritanniens Handelsbeziehungen mit Indien nach dem Brexit und die ausgefeilte Spin-Wurftechnik von Indiens Werfer Kuldeep Yadav. Währenddessen ist Prue, die wie jede gute Anwältin ein hervorragendes Pokerface aufsetzen kann, wenn sie es braucht, kurz davor, hinter vorgehaltener Hand in Kichern auszubrechen.

Was die unerlässlichen montagabendlichen Badmintonmatches mit Ed in diesen anstrengenden Tagen angeht, kann ich nur sagen, dass sie nie unerlässlicher für mich und wir beide nie fitter waren. Im Vorfeld der drei letzten Spiele hatte ich meine Trainingszeiten im Fitnessstudio und im Park ausgedehnt, in einem verzweifelten Versuch, Eds frisch entdeckter Meisterschaft auf dem Feld zu begegnen, bis dann der Tag kommt, an dem der Kampf zum allerersten Mal jegliche Bedeutung verliert.

Das Datum, das keiner von uns beiden jemals vergessen wird, ist der 16. Juli. Wir haben unser wie üblich anstrengendes Match beendet. Ich habe wieder mal verloren, aber das tut nichts zur Sache, ich gewöhne mich daran. Lässig, mit Handtüchern um die Schulter, machen wir uns auf den Weg zu unserem Stammtisch und rechnen schon mit dem vertrauten vereinzelten Gewirr aus Stimmen und Gläserklirren in einem großteils leeren Raum, wie montags üblich. Stattdessen werden wir von einer unnatürlichen, nervösen Stille erwartet. An der Bar starren ein halbes Dutzend unserer chinesischen Vereinsmitglieder auf einen Fernseher, der für gewöhnlich irgendein Sportereignis von sonst wo überträgt. Doch an diesem Abend sehen wir auf dem Bildschirm kein amerikanisches Footballspiel oder isländisches Eishockey, sondern Donald Trump und Wladimir Putin.

Die beiden Politiker sind in Helsinki und geben eine gemeinsame Pressekonferenz. Sie stehen nebeneinander vor den Flaggen ihrer jeweiligen Nationen. Trump, der wie auf Ansage spricht, leugnet die Untersuchungsergebnisse seiner eigenen Geheimdienste, die die unbequeme Wahrheit ans Licht gebracht haben, dass Russland sich in die jüngsten amerikanischen Präsidentschaftswahlen eingemischt hat. Putin zeigt sein stolzes Gefängniswärtergrinsen.

Ed und ich suchen uns einen Weg zu unserem Stammtisch und setzen uns. Ein Kommentator erinnert uns daran, dass Trump erst am Vortag Europa zu seinem Feind erklärt und ordentlich auf die NATO eingedroschen hat, falls wir das vergessen haben sollten.

Wo bin ich mit meinen Gedanken, würde Prue fragen. Teils bin ich bei meinem früheren Agenten Arkady. Ich gehe im Geiste seine Beschreibung von Trump als Latrinenputzer durch. Ich erinnere mich an den Satz, dass Trump »alles für den kleinen Putin tut, was der kleine Putin nicht selbst tun kann«. Teils bin ich bei Bryn Jordan in Washington, der sich mit unseren amerikanischen Kollegen zurückgezogen hat und diesem Akt präsidentiellen Verrats sicherlich ebenfalls ungläubig beiwohnt.

Und wo ist Ed mit *seinen* Gedanken? Er rührt sich nicht. Er ist in sich zurückgezogen, allerdings tiefer und weiter, als ich es bisher bei ihm gesehen habe. Erst bleibt ihm der Mund vor Ungläubigkeit offen stehen. Seine Lippen schließen sich langsam wieder, er fährt mit der Zunge darüber und wischt sich geistesabwesend mit dem Handrücken über den Mund. Und selbst als der alte Barkeeper Fred, der einen ganz eigenen Sinn für Anstand hat, zu einer Gruppe von wild gewordenen Radfahrerinnen umschaltet, die ihre Runden in einer Radsporthalle drehen, bleibt Eds Blick auf den Bildschirm geheftet.

»Das ist eine echte Wiederholung«, verkündet er schließlich mit vor Erkenntnis zitternder Stimme. »Wir haben wieder 1939. Molotow und Ribbentrop, wie sie die Welt aufteilen.«

Das war einfach zu viel für mich, und ich machte eine scharfe Bemerkung. Trump mochte ja der schlimmste Präsident sein, den Amerika je gehabt habe, sagte ich zu Ed, aber er sei kein Hitler, so sehr er sich das vielleicht auch wünschen würde, und es gebe genügend gute Amerikaner, die das nicht einfach so stehen lassen würden.

Erst schien mich Ed gar nicht zu hören.

»Na ja, schon«, pflichtete er mir mit dem benommenen Ton eines Mannes bei, der gerade aus der Narkose erwacht. »Es gab auch gute Deutsche. Aber genützt hat es ihnen gar nichts.«

14.

Der S-Abend ist gekommen. Im Einsatzraum in der obersten Etage der Zentrale ist alles ruhig. Auf der LED-Uhr über den Doppeltüren aus Kunsteiche ist es 19.20 Uhr. Ist man in Sachen STARDUST befugt, dann wird die Show in fünfundfünfzig Minuten beginnen. Wenn nicht, dann sind ein paar adleräugige Pförtner an der Tür gern bereit, einen auf den Irrtum hinzuweisen.

Die Stimmung ist gelassen und wird mit näher rückender Uhrzeit immer gelassener. Niemand gerät in Panik, alle haben Zeit für alles. Assistenten kommen und gehen mit aufgeklappten Laptops, Thermoskannen, Wasserflaschen und Sandwiches für den Büfetttisch. Ein Witzbold fragt, ob es Popcorn gebe. Ein untersetzter Mann mit einem neonfarbenen Schlüsselband fummelt an zwei Flachbildschirmen an der Wand herum. Auf beiden ist dasselbe opulente Bild von Lake Windermere im Herbst zu sehen. Das Geplapper, das wir über unsere Kopfhörer mitbekommen, geht auf Percy Price' Observationsteam zurück. Seine Hundertschaft wird sich in der Zwischenzeit verteilt haben, in Gestalt von Leuten beim Einkaufen, welchen, die von der Arbeit nach Hause gehen, Standinhabern, Kellnerinnen, Radlern, Uber-Fahrern und unbeteiligten Passanten, die nichts Besseres zu tun haben, als jungen Frauen hinterherzugaffen und in ihre Handys zu murmeln. Sie allein wissen, dass die Handys, in die sie murmeln, nicht gestohlen, sondern verschlüsselt sind, und dass sie nicht mit Freunden, Familie, Liebhabern und Drogendealern verbunden sind, sondern mit Percy Price' Kontrollzentrum, an diesem Abend ein doppelt verglaster Adlerhorst auf halber Höhe an der Wand links von mir. Dort hockt Percy jetzt in seinem unverkennbaren weißen Kricket-Shirt mit hochgerollten Ärmeln und Kopfhörern, während er unhörbar seiner weit verstreuten Mannschaft Befehle erteilt.

Wir sind sechzehn Personen und noch nicht vollzählig. Es handelt sich um dasselbe beeindruckende Team, das sich auch schon versammelt hatte, um Florence' Präsentation zur Operation ROSEBUD zu hören, plus ein paar willkommene Neuzugänge. Marion von unserem Bruderdienst wird wieder von ihren beiden Taschenträgern in dunklen Anzügen begleitet, auch als Anwälte bekannt. Marion meint es ernst, wie man uns sagt. Sie schmerzt die Weigerung der obersten Etage, ihr die Operation STARDUST auf dem Silbertablett zu servieren, da die mutmaßliche Anwesenheit eines hochrangigen Verräters in dem kleinen Dorf Whitehall den Fall doch eigentlich ganz klar in ihren Zuständigkeitsbereich rückt. Nicht ganz, Marion, sagen unsere Oberbonzen. Die Quellen gehören uns, also gehören auch die Informationen uns, also gehört der Fall uns, und gute Nacht. In den Eingeweiden der Lubjanka am ehemaligen Dserschinski-Platz in Moskau kommt es zu ähnlich nervösen Streitigkeiten, nehme ich an, während die Mitglieder der Sektion Illegale innerhalb der Nordeuropa-Abteilung sich auf eine lange Nacht vorbereiten.

Ich bin befördert worden. Anders als Florence, die am Bittstellerende des Tischs saß, befinde ich mich mitten am Tisch, und Dom Trench mir direkt gegenüber. Wir haben unsere Diskussion über ROSEBUD bisher noch nicht fortsetzen können. Ich bin daher durchaus verwirrt, als er sich über den Tisch beugt und mit leiser Stimme sagt: »Ich gehe doch davon aus, dass wir uns wegen deiner Fahrt mit Chauffeur nach Northwood vor einer Weile nicht uneins sind, Nat?«

»Warum sollten wir?«

»Ich hoffe doch, dass du für mich sprichst, wenn du dazu aufgefordert wirst.«

»Wegen was denn? Sag jetzt nicht, dass die Leute vom Fuhrpark Schwierigkeiten machen?«

»Wegen gewisser damit verbundener Fragen«, erwidert er düster und zieht sich in seinen Panzer zurück. Ist es tatsächlich erst zehn Minuten her, dass ich ihn auf die beiläufigste Weise gefragt habe, welche informellen Ämter seine Frau, die Baroness, im Augenblick denn bekleiden würde?

»Sie *flitzt* durch die Gegend, Nat«, hatte er erwidert und sich zusammengerissen, als würde er vor der Queen persönlich stehen. »Meine liebe Rachel ist darin *unverbesserlich*. Wenn es sich nicht um irgendeine Mittlerorganisation in Westminster handelt, von der du und ich noch nie gehört haben, dann ist sie auf dem Weg nach Cambridge, um dort mit den Großen und Guten darüber zu diskutieren, wie man das Gesundheitswesen retten könnte. Deine Prue ist da ja auch nicht anders, da bin ich mir sicher.«

Nun, Dom, Prue ist Gott sei Dank anders, deshalb haben wir ein verdammt großes Plakat mit dem wenig originellen Schriftzug »TRUMP LÜGT« im Flur stehen, über das ich jedes Mal stolpere, wenn ich das Haus betrete.

Das Bild von Lake Windermere wird blass, löst sich auf und kehrt wieder. Die Lichter im Einsatzraum gehen aus. Schattengleiche Nachzügler huschen herein und nehmen am langen Tisch Platz. Lake Windermere verabschiedet sich. An dessen Stelle rücken Percy Price' Aufnahmen von zufriedenen Bürgern, die gegen halb acht an einem glühend heißen Sommerabend die Sonne in einer Parkanlage im Norden Londons genießen.

Man rechnet nicht damit, Minuten vor der Durchführung einer nervenzerreißend spannenden Spionageoperation von einer Welle der Bewunderung für die eigenen Landsleute ergriffen zu werden. Doch auf den Bildschirmen ist London zu sehen, wie wir es lieben: Kinder aus aller Herren Länder spielen Korbball, Mädchen in Sommerkleidern aalen sich in den Strahlen der endlos scheinenden Sonne, alte Leute flanieren Arm in Arm, Mütter schieben Kinderwagen, unter ausladenden Bäumen sitzen Leute beim Picknick, spielen Gartenschach oder Boule. Ein freundlicher Streifenpolizist schlendert zwischen ihnen herum. Wann haben wir das letzte Mal so einen einzelnen Bobby gesehen? Jemand spielt Gitarre. Es dauert einen Augenblick, bis ich mir klarmache, dass viele Gesichter aus dieser fröhlichen Masse gerade mal sechsunddreißig Stunden zuvor bei der Versammlung in ebenjenem aufgelassenen Gotteshaus anwesend waren, dessen unförmiger Turm in diesem Augenblick unseren Horizont dominiert.

Team STARDUST hat Ground Beta bis ins Kleinste ergründet, und dank Percy habe ich es ebenfalls. Der Park dort rühmt sich seiner sechs maroden, asphaltierten Tennisplätze ohne Netze und eines Kinderspielplatzes mit Klettergerüst, Wippen und einem Kriechtunnel. Es gibt einen stinkenden Bootsteich. Eine Buslinie, eine Fahrradroute und eine gut befahrene Durchgangsstraße ohne Parkmöglichkeiten bilden die westliche Grenze; die östliche Grenze wird beherrscht von einer Hochhaussiedlung, die nördliche von einer Zeile frisch renovierter georgianischer Häuser. In einem davon wohnt Sergej in der von Moskau genehmigten Souterrainwohnung. Zwei Zimmer; in dem einen schläft Denise bei abgeschlossener Tür, im anderen Sergej. Eine eiserne Treppe führt zu der Wohnung hinunter. Von der oberen Hälfte des Schiebefensters aus kann man den Spielplatz sehen und einem schmalen betonierten Fußweg mit sechs festgeschraubten Bänken folgen, die im Abstand von sechs Metern, drei auf jeder Seite, stehen. Jede Bank ist knapp vier Meter lang. Sergej hat Fotos davon nach Moskau geschickt, von eins bis sechs durchnummeriert.

Der Park erfreut sich auch eines beliebten Selbstbedienungscafés, das man entweder vom Park aus direkt oder von der Straße aus durch ein eisernes Tor betreten kann. Heute ist das Café unter kurzfristiger neuer Leitung, die regulären Angestellten haben einen vollen Tageslohn zum Ausgleich erhalten, und das summiert sich, wie Percy reumütig gesteht. Es gibt sechzehn Tische im Innenraum des Cafés und vierundzwanzig im Außenbereich. Die Außentische haben feste Schirme als Schutz vor Regen oder Sonne. Drinnen gibt es eine Selbstbedienungstheke. An heißen Tagen wird der Eisverkauf draußen mit dem Schild einer glücklichen Kuh beworben, die an zwei Kugeln Vanilleeis leckt. Hinter dem Café gibt es öffentliche Toiletten mit Wickeltisch und Behinderten-WC. Für Hundebesitzer stehen Plastiktüten und grüne Mülleimer bereit. All diese Informationen hat Sergej pflichtgemäß in ausführlichen Subtexten an seinen unersättlichen dänischen Schwarm, die perfektionistische Anette, übermittelt.

Auf Moskaus Geheiß haben wir auch Fotos von dem Café bereitgestellt, von innen und außen, ebenso von den Zugängen. Sergej, der auf Anweisung seiner Mentorin zwei Mal vor Ort etwas gegessen hat, einmal drinnen, einmal draußen sitzend, beide Male zwischen 19 und 20 Uhr, und Moskau Bericht von der Gästedichte gab, hat nun den Befehl, bis auf Weiteres sein Gesicht nicht mehr dort zu zeigen. Er wird in seiner Souterrainwohnung bleiben und auf ein noch zu benennendes Ereignis warten.

»Ich werde alles sein, Peter. Ich werde halber Hausmeister sein und halbe Gegenspionage.«

Halb sagt er, weil sich herausstellt, dass sein alter Schulfreund TADZIO und er den Einsatz unter sich aufteilen werden. Sollten sie zufällig aufeinanderstoßen, werden sie einander ignorieren.

Für den unwahrscheinlichen Fall, dass ich jemand Bekanntes entdecke, suche ich die Menge ab. Während ihrer Zeit in Triest und auch an der Adria war Arkadys Valentina als Abgesandte des Moskauer Hauptquartiers und potenzielle Doppelagentin umfassend gefilmt und fotografiert worden. Doch eine Frau mit ebenmäßigen Gesichtszügen kann im Laufe von zwanzig Jahren mit ihrem Aussehen praktisch alles machen, was sie möchte. Die Bildabteilung hat eine Reihe von möglichen Erscheinungsformen produziert. Jede einzelne könnte die neue Valentina alias Anette alias sonst wie zeigen. Ich halte die Augen offen, als eine Handvoll Frauen gemischten Alters an der Bushaltestelle aussteigt, doch keine von ihnen geht auf das Tor zum Café und die offenen Parkflächen zu. Percys Kameralinsen ruhen auf einem älteren bärtigen Priester mit einem malvenfarbenen Chorhemd und Kragen.

»Hat hier irgendjemand von denen irgendetwas mit dir zu tun, Nat?«, fragt Percy in meinem Kopfhörer.

»Nein, Percy, hat keiner, Percy, danke.«

Gelächter. Dann beruhigen wir uns wieder. Eine andere wacklige Kamera sucht die Büsche am geteerten Fußweg entlang ab. Sie dürfte wohl an unserem freundlichen Bobby befestigt sein, nehme ich an, der das Lächeln der Mitbürger links und rechts von ihm erwidert. Wir verweilen bei einer Frau mittleren Alters in einem Tweedrock und mit ordentlichen braunen Budapestern, die in den *Evening Standard* vertieft ist. Sie trägt einen breiten Strohhut und hat eine Einkaufstasche neben der Bank stehen. Vielleicht gehört sie einem Bowlingclub für Damen an. Vielleicht handelt es sich um Valentina, die darauf wartet, entdeckt zu werden. Vielleicht ist sie nur ein weiterer britischer Single, der sich nicht an der Hitze stört.

»Könnte sie es sein, Nat?«, fragt Percy.

»Könnte sein, Percy.«

Wir sind im Außenbereich des Cafés. Die Kamera schaut auf einen üppigen Busen und ein schwankendes Tablett. Auf dem Tablett eine kleine Teekanne, eine Tasse mit Untertasse, ein Plastiklöffel, ein Päckchen Milch, dazu ein in Plastik eingewickeltes Stück Früchtekuchen auf einem Pappteller. Beine, Füße, Regenschirme, Hände und Gesichtsausschnitte hüpfen vorbei, während wir mit unserer Last weiterziehen. Wir bleiben stehen. Eine unscheinbare, freundliche Frauenstimme, von Percy trainiert, spricht plötzlich in ein Kehlkopfmikrofon:

»*Entschuldigen Sie* bitte. Ist dieser Stuhl noch frei?«

Das sommersprossige, freche Gesicht von TADZIO schaut zu uns herauf. Er spricht direkt in die Kamera. Das ist original sein makelloses Englisch. Wenn seine Stimme einen typischen Einschlag hat, dann Deutsch oder – denkt man an die Universität Zürich – Schweizerisch: »Hier ist leider besetzt, tut mir leid. Die Dame holt sich gerade einen Tee. Ich habe versprochen, den Platz für sie frei zu halten.«

Die Kamera bewegt sich auf den leeren Stuhl neben ihm zu. Eine Jeansjacke hängt darüber, dieselbe, die TADZIO schon bei seiner Begegnung mit Sergej in der Brasserie am Leicester Square getragen hat.

Eine professionellere Kamera übernimmt: ein Tele, das wohl aus dem oberen Fenster eines liegen gebliebenen, mit Warndreiecken gesicherten Doppeldeckerbusses schaut, den Percy an diesem Morgen als einen seiner festen Posten eingerichtet hat. Die Kamera wackelt nicht. Sie zoomt heran. TADZIO allein an seinem Tisch, wie er Cola durch einen Strohhalm trinkt und auf seinem Handy herumscrollt.

Eine Frau tritt ins Bild. Kein Tweed. Kein breiter Rücken. Ein eleganter weiblicher Rücken, der sich zur Taille hin verjüngt. Eine Andeutung von Sportlichkeit. Langärmlige weiße Bluse und eine leichte Weste im alpenländischen Stil, dazu ein Strohtrilby. Ihre Stimme – die uns über zwei unsynchronisierte Quellen erreicht, eine der Gewürzständer auf dem Tisch, nehme ich an, die andere weiter weg per Richtmikro – klingt kraftvoll, hat einen fremden Klang und scheint amüsiert:

»Entschuldigung, lieber Herr. Ist dieser Stuhl tatsächlich *besetzt*, oder ist er *nur* für Ihre Jacke?«

Woraufhin TADZIO wie auf Befehl aufspringt und fröhlich verkündet: »Ganz der Ihre, Gnädigste, und kostenlos!«

TADZIO zieht die Jacke mit einer Geste affektierter Ritterlichkeit vom Stuhl, hängt sie über die Rückenlehne seines eigenen Stuhls und setzt sich schnell wieder hin.

Ein anderer Blickwinkel, eine andere Kamera. Begleitet von ohrenbetäubendem Lärm setzt die Besitzerin des taillierten Rückens das Tablett ab, stellt einen Pappbecher mit Tee oder Kaffee, zwei Päckchen Zucker, eine Plastikgabel und ein Stück Biskuitkuchen auf den Tisch und deponiert das Tablett auf einem in der Nähe stehenden Servierwagen, bevor sie sich neben TADZIO setzt, wobei sie es vermeidet, sich zur Kamera hin umzudrehen. Ohne dass die beiden ein weiteres Wort wechseln, nimmt die Frau die Gabel, macht sich an ihren Kuchen und trinkt einen Schluck. Der Rand ihres Strohtrilbys wirft einen schwarzen Schatten auf ihr Gesicht, das nach unten geneigt ist. In demselben Augenblick schaut TADZIO auf seine Armbanduhr, murmelt etwas Unverständliches, schnappt sich die Jeansjacke, so als sei ihm gerade eine wichtige Verabredung eingefallen, und verschwindet hastig. Dabei sehen wir endlich die Frau in voller Größe, die er zurücklässt. Eine gepflegte, attraktive, dunkelhaarige Frau mit klaren Gesichtszügen, die sich für ihr Alter von Ende fünfzig gut gehalten hat. Sie trägt einen langen, dunkelgrünen Baumwollrock. Ihre Präsenz ist stärker, als für eine umherwandernde Geheimdienstagentin in ziviler Tarnung gut ist. So war es schon immer: Warum sonst hätte sich Arkady in sie verlieben sollen? Sie war damals seine Valentina, sie ist heute unsere Valentina. Irgendwo in den Tiefen des Gebäudes, in dem wir uns befinden, muss das Gesichtserkennungsteam zu demselben Schluss gekommen sein, denn der zuvor verliehene Name GAMMA blinkt uns in roter Leuchtschrift von beiden Bildschirmen aus an.

»Sie wünschen, mein Herr?«, fragt sie voller Heiterkeit in die Kamera.

»Na ja. Ich habe mich gefragt, ob es okay ist, wenn ich mich dazusetze«, sagt Ed, lässt sein Tablett mit einem ungeheuren Donner auf den Tisch treffen und setzt sich auf den Stuhl neben ihr, auf dem ein paar Sekunden zuvor noch TADZIO gesessen hatte.

Wenn ich heute offen schreibe, *Ed* sofort und eindeutig identifiziert zu haben, dann gibt das meine Reaktion nicht treffend wieder. Das ist *nicht* Ed. Das kann nicht sein. Das ist DELTA. Seine Statur, ja, zugegeben. Fast wie Ed, so ähnlich wie die Version, die schneebedeckt in der Tür des *Trois Sommets* erschien, während Prue und ich damals unsere *croûtes au fromage* und eine Karaffe Weißwein zu uns nahmen. Groß, schlaksig und dieselbe Linksneigung der Schultern, diese typische Weigerung, aufrecht zu stehen: zugegeben. Die Stimme? Nun ja, eine Stimme ähnlich der von Ed, zweifellos: undeutlich, nördlicher Akzent, reizlos, bis man sich daran gewöhnt hat, die klassische Stimme unserer britischen Jugend, wenn sie einem deutlich machen will, dass sie sich deinen Scheiß nicht länger gefallen lassen wird. Er klingt also wie Ed, ja. Und er sieht so aus. Aber das ist nicht Ed, niemals. Nicht mal auf zwei Bildschirmen gleichzeitig.

Und während ich in diesem kurz anhaltenden Zustand der völligen Leugnung steckte, versäumte – oder verweigerte – ich meiner groben Schätzung nach zehn, zwölf Sekunden lang, aufzunehmen, was an weiteren Höflichkeiten zwischen Ed und GAMMA ausgetauscht wurde, nachdem Ed sich auf den Stuhl neben sie hatte fallen lassen. Man versicherte mir – da ich die Aufnahmen nie wieder persönlich sah –, dass ich nichts Wichtiges verpasst habe und der Wortwechsel so beiläufig ausfiel, wie es beabsichtigt war. Meine Erinnerung wird noch durch die Tatsache verkompliziert, dass zu dem Zeitpunkt, als ich wieder in die Realität zurückkehrte, die digitalen Uhren an den unteren Rändern unserer Bildschirme tatsächlich neunundzwanzig Sekunden *zurückgestellt* worden waren, weil Percy Price entschieden hatte, dass dies der richtige Augenblick sei, uns mit Rückblenden unserer neu entdeckten Beute zu beehren. Ed steht im Innenbereich des Cafés in der Schlange, braune Aktentasche in der einen, Tablett in der anderen Hand. Er schiebt sich an der Theke mit den Sandwiches, Kuchen und Gebäckstückchen vorbei. Er entscheidet sich für ein Cheddarbaguette mit saurer Gurke. Dann steht er an der Getränketheke und bestellt einen English-Breakfast-Tee. Durch die Wanze fällt seine Stimme als metallisches Gebelle aus:

»Ja, ein großer wäre toll. Danke.«

Er steht an der Kasse, wirkt ungeschickt, jongliert mit Tee und Baguette, klopft seine Taschen nach dem Geldbeutel ab, die Aktentasche zwischen die großen Füße geklemmt. Das ist Ed, Codename DELTA, und er geht in den Außenbereich, Tablett in der einen, Aktentasche in der anderen Hand, und sieht sich blinzelnd um, so als würde er die falsche Brille tragen.

Mir fällt etwas ein, das ich vor ewigen Zeiten in einem Tschekistenhandbuch gelesen habe: Ein geheimes Treffen wirkt authentischer, wenn dabei gegessen wird.

15.

Ich erinnere mich noch, dass ich zu diesem Zeitpunkt versuchte, *meine verehrten Kollegen* zu deuten, und stellte keinerlei Übereinstimmung ihrer Reaktion mit meiner fest, mal abgesehen von der Konzentration auf die beiden Flachbildschirme. Ich erinnere mich, wie ich bemerkte, dass mein Kopf der einzige war, der in die falsche Richtung geneigt war, und dass ich mich schnell korrigierte. An Dom erinnere ich mich überhaupt nicht. Ich erinnere mich noch an ein, zwei Bewegungen im Raum, die wie Anzeichen von Unruhe bei einem langweiligen Match wirkten, ein paar schlugen die Beine übereinander, ein paar andere räusperten sich, allen voran die Bonzen aus der obersten Etage, unter anderem Guy Brammel. Und die nachhaltig gekränkte Marion von unserem Bruderdienst: Ich sah, wie sie auf Zehenspitzen aus dem Raum hinausstolzierte, was seltsam anmutete, denn wie macht man auf Zehenspitzen lange Schritte? Doch sie schaffte es trotz langem Rock und alldem, gefolgt von ihren beiden taschentragenden Anwälten in Schwarz. Dann ein kurz aufblitzendes Licht, als die drei Silhouetten durch die Tür huschen, bevor die Wachen den Raum wieder schließen. Und ich erinnere mich noch daran, dass ich schlucken wollte und nicht konnte, und sich mir der Magen hob wie bei einem Tiefschlag, bevor man die Muskeln anspannen kann. Und wie ich mich wahllos selbst mit Fragen löchere, die sich im Nachhinein als Bestandteile jenes Prozesses herausstellten, den jeder professionelle Geheimdienstler durchmacht, wenn er der Tatsache ins Auge sehen muss, dass er die ganze Zeit über von seinem Agenten hintergangen worden ist und daraufhin nach Ausreden sucht und keine findet.

Eine Observation endet nicht, nur weil man selbst abschaltet. Die Show geht weiter. Meine *verehrten Kollegen* machten weiter. Ich machte weiter. Ich schaute mir den Rest des Films in Echtzeit an, live, ohne ein Wort zu sagen oder meinen Kollegen im Publikum auch nur den kleinsten Hinweis zu liefern, der ihre Freude in irgendeiner Weise geschmälert hätte – auch wenn Prue dreißig Stunden später, als ich unter der Dusche stand, eine Bemerkung zu den blutigen Abdrücken machte, die meine bohrenden Fingernägel im linken Handgelenk hinterlassen hatten. Sie weigerte sich, mir die Geschichte mit dem Badmintonunfall abzukaufen, und ging sogar so weit, in einem seltenen Akt der Schuldzuweisung anzudeuten, die Fingernägel seien womöglich nicht meine eigenen gewesen.

Und ich *schaute* nicht einfach nur Ed zu, wie sich der Rest der Show entwickelte. Ich hatte an jeder seiner Bewegungen mit einer Vertrautheit Anteil, die von keinem anderen im Raum geteilt wurde. Ich allein kannte seine Körpersprache, auf dem Badmintonfeld wie am Stammtisch. Ich wusste, wie er von einer inneren Wut verdreht werden konnte, die er abschütteln wollte, wie die Wörter seine Zunge blockierten, wenn er sie alle gleichzeitig loswerden wollte. Vielleicht war das auch der Grund, warum ich ganz sicher wusste, als Percy die Aufnahme von Ed noch mal laufen ließ, dass sein Kopfnicken nicht Valentina galt, sondern TADZIO, als er aus dem Café stolperte.

Erst *nachdem* Ed TADZIO entdeckt hatte, näherte er sich Valentina. Und dank der Tatsache, dass TADZIO zu diesem Zeitpunkt bereits den Abgang machte, habe ich die Möglichkeit zu beweisen, dass ich, wie stets in Krisen, weiterhin begründete operationelle Schlüsse zog. Ed und TADZIO hatten sich zuvor schon mal getroffen. Als er Ed Valentina vorstellte, hatte TADZIO seine Aufgabe erfüllt, deshalb der Abgang, damit Ed und Valentina in Ruhe dort sitzen und sich beiläufig miteinander unterhalten konnten wie zwei Fremde, die zufällig nebeneinandersaßen, an ihrem Tee nippten und Cheddarbaguette respektive Biskuitkuchen aßen. Alles in allem also ein klassisches verdecktes Treffen, perfekt eingefädelt, zu perfekt, wie Arkady sich ausdrücken würde, dazu der exzellente Einsatz einer Jeansjacke.

Mit der Tonspur verhielt es sich nicht anders. Auch hier hatte ich einen Vorsprung gegenüber anderen Anwesenden im Raum. Ed und Valentina reden die ganze Zeit Englisch miteinander. Valentinas Englisch ist gut, aber immer noch nicht frei von dem wohltönenden georgischen Tonfall, der Arkady vor zehn Jahren so betört hat. Da war noch etwas anderes in ihrer Stimme – Timbre, Akzent –, das wie eine lang vergessene Melodie an mir nagte, doch je mehr ich versuchte, es einzuordnen, desto mehr entzog es sich mir.

Und Eds Art zu sprechen? Darin findet sich kein Geheimnis. Es handelt sich um den ungehobelten Tonfall, mit dem er mich schon bei unserer ersten Begegnung angesprochen hat: gequetscht, mürrisch, unaufmerksam und teils einfach grob. Der Klang wird mir bis zum Ende meiner Tage im Ohr bleiben.

GAMMA und Ed beugen sich vor und stecken die Köpfe zusammen. GAMMA ist so professionell, dass ihre Stimme trotz der Mikrofone am Tisch manchmal kaum zu hören ist. Im Gegensatz dazu scheint Ed nicht in der Lage zu sein, seine Stimme unter ein gewisses Lautstärkelevel zu senken.

GAMMA: Fühlen Sie sich wohl, Ed? Ist alles gut verlaufen auf dem Weg hierher?

ED: Mir geht's gut. Abgesehen von einer Möglichkeit, mein blödes Fahrrad anzuketten. Hat ja keinen Sinn, hier in der Gegend ein neues Rad zu fahren. Bevor es angekettet ist, sind doch schon beide Räder abmontiert.

GAMMA: Sie haben niemanden gesehen, den Sie kannten? Niemanden, bei dem Sie Unbehagen empfanden?

ED: Glaub nicht, nein. Hab auch nicht richtig geschaut. Jetzt ist es eh zu spät. Und wie ist es bei Ihnen?

GAMMA: Waren Sie überrascht, als Willi Ihnen auf der Straße zugewunken hat? [Willi ausgesprochen wie Wilhelm] Er sagt, Sie sind fast vom Fahrrad gefallen.

ED: Da hat er verdammt noch mal recht. Steht einfach da auf dem Bürgersteig und fuchtelt mit der Hand. Ich dachte, er wollte sich ein Taxi rufen. Ist mir nie aufgefallen, dass er zu eurem Haufen gehört. Nicht mal, nachdem Maria meinte, ich soll Leine ziehen.

GAMMA: Ich würde sagen, Maria hat unter den Umständen dennoch äußerst diskret gehandelt. Wir haben Grund, ein wenig stolz auf sie zu sein, finden Sie nicht?

ED: Ja, ja, toll. Sehr geschickt, alles in allem. In der einen Minute rührt ihr mich nicht mit der Mistgabel an. In der nächsten quatscht mich Willi auf Deutsch an und sagt, er ist ein Freund von Maria und ihr seid dabei, wir sind wieder auf Kurs und los. Ein bisschen verwirrend, offen gesagt.

GAMMA: Verwirrend vielleicht, aber absolut notwendig. Er musste Ihre Aufmerksamkeit gewinnen. Wenn er auf Englisch gerufen hätte, dann hätten Sie ihn vielleicht für einen Betrunkenen gehalten und wären vorbeigefahren. Aber ich hoffe, Sie sind immer noch bereit, uns behilflich zu sein. Sind Sie das?

ED: Na ja, irgendjemand muss es ja tun, oder? Man kann ja

nicht einfach dasitzen und sagen, irgendwas ist völlig falsch, aber das geht einen nichts an, weil das ein Geheimnis ist, oder? Nicht, wenn man ein halbwegs anständiger Mensch ist, richtig?

GAMMA: Und Sie sind ein *äußerst* anständiger Mensch, Ed. Wir bewundern Ihren Mut, aber auch Ihre Diskretion.

(Lange Pause. GAMMA wartet, dass Ed etwas sagt. Ed lässt sich Zeit.)

ED: Na ja, um ehrlich zu sein, war ich ganz erleichtert, als Maria meinte, ich soll Leine ziehen. Hat mir eine ganz schöne Last abgenommen. Hat aber nicht lange angehalten. Nicht, wenn man weiß, dass man was unternehmen muss, sonst ist man wie die anderen.

GAMMA: (mit heller, frischer Stimme) Ich habe einen Vorschlag, Ed. (schaut in ihr Handy) Einen guten, hoffe ich. Bisher sind wir zwei zufällige Fremde, die bei einer schönen Tasse Tee Höflichkeiten austauschen. In einer Minute werde ich aufstehen und Ihnen einen angenehmen Abend wünschen und mich für unsere kleine Unterhaltung bedanken. Nach zwei Minuten essen Sie bitte Ihr Baguette auf, erheben sich langsam, vergessen Ihre Aktentasche nicht und gehen zu Ihrem Fahrrad. Willi wird zu Ihnen kommen und Sie zu einem angenehmen Ort begleiten, wo wir frei und ungestört sprechen können. Ja? Beunruhigt Sie mein Vorschlag in irgendeiner Weise?

ED: Eigentlich nicht. Solange mit meinem Rad alles in Ordnung ist.

GAMMA: Willi hat es für Sie im Auge behalten. Kein Angriff durch irgendwelche Vandalen. Goodbye, Sir. (Händeschütteln, beinahe typisch Ed) Es ist immer schön, in Ihrem Land mit fremden Leuten zu sprechen. Vor allem, wenn sie so jung und gut aussehend sind wie Sie. Bitte, behalten Sie Platz. Goodbye.

Sie hebt die Hand und geht den Weg entlang zur Straße. Ed macht eine Riesenangelegenheit daraus, zurückzuwinken, beißt von seinem Baguette ab und lässt den Rest liegen. Er trinkt Tee und schaut finster auf seine Armbanduhr. Eine Minute und fünfzig Sekunden lang beobachten wir ihn, wie er mit gesenktem Kopf mit seinem Teebecher herumspielt, wie er es gern mit seinem eiskalten Pint im Athleticus macht. Soweit ich ihn überhaupt kenne, versucht er gerade zu entscheiden, ob er tun soll, was sie vorgeschlagen hat, oder ob er die Sache vergessen und nach Hause verschwinden soll. Nach einer Minute einundfünfzig schnappt er sich seine Aktentasche, steht auf, grübelt, nimmt schließlich sein Tablett und geht damit hinüber zum Mülleimer. Ganz braver Bürger entsorgt er seinen Müll, stellt sein Tablett in den Servierwagen und beschließt, nachdem er das Gesicht noch einmal nachdenklich verzogen hat, Valentina den betonierten Weg entlang zu folgen.

Handlungsort der zweiten Spule, wie ich sie der Einfachheit halber nennen werde, ist Sergejs Souterrainwohnung, doch Sergej spielt darin keine Rolle. Seine Befehle, die er über sein neues, »nicht verunreinigtes« Handy erhalten und heimlich für die Oase und die Zentrale kopiert hat, lauten, er solle den Park noch einmal auf »Anzeichen von feindlicher Überwachung« absuchen und sich dann verdünnisieren. Es ist daher vonseiten des Observationsteams eine durchaus gesicherte Vermutung, dass Sergej aus dem Drehbuch gestrichen worden ist und nicht die Erlaubnis erhält, direkten Kontakt zu Ed zu haben. TADZIO wiederum, der von Ed weiß und umgekehrt, wird für seine einsatztechnischen Bedürfnisse Vorsorge treffen. Doch TADZIO wird ebenso wenig wie Sergej bei dem vertraulichen Gespräch anwesend sein, das zwischen Moskaus hervorragender Abgesandter und meinem montäglichen Badminton- und Gesprächspartner Edward Shannon in Sergejs Souterrainwohnung stattfinden wird.

GAMMA: Also, Ed. Hallo noch mal. Wir sind allein, wir sind in Sicherheit und unter uns, und wir können reden. Als Erstes möchte ich mich in unser aller Namen bei Ihnen bedanken, dass Sie uns in unserer Notlage zur Seite stehen wollen.

ED: Schon in Ordnung. Solange es denn etwas nützt.

GAMMA: Ich habe gewisse obligatorische Fragen an Sie. Wenn ich darf? Haben Sie ähnlich gesinnte Kollegen in Ihrer Abteilung, die Sie unterstützen? Verwandte Seelen, denen wir ebenfalls dankbar sein sollten?

ED: Es gibt nur mich. Und ich rate davon ab, dass wir andere mit hineinziehen. Ist ja nicht so, als hätte ich Komplizen, richtig?

GAMMA: Können wir dann ein wenig mehr über Ihre Vorgehensweise erfahren? Sie haben Maria ja schon vieles erzählt, und das haben wir natürlich alles gut aufgezeichnet. Aber erzählen Sie mir doch etwas mehr über Ihre besondere Arbeit am Kopierer. Sie haben Maria gesagt, dass Sie ihn manchmal allein benutzen.

ED: Na ja, das ist doch der Punkt, verstehen Sie? Wenn das Zeug vertraulich ist, dann kümmere ich mich allein darum. Ich gehe da rein, die normalen Angestellten müssen raus und draußen bleiben. Die haben das Räudebad nicht durchlaufen.

GAMMA: Räudebad?

ED: Die erweiterte Sicherheitsüberprüfung. Es gibt nur eine weitere Angestellte außer mir, die erweitert überprüft ist, also wechseln wir uns ab. Sie und ich. Der Elektronik traut keiner mehr, oder? Nicht bei dem wirklich empfindlichen Zeug. Papier und persönliche Übergabe, ganz wie früher. Und wenn Kopien angefertigt werden müssen, dann geht es zurück an den alten Dampfkopierer.

GAMMA: Dampf?

ED: Altmodisch. Simpel. Das ist ein Witz.

GAMMA: Und als Sie den Dampfkopierer benutzt haben, haben Sie das erste Mal einen Blick auf die Papiere mit dem Titel Jericho geworfen. Richtig?

ED: Mehr als nur einen Blick. Etwa eine Minute lang. Papierstau. Ich stand nur da und hab mir die Unterlagen angeschaut.

GAMMA: Und das war der Augenblick Ihrer Epiphanie, könnte man sagen?

ED: Was?

GAMMA: Der Enthüllung. Der Erleuchtung. Der Augenblick, als Sie beschlossen, den heldenhaften Schritt zu unternehmen und Maria zu kontaktieren.

ED: Na ja, ich wusste ja nicht, dass es sich um *Maria* handelt, oder? Die ist ja zu mir geschickt worden.

GAMMA: Kam der Entschluss, sich an uns zu wenden, spontan, würden Sie sagen, oder nahm der Entschluss in den folgenden Stunden oder Tagen eine immer konkretere Form an?

ED: Ich hab das Zeug gesehen und dachte nur, Himmel, das ist es.

GAMMA: Und der entscheidende Abschnitt, den Sie entdeckt haben, war überschrieben mit *Top Secret Jericho*. Richtig?

ED: Das habe ich ihr schon alles erzählt.

GAMMA: Aber ich bin nicht Maria. Der Abschnitt, den Sie entdeckt haben, hatte keinen Adressaten, sagen Sie.

ED: Wie denn auch? Ich hab ja nur einen Teil aus der Mitte gesehen. Kein Adressat, keine Unterschrift. Nur die Kopfzeile: *Top Secret Jericho* und das Aktenzeichen.

GAMMA: Aber haben Sie Maria nicht gesagt, das Dokument sei an das Finanzministerium adressiert gewesen?

ED: Weil keinen halben Meter entfernt vielleicht ein Schafskopf stand, den ich aus dem Finanzministerium kenne, und darauf wartete, dass ich das Zeug kopiere, schien es ziemlich offensichtlich, dass es auch an diese Leute adressiert war. Wollen Sie mich auf die Probe stellen?

GAMMA: Ich bestätige, dass Sie ein exzellentes Gedächtnis haben, wie schon Maria berichtete, und Ihre Informationen nicht ausschmücken, um größere Wirkung zu erzielen. Und das Aktenzeichen lautete –

ED: KIM Strich Eins.

GAMMA: Und KIM war das Zeichen für welche Einheit?

ED: Gemeinsame Geheimdienstmission, Washington.

GAMMA: Und die Zahl 1?

ED: Der Chef oder die Chefin des britischen Teams. Was glauben Sie denn?

GAMMA: Kennen Sie den Namen dieser Person?

ED: Nein.

GAMMA: Sie sind absolut brillant, Ed. Maria hat nicht übertrieben. Ich danke Ihnen für Ihre Geduld. Wir sind vorsichtige Leute. Sind Sie zufällig der stolze Besitzer eines Smartphones?

ED: Ich habe Maria doch schon die Nummer gegeben.

GAMMA: Geben Sie sie mir zur Sicherheit noch mal.

(Ed leiert müde eine Nummer herunter. GAMMA macht ziemlich viel Gewese darum, sie in ihr Notizbuch zu schreiben.)

GAMMA: Ist es erlaubt, Ihr Smartphone mit an den Arbeitsplatz zu nehmen?

ED: Unter gar keinen Umständen. Das muss ich an der Tür abgeben. Alle metallischen Gegenstände. Schlüssel, Stifte, Kleingeld. Vor ein paar Tagen musste ich sogar die blöden Schuhe ausziehen.

GAMMA: Weil man Sie im Verdacht hatte?

ED: Weil es die Angestelltenwoche war. Die Woche davor waren die Vorgesetzten dran.

GAMMA: Vielleicht können wir Sie mit einem unauffälligen

Gerät versorgen, mit dem man Fotos machen kann, das aber nicht metallisch ist und auch nicht wie ein Smartphone aussieht. Wäre das eine Idee?

ED: Nein.

GAMMA: Nein?

ED: Das ist was für Spione. Da steh ich nicht so drauf. Ich helfe bei der Sache, wenn mir danach ist. Mehr nicht.

GAMMA: Sie haben Maria aber auch andere Eingänge von Ihren Botschaften in Europa gegeben, die nicht mit Codewort geschützt waren.

ED: Na ja, das war doch nur, damit sie wusste, dass ich nicht irgendein Schwindler bin.

GAMMA: Aber dennoch als geheim eingestuft.

ED: Na ja, das musste ja wohl auch sein, oder nicht? Sonst hätte ich ja irgendwer sein können.

GAMMA: Und haben Sie uns heute Material von derselben Sorte mitgebracht? Tragen Sie das in Ihrer abgenutzten Aktentasche herum?

ED: Willi sagte, ich solle mitbringen, was ich kriegen kann, also hab ich das gemacht. (Lange Stille, dann öffnet Ed mit offenkundigem Zögern die Schnallen seiner Aktentasche, zieht einen ganz gewöhnlichen braunen Aktendeckel heraus, schlägt ihn auf dem Schoß auf und reicht ihn GAMMA dann.)

ED: (während GAMMA liest) Wenn es nicht von Nutzen ist, dann lasse ich die Finger davon. Das können Sie denen ruhig sagen.

GAMMA: Höchste Priorität hat für uns alle natürlich das Material mit dem Codewort Jericho. Wegen dem darüber hinausgehenden Material hier muss ich meine Kollegen fragen.

ED: Na, sagen Sie denen nur nicht, woher Sie es haben, das ist alles.

GAMMA: Und Material dieser Stufe – geheim, kein Codewort –, davon können Sie uns ohne große Probleme Kopien beschaffen?

ED: Ja. Na ja. Am besten in der Mittagspause.

(GAMMA zieht ein Handy aus der Tasche und fotografiert zwölf Blätter.)

GAMMA: Hat Willi Ihnen gesagt, wer ich bin?

ED: Er sagte, Sie stünden in der Hackordnung ziemlich weit oben. Ein hohes Tier.

GAMMA: Willi hat recht. Ich bin ein hohes Tier. Für Sie bin ich allerdings Anette, eine dänische Englischlehrerin am Gymnasium, wohnhaft in Kopenhagen. Wir haben uns kennengelernt, als Sie in Tübingen studiert haben. Wir haben beide denselben Sommer-Grundkurs in deutscher Kultur belegt. Ich bin die ältere Frau für Sie, verheiratet, und Sie sind mein heimlicher Liebhaber. Ab und zu komme ich nach England, und hier lieben wir uns. Ich leihe mir diese Wohnung von meinem Journalistenfreund *Markus*. Hören Sie zu?

ED: Na klar. Meine Güte.

GAMMA: Sie brauchen Markus nicht persönlich zu kennen. Er ist hier der Mieter. Das ist alles. Wenn wir uns nicht direkt treffen können, dann ist das hier der Ort, wo Sie Ihre Dokumente oder Briefe an mich abgeben können, wenn Sie mit Ihrem Fahrrad vorbeikommen, und Markus wird als guter Freund dafür sorgen, dass unsere Korrespondenz absolut vertraulich bleibt. So etwas nennen wir eine *Legende*. Sind Sie zufrieden mit dieser Legende oder möchten Sie über eine andere reden?

ED: Hört sich ganz gut an. Ja. Das machen wir so.

GAMMA: Wir möchten Sie entlohnen, Ed. Wir möchten unsere Dankbarkeit zum Ausdruck bringen. Finanziell oder auf sonst eine Weise, die Ihnen zusagt. Vielleicht können wir für Sie in einem anderen Land einen Notgroschen anlegen, und Sie holen ihn sich eines Tages. Gut?

ED: Ist schon in Ordnung, aber danke. Ich werde ganz anständig bezahlt. Außerdem habe ich ein wenig gespart. (peinliches Grinsen) Vorhänge kosten ein Vermögen. Ein neues Bad. Ganz lieb von Ihnen, aber nein, danke. Okay? Das wäre also geklärt. Und fragen Sie nie wieder.

GAMMA: Haben Sie eine nette Partnerin?

ED: Was tut das denn zur Sache?

GAMMA: Teilt sie Ihre Sympathien?

ED: Die meisten. Manchmal.

GAMMA: Weiß sie, dass Sie mit uns in Kontakt stehen?

ED: Ich glaube nicht.

GAMMA: Eventuell könnte sie Ihnen behilflich sein. Als Mittelsperson vielleicht. Was glaubt sie, wo Sie gerade sind?

ED: Auf dem Heimweg, nehme ich an. Sie führt ihr eigenes Leben, genau wie ich.

GAMMA: Hat sie eine Arbeit, die mit Ihrer vergleichbar ist?

ED: Nein. Hat sie nicht. Ganz bestimmt nicht. Würde nicht im Traum daran denken.

GAMMA: Was für eine Arbeit hat sie denn?

ED: Macht es Ihnen etwas aus, was sie betrifft, einfach Ihre Klappe zu halten?

GAMMA: Natürlich nicht. Und Sie haben nicht vielleicht Aufmerksamkeit auf sich gelenkt?

ED: Wie hätte ich das denn machen sollen?

GAMMA: Sie haben Ihrem Arbeitgeber kein Geld gestohlen; Sie haben keine verbotene Affäre wie die unsere? (Wartet darauf, dass bei Ed der Groschen fällt. Schließlich kapiert er den Witz und zwingt sich zu einem steifen Grinsen.) Sie haben sich nicht mit Ihren Vorgesetzten gestritten, Ihre Vorgesetzten halten Sie nicht für umtriebig oder undiszipliniert, Sie sind nicht wegen einer Tat, die Sie begangen oder unterlassen haben, Gegenstand einer internen Ermittlung? Ihrem Arbeitgeber ist nicht bewusst, dass Sie seinen Strategien feindlich gegenüberstehen? Nein? Ja?

(Ed hat sich wieder in sich zurückgezogen. Sein Gesicht ist in einem finsteren Ausdruck erstarrt. Wenn GAMMA ihn besser kennen würde, dann würde sie geduldig warten, bis er wieder auftaucht.)

GAMMA: (scherzhaft) Verbergen Sie etwas Peinliches vor mir? Wir sind tolerant, Ed. Wir verfolgen eine lange humanistische Tradition.

ED: (nach weiterem Nachdenken) Ich bin ganz *normal*, okay? Davon gibt es nicht mehr allzu viele, wenn Sie meine persönliche Meinung hören wollen. Alle anderen sitzen mit dem Stock im Hintern einfach da und warten, dass jemand was tut. Ich tue es. Das ist alles.

Der Keramikhund ist das Signal, erklärt sie ihm – zumindest glaube ich das, denn meine Ohren hören nur noch undeutlich. Ist der Hund im Fenster zu sehen, heißt das Abbrechen, sagt sie ihm. Oder sie sagt, der Hund bedeutet, er könne hereinkommen. Das »No Nukes«-Poster bedeutet, *wir haben eine wichtige Nachricht für Sie*. Vielleicht sagt sie auch, dass es bedeutet, wir haben eine wichtige Nachricht, wenn Sie das nächste Mal vorbeikommen, oder alternativ: Kommen Sie nie wieder hier vorbei. Die solide Spionagepraxis sieht vor, dass der Agent als Erster den Treffpunkt verlässt. Ed und Valentina stehen da und schauen sich an. Ed wirkt verwirrt, hundemüde und niedergeschlagen und sieht so aus wie zu der Zeit, als ich ihn in einem unserer Sieben-Spiele-Matches, bei denen es ums Ganze ging, noch schlagen konnte, bevor wir uns mit unseren Bieren niederließen. Valentina nimmt mit beiden Händen seine Hand, zieht ihn an sich und gibt ihm einen entschlossenen Kuss auf jede Wange, spart sich aber den russischen dritten Kuss. Ed lässt das mürrisch über sich ergehen. Eine Außenkamera fängt ihn ein, als er mit der Aktentasche in der Hand die eiserne Treppe heraufkommt. Eine Luftbildkamera schaut zu, wie er sein Fahrrad aufschließt, die Aktentasche in den vorderen Korb legt und in Richtung Hoxton davonradelt.

Die Doppeltüren zum Einsatzraum öffnen sich. Marion und ihre Taschenträger kehren zurück. Die Türen werden geschlossen, Licht bitte. Hinter den schalldichten Glaswänden seines Adlerhorsts teilt Percy Price seine Truppen auf nicht schwer zu erratende Weise auf: Ein Team bleibt an GAMMA dran, ein weiteres an Ed, um ihn nach Hause zu führen, aber nur aus der Entfernung. Eine weibliche Stimme aus dem Äther teilt uns mit, dass GAMMA »erfolgreich markiert« worden ist, doch womit, können wir nur vermuten. Das Gleiche gilt offenbar für Ed und sein Fahrrad. Percy ist sehr zufrieden.

Die Bildschirme flackern und gehen aus. Kein Lake Windermere im Herbst. Marion steht wie ein Wachposten kerzengerade am Ende des langen Tischs. Sie hat eine Brille auf. Ihre dunkel gekleideten Lanzenträger befinden sich links und rechts von ihr. Sie holt Luft, hebt mit der rechten Hand ein Dokument in die Höhe und liest uns laut und mit bedächtiger Stimme vor.

»Zu unserem Bedauern müssen wir Sie darüber informieren, dass es sich bei dem Mann, der auf den Überwachungsvideos, die Sie gerade gesehen haben, als *Ed* identifiziert wurde, um einen hauptamtlichen Mitarbeiter meines Dienstes handelt. Sein Name lautet Edward Stanley Shannon, und er ist ein ausgebildeter Büroangestellter der Stufe eins mit Sicherheitsfreigabe für die Geheimhaltungsstufe Top Secret und höher. Er hat einen Zweierhochschulabschluss in Informatik. Er ist IT-Spezialist

Stufe eins und bezieht im Augenblick ein Jahresgehalt von 32 000 Pfund, dazu kommen noch Bonuszahlungen für Überstunden, Wochenenden und wegen Fremdsprachenkenntnissen. Er ist Linguist für Deutsch Stufe drei, zuständig für das europäische Element einer streng geheimen zwischendienstlichen Abteilung unter der Schirmherrschaft Whitehalls. Von 2014 bis 2017 diente er in Berlin im Verbindungsbüro seiner Abteilung. Er ist für operationale Pflichten nicht geeignet und war auch nie dafür vorgesehen. Zu seinen gegenwärtigen Aufgaben gehört es, streng vertrauliches Material für unsere europäischen Partner zu säubern oder zu zensieren. Faktisch geht es darum, unter Aufsicht Geheimdienstmaterial herauszufiltern, das exklusiv für die Vereinigten Staaten bestimmt ist. Einiges davon könnte man wohl auch als den europäischen Interessen entgegenstehend verstehen. Wie Shannon schon in den Aufnahmen zutreffend erwähnt, die Sie gerade gesehen haben, ist er einer von zwei Beamten Stufe eins, die mit der Aufgabe betraut sind, Dokumente von außergewöhnlicher Vertraulichkeit zu kopieren. Shannon hat erfolgreich eine umfangreiche Sicherheitsüberprüfung durchlaufen und erhielt erneut erweiterte Befugnisse.«

Ihre Lippen kleben aufeinander fest. Sie löst sie, feuchtet sie unauffällig mit der Zunge an und fährt fort:

»In Berlin hatte Shannon eine Phase, in der er dem Alkohol sehr zusprach und in der die von seiner Seite aus ungewollte Beendigung einer Liebesbeziehung zu einer Deutschen fällt. Er hat eine Therapie gemacht und wurde als psychisch und körperlich vollständig geheilt erklärt. Es gibt keine weiteren Beispiele für Fehlverhalten seinerseits, abweichendes oder verdächtiges Benehmen. Bei der Arbeit gilt er als Einzelgänger. Sein Vorgesetzter bezeichnet ihn als ›freundlos‹. Er ist unverheiratet und als heterosexuell ohne aktuelle Partnerin erfasst. Er hat keine bekannte politische Zugehörigkeit.«

Wieder befeuchtet sie sich die Lippen.

»Eine sofortige Schadensermittlung ist eingeleitet, ebenso wie Recherchen zu Shannons früheren und jetzigen Kontakten. Bis zum Ergebnis sämtlicher Ermittlungen wird Shannon nicht, ich wiederhole, nicht darüber ins Benehmen gesetzt, dass er observiert wird. Angesichts des Hintergrunds und der zu erwartenden Natur des Falls, bin ich befugt zu erklären, dass mein Dienst durchaus gewillt ist, eine gemeinsame Task-Force zu bilden. Danke.«

»Darf ich dazu noch etwas sagen?«

Zu meiner eigenen Überraschung stehe ich, und Dom starrt zu mir herauf, als hätte ich den Verstand verloren. Und ich spreche in einem, wie ich fest glaube, zuversichtlichen und entspannten Ton:

»Ich kenne diesen Mann zufällig persönlich. Ed. Wir spielen fast jeden Montagabend Badminton gegeneinander. In Battersea. In der Nähe meines Wohnorts. In unserem Verein. Dem Athleticus. Und meistens trinken wir nach dem Spiel ein paar Biere. Ich bin natürlich sehr froh, behilflich sein zu können.«

Dann muss ich mich wohl ein wenig zu abrupt hingesetzt und dabei die Orientierung verloren haben, denn das Nächste, woran ich mich erinnere, ist Guy Brammel, der vorschlägt, wir sollten alle mal eine kleine Pause machen.

16.

Ich werde wohl nie erfahren, wie lange man mich in dem kleinen Zimmer warten ließ, aber es muss über eine Stunde gewesen sein, in der ich nichts zu lesen hatte und nur die leere, pastellgelb gestrichene Wand anstarren konnte, da man mir mein Diensthandy abgenommen hatte. Und bis heute kann ich nicht mehr ergründen, ob ich zuvor in dem Einsatzraum gesessen oder gestanden habe oder einfach herumwanderte, als ein Pförtner mich am Arm berührte und sagte: »Wenn Sie freundlicherweise ...«, ohne den Satz zu beenden.

Ich erinnere mich allerdings noch, dass an der Tür ein zweiter Pförtner wartete, und dass die beiden Männer mich zum Fahrstuhl brachten, während wir über die entsetzliche Hitze sprachen, die wir zu ertragen hätten, und ob es von nun an wohl jeden Sommer so sein würde. Und ich weiß noch, dass mir das Wort *freundlos* durch den Kopf spukte wie eine Anschuldigung: nicht, weil ich mir vorwarf, Eds Freund zu sein, sondern weil es den Anschein hatte, als sei ich der einzige Freund, den er hatte, was mir eine noch größere Verantwortung aufbürdete – aber Verantwortung wofür? Und natürlich weiß der eigene Magen bei diesen ungekennzeichneten Fahrstühlen nie, ob man aufwärts oder abwärts fährt, insbesondere dann nicht, wenn der Aufzug auf eigene Faust loszuckelt, wie das meiner tat, nachdem ich aus der Enge des Einsatzraums geführt und in die Freiheit der Gefangenschaft entlassen worden war.

Sagen wir, es dauerte eine Stunde, bis der Pförtner, der während der ganzen Zeit auf der anderen Seite der Glastür gestanden hatte – Andy hieß er, und er stand auf Kricket –, den Kopf hereinsteckte und sagte: »Sie sind dran, Nat«, um mich dann mit derselben Heiterkeit in einen erheblich größeren Raum zu führen, ebenfalls ohne Fenster, noch nicht mal mit falschen, und darin ein Kreis aus netten Polsterstühlen, die sich nicht voneinander unterschieden (denn schließlich sind wir ein Dienst von Gleichen). Er forderte mich auf, mir einen Platz auszusuchen, ganz gleich welchen, *die anderen* würden jeden Augenblick hier sein.

Also suchte ich mir einen Platz aus, setzte mich, umklammerte die Lehnen mit den Händen und fragte mich, wer *die anderen* wohl sein mochten. Ich glaube, ich erinnere mich auch noch irgendwo am Anfang meines begleiteten Wegs aus dem Einsatzraum an eine Gruppe von Granden aus der obersten Etage, die murmelnd in der Ecke standen, und an Dom Trench, der versuchte, wie üblich seine Nase in die Angelegenheit zu stecken, um sich recht deutlich von Guy Brammel stoppen zu lassen: »Nein, Sie nicht, Dom.«

Und tatsächlich war Dom nicht mit von der Partie, als meine *verehrten Kollegen* hereinspazierten, was dazu führte, dass ich erneut kurz über seine Sorge grübelte, dass ich, was den Wagen mit Chauffeur anging, für ihn sprechen sollte. Als Erste betrat Ghita Marsden den Raum, sie lächelte mir freundlich zu und sagte: »Auch hier noch mal hallo, Nat«, was mich wohl beruhigen sollte, aber was meinte sie denn mit *hier noch mal*, so als wären wir Wiedergeborene? Es folgte die düster dreinblickende Marion vom Bruderdienst mit nur einem ihrer Lanzenträger, dem größeren, mürrischeren, der anmerkte, wir seien uns noch nicht begegnet und sein Name sei Anthony, mir seine Hand hinstreckte und die meine fast zerquetschte.

»Ich spiele selbst gern Badminton«, sagte er zu mir, so als würde das alles wieder in Ordnung bringen. Also erwiderte ich: »Schön, Anthony, wo spielen Sie denn?« – doch er schien mich nicht zu hören.

Dann kam Percy Price, eifriger Kirchgänger, das raue Gesicht ganz abweisend. Das erschütterte mich, nicht so sehr die Tatsache, dass Percy mich schnitt, sondern weil er das befristete Kommando über STARDUST seinen zahlreichen Offizieren übergeben haben musste, um bei diesem Treffen dabei zu sein. Direkt hinter Percy folgte Guy Brammel mit einem Pappbecher Tee in der Hand, ähnlich dem auf Eds Tablett im Selbstbedienungscafé, auffallend entspannt und in Begleitung des zwergenhaften Joe Lavender, graue Eminenz der verschwiegenen Abteilung Innere Sicherheit. Joe trug eine Aktenkiste, und ich erinnere mich noch, dass ich ihn, wohl nur zur Kontaktaufnahme, fragte, ob die Pförtner an der Tür auch deren Inhalt kontrolliert hätten, was mir nur einen bösen Blick einbrachte.

Während sie hereinmarschierten, versuchte ich herauszufinden, was alle diese Personen gemeinsam hatten, mal abgesehen von ihren grimmigen Gesichtern, denn solche Gruppen bilden sich nicht aus Zufall. Ed gehört, wie wir inzwischen alle wissen, zu unserem Bruderdienst, was bedeutet, dass er, wenn es zu einer Form von zwischendienstlichem Schlagabtausch kommt, unser Fund und deren Fehler ist, damit müssen sie zurechtkommen. Gehen wir also von jeder Menge zwischendienstlichem Gefeilsche um die Unstimmigkeit aus, wer welches Stück vom Kuchen bekommt. Und wenn dann alles unter Dach und Fach ist, wird in letzter Minute noch eine Riesenhektik rund um die Frage ausbrechen, ob die Audio-Video-Systeme in dem Raum, in dem wir sitzen, auch ja laufen, weil schließlich keiner noch mal so einen verhunzten Mist nötig hat wie beim letzten Mal, wann immer das letzte Mal gewesen ist.

Als es sich schließlich alle bequem gemacht haben, kommen meine zwei Pförtner herein und schleppen den Kaffeespender, die Wasserkaraffen und Sandwiches herbei, in deren Genuss während der Filmvorführung niemand gekommen war, und Andy, der Kricketfreund, zwinkert mir zu. Nachdem sie gegangen sind, tritt die geisterhafte Gestalt von Gloria Foxton ein, *oberste* Seelenklempnerin des Büros; sie sieht aus, als habe man sie aus dem Bett gezerrt, was gut möglich ist; drei Schritte hinter ihr folgt meine Moira aus der Personalabteilung und hat eine dicke grüne Akte bei sich, die wohl meiner Person gewidmet ist, nehme ich an, da Moira sie ganz absichtlich mit der Rückseite nach außen trägt.

»Sie haben nicht zufällig von *Florence* gehört, Nat?«, fragt sie mich in besorgtem Ton und setzt sich neben mich.

»Nichts gehört und nichts gesehen, leider, Moira«, antworte ich rundheraus.

Warum habe ich gelogen? Das weiß ich bis heute nicht. Ich hatte es nicht einstudiert. Ich hatte mir nicht vorgenommen zu lügen. Ich hatte nichts, weswegen ich hätte lügen müssen. Ein zweiter Blick verrät mir, dass sie die Antwort schon kannte, bevor sie die Frage gestellt hat, und nur meine Aufrichtigkeit prüfen wollte, weswegen ich mir erst recht wie ein Dummkopf vorkam.

»*Nat*«, sagt Gloria Foxton voll inständiger psychotherapeutischer Anteilnahme, »wie *geht's* uns denn?«

»Herzlichen Dank der Nachfrage, Gloria. Und *Ihnen*?«, erwidere ich fröhlich, nur um mir ein eisiges Lächeln einzufangen und mich daran zu erinnern, dass Menschen in meiner Lage, worin immer diese bestehen mag, die Seelenklempnerin nicht fragen, wie es ihr geht.

»Und die liebe *Prue?*«, hakt sie extrafreundlich nach.

»Ausgezeichnet. Feuert aus allen Rohren. Hat die große Pharmaindustrie im Visier.«

Dabei überkommt mich eigentlich in diesem Moment eine Welle ungerechtfertigter Wut aufgrund gewisser schmerzhafter Weisheiten, die Gloria vor fünf Jahren mir gegenüber geäußert hat, als ich unklugerweise ihren Rat in Sachen Steff eingeholt hatte, im Stil von: »Könnte es eventuell *möglich* sein, Nat, dass Stephanie, wenn sie sich jedem Jungen in ihrer Klasse an den Hals wirft, eigentlich eine Aussage über ihren abwesenden Vater trifft?« – wobei ihre größte Beleidigung darin besteht, dass sie vielleicht recht hatte.

Endlich sind alle an ihrem Platz, und es wird auch höchste Zeit. Inzwischen haben sich zwei Nachwuchs-Seelenklempner zu Gloria gesellt, Leo und Franzeska, die beide aussehen wie Sechzehnjährige. Alles in allem sitzt also ein gutes Dutzend meiner *verehrten Kollegen* im Halbkreis um mich herum, allesamt mit freiem Blick auf mich, denn irgendwie hat sich die Stuhlreihe umformiert, und ich hocke allein da wie der Junge auf dem Gemälde, der gefragt wird, wann er seinen Vater das letzte Mal gesehen hat, nur dass es bei dieser Befragung hier nicht um meinen armen Vater geht, sondern um Ed.

Guy Brammel hat entschieden, das Spiel zu eröffnen, wie er wohl sagen würde, was in gewisser Hinsicht Sinn ergibt, denn erstens ist er gelernter Anwalt und zweitens leitet er auf seinem imposanten Anwesen in St Albans sein eigenes Kricketteam. Im Laufe der Jahre hat er mich so manches Mal dafür eingespannt.

»Also, Nat«, setzt er in seiner fröhlichen Landadel-Manier an, »Sie wollen uns erklären, das Ganze sei nur verfluchtes Pech, nehme ich an. Sie genehmigen sich ein ehrliches Spielchen Badminton mit einem Kerl, und der entpuppt sich als Angehöriger unseres Bruderdienstes und als vermaledeiter russischer Spion. Warum fangen wir nicht ganz vorne an und arbeiten uns von dort aus weiter? Wie haben Sie beide sich kennengelernt, was haben Sie wann gemacht, und lassen Sie keine noch so winzige Kleinigkeit aus.«

Wir fangen hinten an. Ich zumindest. Samstagabend im Athleticus. Ich genieße nach dem Spiel ein Bier mit meinem indischen Gegner von der anderen Seite des Flusses aus Chelsea. Auftritt Alice mit Ed. Ed fordert mich zu einem Match heraus. Unsere erste Verabredung. Seine unfreundlichen Bemerkungen über seinen Arbeitgeber, die von Marion und ihrem Taschenträger genau registriert werden. Unser erstes Bier am Stammtisch nach dem Match. Ed überschüttet Brexit und Donald Trump als das personifizierte Böse mit Hohn und Spott.

»Und Sie haben mit eingestimmt, Nat?«, fragt Brammel höflich.

»In Maßen, ja. Er war gegen den Brexit. Ich war es ebenfalls. Bin ich noch immer. Wie die meisten in diesem Raum, nehme ich an«, antworte ich, erhalte aber nicht das aufmunternde Lächeln, das ich erwartet habe.

»Und Trump?«, fragt Brammel. »Bei Trump pflichteten Sie ihm ebenfalls bei?«

»Also, um Himmels willen, Guy. Trump ist doch in diesem Haus nicht gerade der Hit des Monats, oder? Der Mann ist eine verfluchte Abrissbirne.«

Ich schaue mich nach Unterstützung für meinen kleinen Ausbruch um, auch diesmal nichts. Doch ich weigere mich, mich davon auf die Palme bringen zu lassen. Vergessen Sie meinen Fehltritt bei Moira von vorhin. Ich bin ein alter Hase. Man hat mir dieses Zeug beigebracht. Und ich habe es meinen Agenten beigebracht.

»Wenn Trump und Putin sich zusammentun, dann ist das ein Teufelspakt, was Shannon betrifft«, fahre ich mutig fort. »Alle verbünden sich gegen Europa, und das gefällt ihm nicht. Er hat da so deutsche Flausen im Kopf.«

»Er fordert Sie also zu einem Spiel heraus«, sagt Guy Brammel und wischt meine Bemerkung beiseite. »Vor aller Augen. Er hat sich große Mühe gemacht, Sie aufzuspüren, und nun ist er da.«

»Ich bin zufällig der Vereinsmeister in Süd-London. Er hatte von mir gehört und wollte es mal probieren«, antworte ich, um meine Ehre zu verteidigen.

»Er hat Sie aufgespürt, ist auf seinem Drahtesel durch ganz London gefahren, hat Ihre Spielweise studiert?«

»Gut möglich.«

»Und er hat Sie herausgefordert. Niemanden sonst. Nicht Ihren Gegner aus Chelsea, gegen den Sie gerade gespielt hatten. Nur Sie.«

»Wenn der Gegner aus Chelsea, wie Sie ihn nennen, mich geschlagen hätte, dann hätte Shannon stattdessen ihn herausgefordert, nehme ich an«, erwidere ich nicht ganz ehrlich, aber da war etwas in Guys Stimme, das mir missfiel.

Marion reicht ihm einen Zettel. Guy setzt seine Lesebrille auf und begutachtet den Zettel ausgiebig.

»Ihrer Vereinssekretärin im Athleticus zufolge war Shannon seit dem Abend, als er Sie herausforderte, der Einzige, gegen den Sie von da ab gespielt haben. Sie wurden ein Paar. Passt diese Beschreibung?«

»Ed war mein *Spielpartner*, wenn es Ihnen nichts ausmacht.«

»Also gut. Ihr Partner.«

»Wir passten gut zusammen. Wir haben fair gespielt und mit Anstand gewonnen oder verloren. Anständige Spieler mit ordentlichen Manieren findet man nicht allzu oft.«

»Kann ich mir denken. Sie haben sich mit dem Burschen angefreundet. Sie waren Saufkumpane.«

»Das wäre doch stark übertrieben, Guy. Wir haben ein Match ausgetragen und danach ein Bier getrunken.«

»Jede Woche, manchmal sogar zweimal die Woche, was ziemlich übertrieben ist, selbst für einen Sportnarr wie Sie. Und Sie haben sich *unterhalten*, sagen Sie.«

»Richtig.«

»Und wie lange haben Sie sich so *unterhalten*? Beim Bier?«

»Eine halbe Stunde, Stunde vielleicht. Kam darauf an, wie unsere Laune war.«

»Sechzehn, achtzehn Stunden, alles in allem? Zwanzig? Oder sind zwanzig zu viel?«

»Zwanzig vielleicht. Was macht das für einen Unterschied?«

»Autodidakt?«

»Keineswegs. Gymnasium.«

»Haben Sie ihm gesagt, womit Sie Ihr Geld verdienen?«

»Reden Sie doch keinen Unsinn.«

»Und was *haben* Sie ihm gesagt?«

»Ich habe ihm die Story aufgetischt, dass ich ein Geschäftsmann sei, aus dem Ausland zurückgekommen und auf der Suche nach einer Geschäftsidee.«

»Und das hat er Ihnen abgekauft, glauben Sie?«

»Er war nicht sonderlich neugierig und blieb auch bei seinem eigenen Job ziemlich vage. Irgendwas mit Medien, hat sich aber nicht weiter darüber ausgelassen. Keiner von uns beiden.«

»Bringen Sie normalerweise zwanzig Stunden damit zu, sich mit Badmintonpartnern, die halb so alt sind wie Sie, über Politik zu unterhalten?«

»Wenn sie gut Badminton spielen und etwas zu sagen haben, warum nicht?«

»Ich habe gefragt, ob Sie das tun, nicht warum. Ich versuche herauszufinden – ganz einfache Frage –, ob Sie sich in der Vergangenheit auch schon mit anderen jungen Männern aus ähnlichen Schichten zusammengetan haben, die gut Badminton spielen.«

»Ich habe gegen sie gespielt. Und ich habe nach dem Spiel einen mit ihnen getrunken.«

»Aber nicht mit der Regelmäßigkeit, mit der Sie gegen Edward Shannon gespielt, mit ihm getrunken und sich unterhalten haben?«

»Wahrscheinlich nicht.«

»Und selber haben Sie keinen Sohn. Zumindest nicht, soweit wir wissen, angesichts Ihrer langen Auslandsaufenthalte.«

»Nein.«

»Auch keinen, der sich nicht in den Unterlagen findet?«

»Nein.«

»Joe«, sagt Brammel und wendet sich an Joe Lavender, Star der Internen Sicherheit, »Sie haben auch ein paar Fragen an Nat, nehme ich an.«

Doch Joe Lavender muss sich noch gedulden. Ein Bote wie aus einem Stück von Shakespeare taucht in Gestalt des zweiten Lanzenträgers von Marion auf. Mit Guys Erlaubnis würde er mir gern eine Frage stellen, die gerade vom Untersuchungsteam des Dienstes eingegangen ist. Der Text steht auf einem dünnen Streifen Papier, den er zwischen den Fingerspitzen seiner Pranken hält.

»Nat. War Ihnen während Ihrer vielen Gespräche mit Edward Stanley Shannon *persönlich* oder zu irgendeinem Zeitpunkt *bewusst*«, fragt er mit aggressiver Deutlichkeit, »dass seine Mutter Eliza in den Akten geführt wird als notorische *Demonstrantin*, *Protestlerin* und *Aktivistin* in Zusammenhang mit einer ganzen Bandbreite an *Friedensfragen* und ähnlichen *Belangen*?«

»Nein, das war es mir nicht«, entgegne ich und spüre, wie mir trotz all meiner guten Absichten die Galle hochkommt.

»Und Ihre *Gattin*, wie wir erfahren haben, ist ebenfalls eine tatkräftige Verteidigerin unserer grundlegenden *Menschenrechte*, und das meine ich nicht despektierlich. Ist das korrekt?«

»Ja. Sehr tatkräftig.«

»Was sehr lobenswert ist, dieser Meinung sind wir sicher alle. Darf ich also fragen, hat es nach Ihrem besten Wissen irgendeine Form der *Zusammenarbeit* oder Kommunikation zwischen Eliza Mary Shannon und Ihrer Gattin gegeben?«

»Nach meinem besten Wissen hat es eine solche Zusammenarbeit oder Kommunikation nicht gegeben.«

»Danke.«

»Gern geschehen.«

Abgang Bote rechts.

Dann folgt ein Abschnitt mit lauter wahllosen Fragen und Antworten, eine Art Gerangel, das mir nur undeutlich im Gedächtnis geblieben ist, während meine *verehrten Kollegen* sich abwechseln, um den »Kleinkram« meiner Geschichte durchzuhecheln, wie Brammel es freundlicherweise ausdrückt. Stille senkt sich, dann übernimmt schließlich Joe Lavender die Gesprächsführung. Seine Stimme hinterlässt keine besonderen Spuren. Sie verrät nichts über seine soziale oder regionale Herkunft. Heimatlos, klagend, nasal und lang gezogen.

»Ich möchte noch mal zu dem ersten Augenblick zurückkommen, als Shannon Sie im Athleticus aufgegabelt hat«, sagt er.

»Können wir *herausgefordert* sagen, wenn es Ihnen nichts ausmacht?«

»Und Sie haben, damit er sein Gesicht wahren konnte, die Herausforderung angenommen. Sind Ihnen, als einem versiertem Mitarbeiter dieses Dienstes, damals irgendwelche Fremde an der Bar aufgefallen oder erinnern Sie sich jetzt an welche – neue Mitglieder, männlich oder weiblich, Gäste von Vereinsmitgliedern –, die ein über das Übliche hinausgehendes Interesse an der Situation gezeigt haben?«

»Nein.«

»Wie ich erfahren habe, ist der Verein für die Öffentlichkeit zugänglich. Mitglieder können jemanden mitbringen. Gäste können sich in Begleitung eines Mitglieds an der Bar Getränke bestellen. Können Sie mir versichern, dass Shannons Kontaktaufnahme zu Ihnen –«

»Herausforderung.«

»– dass seine *Herausforderung* nicht in irgendeiner Weise von interessierten Dritten erfasst oder sonst wie beobachtet worden ist? Natürlich werden wir uns unter einem Vorwand in den Verein begeben und alle Videoaufzeichnungen ausbuddeln, die wir kriegen können.«

»Mir ist zum damaligen Zeitpunkt nichts Derartiges aufgefallen, ich erinnere mich auch jetzt nicht an irgendjemanden, der ein über das Übliche hinausgehendes Interesse gezeigt hätte.«

»Das würde solchen Leuten ja auch nicht passieren, oder, wenn es sich um Profis handeln würde, wären Sie Ihnen ja nicht aufgefallen?«

»An der Bar gab es eine Gruppe, die sich ihren Spaß aus der Begegnung gemacht hat, doch handelte es sich dabei um vertraute Gesichter. Und Sie brauchen sich nicht um Videoaufnahmen zu bemühen. Wir haben keine Kameras installiert.«

Joe reißt die Augen theatralisch weit auf.

»Was? Keine Videos? Ach herrje. Das ist schon recht merkwürdig heutzutage, finden Sie nicht? So ein großer Laden, Leute kommen und gehen, Geld wechselt den Besitzer, aber keine Kameras.«

»Das war eine Entscheidung des Komitees.«

»In dem Sie selbst Mitglied sind, wie man uns sagte. Haben Sie die Entscheidung, keine Kameras zu installieren, mitgetragen?«

»Ja, das habe ich.«

»Hat das vielleicht etwas damit zu tun, dass Sie, ebenso wie Ihre Frau, den Überwachungsstaat ablehnen?«

»Macht es Ihnen etwas aus, meine Frau aus der Sache herauszuhalten?«

Hat er mich gehört? Offenbar nicht. Er ist beschäftigt.

»Und warum haben Sie ihn nicht gemeldet?«, will er wissen, ohne sich die Mühe zu machen, den Kopf aus der offenen Aktenkiste zu heben, die auf seinem Schoß steht.

»Wen gemeldet?«

»Edward Shannon, wen, glauben Sie, denn sonst? Ihre wöchentliche, manchmal zweimal wöchentliche Verabredung zum Badminton. Die Dienstvorschriften besagen, dass Sie die Personalabteilung über alle regelmäßigen Kontakte beiderlei Geschlechts informieren müssen, unabhängig von der Art des Umgangs. Die Unterlagen des Athleticus verraten uns, dass Sie sich bis heute direkt aufeinanderfolgend vierzehn Mal mit Shannon getroffen haben. Ich frage mich, warum Sie ihn dann so gar nicht gemeldet haben.«

Ich schaffe es gerade so, ein leichtes Lächeln aufzusetzen. »Nun, Joe, ich schätze, ich bin im Laufe der Jahre gegen ein paar Hundert Spieler angetreten. Gegen einige davon – na – zwanzig, dreißig Mal? Ich kann mir nicht vorstellen, dass Sie die alle in meiner Personalakte aufgelistet sehen wollen.«

»Haben Sie die *Entscheidung* getroffen, Shannon nicht zu melden?«

»Das war keine willentliche Entscheidung. Ich bin einfach nicht auf den Gedanken gekommen.«

»Lassen Sie es mich ein wenig umformulieren. Vielleicht erhalte ich dann von Ihnen eine vernünftige Antwort. War es Ihre bewusste Entscheidung, Edward Shannon *nicht* als regelmäßigen Umgang und Spielpartner zu melden, ja oder nein?«

»Gegner. Nein, das war keine bewusste Entscheidung.«

»Nun, wie sich herausstellt, haben Sie über mehrere Monate hinweg mit einem enttarnten russischen Spion verkehrt, den Sie nicht gemeldet haben. ›Ich bin gar nicht auf den Gedanken gekommen‹ wird der Situation nicht gerecht.«

»Ich *wusste* nicht, dass er ein verfluchter russischer Spion ist, Joe. Okay? Und Sie vermutlich auch nicht. Ebenso wenig wie sein Arbeitgeber. Oder täusche ich mich da, Marion? Vielleicht wusste Ihr Dienst ja die ganze Zeit, dass er ein russischer Spion ist, und hat uns nichts davon gesagt«, deute ich an.

Mein kleiner Konter verklingt ungehört. *Meine verehrten Kollegen*, im Halbkreis um mich herum sitzend, schauen in ihre Laptops oder in die Luft.

»Haben Sie Shannon jemals zu sich nach Hause eingeladen, Nat?«, fragt Joe beiläufig.

»Nein. Warum sollte ich?«

»Warum denn nicht? Sie wollten ihn Ihrer Frau nicht vorstellen? Bei so einer netten radikalen Dame, würde ich denken, dass er ihr gut gefallen hätte.«

»Meine Frau ist eine viel beschäftigte Anwältin von einigem Ruf und hat weder Zeit noch Interesse, Bekanntschaft mit allen zu machen, mit denen ich Badminton spiele«, entgegne ich hitzig. »Sie ist auch nach Ihrer Definition nicht radikal, sie hat keinerlei Anteil an dieser Geschichte, also noch mal: Lassen Sie sie freundlicherweise aus der Sache heraus.«

»Hat Shannon Sie jemals mit *zu sich* nach Hause genommen?«

Ich hatte genug.

»Unter uns gesagt, Joe, haben wir uns damit zufriedengegeben, einander im Park einen zu blasen. Ist es das, was Sie hören wollen?« Ich wende mich an Brammel. »Guy, um Himmels willen.«

»Ja, alter Knabe?«

»Wenn Shannon ein russischer Spion ist – und danach sieht es ja wohl aus –, dann verraten Sie mir mal, warum wir alle hier in diesem Zimmer auf unserem Hintern herumsitzen und über *mich* reden? Nehmen wir mal an, er hat mich hereingelegt. Das hat er, richtig? Nach Strich und Faden. Ebenso wie seinen Dienst und alle anderen. Warum stellen wir uns dann nicht Fragen wie die, wer ihn entdeckt hat, wer ihn angeworben hat, hier oder in Deutschland oder wo auch immer. Und wer ist diese *Maria*, die andauernd auftaucht? Maria, die nur so getan hat, als würde sie ihn vor die Tür setzen?«

Mit kaum mehr als einem flüchtigen Nicken setzt Guy Brammel seine Befragung fort.

»Ein mürrischer Kerl, nicht wahr, Ihr Bursche?«, merkt er an.

»Mein Bursche?«

»Shannon.«

»Er kann ab und zu ganz schön mürrisch sein, so wie die meisten von uns. Aber das ändert sich schnell.«

»Aber warum gibt er sich ausgerechnet bei dieser Gamma so mürrisch?«, beschwert er sich. »Er lässt nichts ungenutzt, um in Kontakt mit den Russen zu kommen. Moskaus erster Gedanke – so meine Vermutung – war, dass er nur ein Köder ist, was ihnen ja niemand verübeln kann. Dann haben sie noch mal darüber nachgedacht und entschieden, dass er eine Goldgrube sein muss. TADZIO hält ihn auf der Straße an, überbringt die frohe Botschaft, und hast du nicht gesehen, taucht Gamma auf, entschuldigt sich für Marias Benehmen und will unbedingt mit ihm ins Geschäft kommen. Warum zieht er dann so ein langes Gesicht? Er sollte sich doch freuen wie verrückt. Tut so, als wüsste er nicht, was *Epiphanie* heißt. Was soll das denn? Heutzutage hat doch jeder seine Offenbarung. Man kann ja noch nicht mal über die blöde Straße gehen, ohne dass einem irgendjemand seine Offenbarung unter die Nase reibt.«

»Vielleicht gefällt ihm nicht, was er da tut«, schlage ich vor. »Nach allem, was er mir erzählt hat, hat er immer noch moralische Ansprüche an den Westen.«

»Und was, zum Henker, hat das mit alldem zu tun?«

»Ist mir nur gerade so eingefallen, dass die puritanische Seite in ihm möglicherweise glaubt, der Westen gehöre bestraft. Das ist alles.«

»Also, noch mal ganz langsam. Wollen Sie sagen, dass der Westen ihm auf den Senkel geht, weil er Shannons moralischen Ansprüchen nicht genügt?«

»Ich sagte, ›womöglich‹.«

»Also hüpft er rüber zu Putin, der Moral nicht erkennen würde, wenn sie ihm in den Hintern beißt. Hab ich das richtig verstanden? Eine komische Auslegung von Puritanismus, wenn Sie mich fragen. Nicht dass ich mich da auskennen würde.«

»Das war nur so ein Gedanke. Ich glaube nicht, dass es so ist.«

»Und was, zum Henker, glauben Sie *dann*?«

»Ich kann Ihnen nur sagen, dass das nicht der Mann ist, den ich kenne. Kannte.«

»Das ist er doch *nie*, um Himmels willen!«, platzt Brammel wütend heraus. »Wenn uns ein Verräter nicht bis zum Abwinken überrascht, dann macht er seinen Job einfach nicht richtig. Und, macht er das? Wenn das jemand weiß, dann Sie. Sie selbst haben im Laufe der Zeit ja so manchen Verräter geführt. Die rennen doch nicht herum und gehen mit ihren subversiven Ansichten hausieren. Sonst würden sie sich ja nicht lange halten, verflucht. Oder?«

An dieser Stelle – aus Enttäuschung, Verwirrung oder einem

unwillkürlich erwachten Beschützerinstinkt – fühlte ich mich bemüßigt, für Ed zu sprechen, womit ich wohl länger gezögert hätte, wenn ich gelassener gewesen wäre.

Ich wähle Marion.

»Ich frage mich, Marion«, sage ich und nehme dabei den spekulativen Ton eines von Prues akademischeren Anwaltskollegen an, »ob Shannon in irgendeinem *rechtlichen* Sinne überhaupt ein Verbrechen begangen hat. All dieses Gerede von höchst vertraulichem, codewortgeschützten Material, von dem er behauptet, einen *Blick darauf geworfen* zu haben. Spricht da die Realität aus ihm, oder seine eigene Fantasie? Das andere Zeug, das er anbietet, scheint nur dazu da zu sein, seine Glaubwürdigkeit zu sichern. Es mag noch nicht mal als geheim eingestuft sein, oder nicht in dem Sinne, dass es relevant wäre. Wäre es also nicht vielleicht besser für Sie, wenn Sie ihn einkassieren, ihm die Leviten lesen, den Psychiatern überlassen und sich viel Ärger ersparen?«

Marion wendet sich an den Lanzenträger, der mir die Hand geschüttelt und fast gebrochen hat. Er sieht mich staunend an.

»Meinen Sie das wirklich ernst?«, fragt er.

Ich antworte mit fester Stimme, dass ich es in meinem ganzen Leben noch nie so ernst gemeint hätte.

»Dann erlauben Sie mir, *wenn ich darf*, Ihnen Paragraf 3 des Official Secrets Act von 1989 zu zitieren, der lautet wie folgt: Eine Person, die Dienerin der Krone oder Auftragnehmerin der Regierung ist, macht sich einer Straftat schuldig, wenn sie *ohne gesetzliche Erlaubnis* beliebige *Informationen*, Dokumente *oder* andere Gegenstände mit *Bezug auf internationale Beziehungen zum Schaden des Landes verbreitet*. Wir haben zudem Shannons *schriftlichen Eid*, dass er keine Staatsgeheimnisse verraten wird, und dass ihm bewusst ist, was geschehen wird, wenn er dagegen verstößt. Alles zusammengenommen würde ich sagen, haben wir einen sehr kurzen Prozess vor einem Geheimgericht vor uns, der mit einer Gefängnisstrafe von zehn bis zwölf Jahren enden wird, von denen sechs bei Geständnis und guter Führung erlassen werden könnten, dazu kostenlose psychiatrische Betreuung, falls er dies benötigt.«

Wie ich da über eine Stunde lang in dem leeren Wartezimmer saß, hatte ich mir geschworen, dass ich mich beherrschen und nicht ins Getümmel stürzen würde. Akzeptiere die Situation, sagte ich mir immer wieder. Damit musst du leben. Wenn du aufwachst, ist es nicht verschwunden. Ed Shannon, neues Mitglied im Athleticus, der schnell rot anläuft, der so schüchtern ist, dass er Alice vorschicken muss, um sich vorzustellen, ist Angehöriger des Bruderdienstes und Gelegenheitsspion der Russen. Irgendwann hat er dich, aus noch unerklärlichen Gründen, aufgegabelt. Na toll. Ein Klassiker. Alle Achtung. Wirklich saubere Arbeit. Er hat dich bearbeitet, beschmust, an der Nase herumgeführt. Und offenbar *wusste er Bescheid*. Er wusste, dass ich ein erfahrener Geheimdienstler bin und potenziell gewisse Komplexe hatte, also gerade richtig, um bearbeitet zu werden.

Dann texte mich doch zu, um Himmels willen! Bau mich zu einer Quelle auf! Und wenn es so weit ist, dann solltest du den Schritt wagen und mich ansprechen, oder mich deinen russischen Kontrolleuren zur weiteren Bearbeitung übergeben! Und warum hast du das nicht getan? *Was ist mit den grundlegenden Paarungssignalen der Agentenanwerbung?* Hat es solche jemals gegeben? Was macht deine schwierige Ehe, Nat? So was hast du mich nie gefragt. Hast du Schulden, Nat? Fühlst du dich nicht ausreichend gewürdigt, Nat? Bist du bei der Beförderung übergangen worden? Hat man dich um deine Abfindung, deine Pension gebracht? Du weißt ja, was die Ausbilder predigen. *Jeder hat da irgendetwas. Der Job des Anwerbers besteht darin, es zu fin-*

den! Aber du hast noch nicht mal danach gesucht! Nie gebohrt, dich nie auch nur bis an den Rand vorgewagt. Bist nie ein Risiko eingegangen.

Aber wie *hättest* du auch, wo du doch von dem Augenblick an, als wir uns zusammen hinsetzten, deine politischen Nörgeleien vom Stapel gelassen hast und ich kaum zu Wort gekommen bin, selbst wenn ich gewollt hätte?

Mein Versuch, bei Ed auf Strafmilderung zu plädieren, ist bei meinen *verehrten Kollegen* nicht gut angekommen. Macht nichts. Ich habe mich gefangen. Ich bin gefasst. Guy Brammel nickt Marion zu, die bedeutet hat, sie habe Fragen an den Angeklagten.

»Nat.«

»Marion.«

»Sie sagen, dass weder Shannon noch Sie die geringste Vorstellung davon hatten, was der jeweils andere arbeitete. Liege ich da richtig?«

»Leider nein, Marion, tut mir leid«, antworte ich munter. »Wir hatten da sehr klare Vorstellungen. Ed arbeitete für irgendein Medienimperium, das er furchtbar fand, und ich suchte nach Geschäftsmöglichkeiten, während ich einem alten Freund aushalf.«

»Hat Shannon Ihnen *gesagt*, für welches Medienimperium genau er arbeitete?«

»Rundheraus gesagt, nein. Er *deutete* mir gegenüber *an*, er würde Nachrichtenmeldungen bearbeiten und an Kunden weitergeben. Und sein Arbeitgeber sei – nun –, er sei recht stumpf gegenüber seinen Bedürfnissen«, füge ich lächelnd an, in voller Kenntnis der Wichtigkeit reibungsloser Beziehungen zwischen unseren beiden Diensten.

»Wenn ich Ihre Geschichte also so stehenlasse, wie Sie sie erzählen, kann man festhalten, dass die Verbindung zwischen Ihnen beiden auf den gegenseitigen falschen Vermutungen basierte, die Sie über die Identität des jeweils anderen anstellten?«, setzt sie kraftvoll nach.

»Wenn Sie es so formulieren möchten, Marion. Eigentlich war das überhaupt kein Thema.«

»Weil Sie beide der Legende des anderen blind vertrauten, meinen Sie?«

»Blind wäre zu viel gesagt. Wir beide hatten gute Gründe dafür, nicht allzu neugierig zu sein.«

»Wie wir von unseren internen Ermittlern erfahren haben, haben Edward Shannon und Sie getrennte Spinde im Umkleideraum der Männer im Athleticus angemietet. Ist das korrekt?«, will sie wissen, ohne eine Pause zu machen oder sich zu entschuldigen.

»Nun, Sie erwarten doch wohl nicht, dass wir uns einen *teilen*, oder?« – keine Antwort, und erst recht nicht das Gelächter, das ich mir erhofft habe. »Ed hat einen Spind, ich habe einen Spind. Korrekt«, fahre ich fort und muss daran denken, wie die arme Alice zu dieser unchristlichen Zeit aus dem Bett geholt wird, um ihre Bücher aufzuschlagen.

»Mit Schlüsseln?«, will Marion wissen. »Ich habe Sie gefragt, ob die Spinde *Schlüssel* oder Zahlenkombinationen haben.«

»Schlüssel, Marion. Alles Schlüssel«, antworte ich, nachdem ich mich von einem kurzen Aussetzer der Konzentration erholt habe. »Klein, flach – etwa so groß wie eine Briefmarke.«

»Schlüssel, die Sie beim Badminton in der Tasche haben?«

»Sie hängen an Bändern. Entweder macht man das Band ab und steckt sich den Schlüssel in die Hosentasche, oder man lässt das Band dran und trägt ihn um den Hals. Reine Modefrage. Ed und ich haben die Bänder immer abgemacht.«

»Und die Schlüssel in den Hosentaschen aufbewahrt?«

»In meinem Fall in der *Seitentasche*. Die Gesäßtasche war für die Kreditkarte reserviert, die wir für die Bar brauchten, und für einen Zwanziger, falls mir nach Barzahlung war und ich Münzen für die Parkgebühr brauchte. Beantwortet das Ihre Frage?«

»Natürlich nicht. Ihren Unterlagen zufolge haben Sie in der Vergangenheit Ihre Fähigkeiten im Badminton dazu benutzt, mindestens einen russischen Agenten anzuheuern und durch den Tausch von identischen Schlägern heimlich miteinander zu kommunizieren. Und Sie haben Lob dafür kassiert. Habe ich recht?«

»Sie haben ja so recht, Marion.«

»Es wäre also keine *an den Haaren herbeigezogene Hypothese*«, fährt sie fort, »dass Sie, falls Sie die Absicht dazu gehabt hätten, ideale Bedingungen hatten, auf dieselbe Art und Weise Shannon mit Geheiminformationen aus Ihrem Geheimdienst zu versorgen.«

Ich schaue mich langsam im Halbkreis um. Percy Price' üblicherweise freundlicher Gesichtsausdruck wirkt noch immer abweisend. Ebenso bei Brammel, Lavender und Marions zwei Lanzenträgern. Gloria hält den Kopf ein wenig schräg, so als höre sie gar nicht mehr zu. Ihre beiden Nachwuchs-Seelenklempner halten sich angespannt vorgebeugt und haben die Hände in einer Art biologischem Wechselspiel im Schoß gefaltet. Ghita sitzt reglos da wie das brave kleine Mädchen am Esstisch. Moira schaut zum Fenster hinaus, obwohl es gar kein Fenster gibt.

»Noch jemand, der Marions These unterstützt?«, frage ich, während mir der Wutschweiß die Rippen hinunterläuft. »Marion zufolge bin ich also Eds Unteragent. Ich schiebe ihm Geheimnisse zu, zur weiteren Übermittlung nach Moskau. Haben jetzt alle komplett den Verstand verloren, oder bin ich da der Einzige?«

Niemand geht darauf ein. Damit habe ich auch nicht gerechnet. Wir werden dafür bezahlt, außerhalb der üblichen Schablonen zu denken, also tun wir das auch. Vielleicht ist Marions Theorie ja gar nicht so weit hergeholt. Der Dienst hat im Laufe der Zeit schon einen gehörigen Anteil an schwarzen Schafen angesammelt, weiß Gott. Vielleicht ist Nat ja eines davon.

Aber Nat ist keins davon. Und das muss Nat ihnen in aller Deutlichkeit verklickern.

»Also gut, alle Mann. Beantworten Sie mir doch mal eine Frage, wenn Sie können. *Warum* bietet ein in der Wolle gefärbter, proeuropäischer Beamter britische Geheimnisse ausgerechnet den Russen an, einem Land, das seiner Meinung nach von einem voll ausgeprägten antieuropäischen Despoten namens Wladimir Putin beherrscht wird? Und solange Sie *diese* Frage nicht für sich selbst beantworten können, warum, zum Henker, nutzen Sie *mich* als Ihren Punchingball? Nur weil Shannon und ich zusammen Badminton spielen und bei ein, zwei Bieren gerne mal politischen Blödsinn quatschen?«

Und dann, als – wenn auch fehlgeleiteten – Nebengedanken: »Ach, und übrigens: Kann mir mal jemand hier sagen, worum es bei Jericho geht? Ich weiß, es ist codewortgeschützt, es darf nicht darüber gesprochen werden, und ich habe dafür keine Freigabe. Aber Maria auch nicht, Gamma nicht und das Moskauer Hauptquartier ja wohl auch nicht. Vielleicht können wir in diesem Fall mal eine Ausnahme machen, denn nach allem, was wir gehört haben, ist Jericho genau das, was Ed zu seinem Wandel veranlasst hat, was ihn in Marias und dann in Gammas Arme getrieben hat. Und dennoch sitzen wir jetzt *immer noch* hier und tun so, als habe niemand dieses verdammte Wort ausgesprochen!«

Ich denke, sie wissen Bescheid. Alle im Raum sind in Jericho eingeweiht, außer mir. Vergiss es. Die sind alle so unwissend wie ich, und sie stehen unter Schock, weil ich das Unaussprechliche ausgesprochen habe.

Brammel ist der Erste, der wieder fähig ist, etwas zu sagen.

»Wir müssen das noch einmal von Ihnen hören, Nat«, sagt er.

»*Was* hören?«, will ich wissen.

»Shannons Ansichten. Eine Zusammenfassung seiner Motivation. All den Quatsch, den er Ihnen über Trump, Europa und das Universum erzählt hat und das Sie pauschal geschluckt haben.«

Ich höre mich selbst wie aus großer Entfernung, aber so scheine ich alles wahrzunehmen. Ich achte darauf, *Shannon* zu sagen, nicht *Ed*, auch wenn mir das ab und zu herausrutscht. Ich gebe Eds Rede zum Brexit wieder. Ich gebe Eds Rede zu Trump wieder, und ich weiß nicht genau, wie ich von dem einen Thema zum anderen gekommen bin. Ich bin so besonnen, alles Ed zuzuschieben. Sie wollen schließlich seine Sicht der Welt wissen, nicht meine.

»Was Shannon angeht, ist Trump des Teufels Advokat für jeden kleinen Demagogen und Kleptokraten auf der Welt«, erkläre ich mit meiner lässigsten Stimme. »Nach Shannons Ansicht ist der Typ Trump ein absolutes Nichts. Ein Mafiaredner. Doch als Symptom für das, was sich da draußen im Unterholz der Welt verbirgt und nur darauf wartet, aufgescheucht zu werden, ist Trump der Teufel persönlich. Etwas zu sehr verallgemeinert, könnte man sagen. Nicht jedermanns Ansicht, absolut nicht. Dennoch tief empfunden. Vor allem, wenn man ein geradezu besessener Proeuropäer ist. Und das ist *Shannon*«, füge ich mit fester Stimme hinzu, für den Fall, dass ich den Unterschied zwischen uns beiden noch nicht deutlich genug gemacht habe.

Bei dieser Erinnerung lache ich kurz auf, was sich in der Stille des Raums sonderbar anhört. Ich wende mich an Ghita. Das dürfte der sicherste Weg sein.

»Sie werden es mir nicht glauben, Ghita, aber Shannon hat tatsächlich eines Abends zu mir *gesagt*, dass es eine Schande wäre, dass alle amerikanischen Attentäter Rechtsextreme seien. Höchste Zeit, dass die Linke sich mal einen Schützen anschafft!«

Kann Stille noch tiefer werden? Diese schon.

»Und Sie haben dem zugestimmt?«, fragt Ghita im Namen aller im Raum.

»Scherzhaft, beiläufig, beim Bier, aber nur in dem Sinne, dass ich ihm nicht widersprochen und gemeint habe, ich würde ihm recht geben, dass es der Welt erheblich besser gehen würde, wenn Trump nicht wäre. Ich bin mir nicht mal sicher, dass er von einem *Attentat* geredet hat. Vielleicht ging es um *abservieren* oder *ausschalten*.«

Mir war die Wasserflasche neben mir bisher nicht aufgefallen. Jetzt schon. Aus Prinzip gibt es in der Behörde nur Leitungswasser. Das in Flaschen abgefüllte Wasser muss aus der obersten Etage stammen. Ich gieße mir ein Glas ein, trinke einen ordentlichen Schluck und wende mich an Guy Brammel als den letzten noch anwesenden vernünftigen Menschen.

»Guy, um Himmels willen.«

Er hört mich nicht. Er ist tief in sein iPad versunken. Schließlich hebt er den Kopf:

»Also gut, alle Mann. Befehl von ganz oben. Nat, Sie gehen *jetzt* nach Hause und bleiben dort. Rechnen Sie heute um 18 Uhr mit einem Anruf. Bis dahin stehen Sie unter Hausarrest. Ghita, Sie übernehmen mit sofortiger Wirkung die Oase: Agenten, Operationen, Team, alles. Die Oase ist ab sofort nicht mehr unter den Fittichen von Großraum London, sondern wird vorläufig in die Russlandabteilung integriert. Gezeichnet Bryn Jordan, vergraben in Washington, der arme Kerl. Hat sonst noch jemand etwas auf dem Herzen – niemand? Dann machen wir uns wieder an die Arbeit.«

Sie stapfen hinaus. Als Letzter geht Percy Price, der seit vier Stunden kein Wort von sich gegeben hat.

»Komische Freunde haben Sie da«, sagt er, ohne mich eines Blickes zu würdigen.

In der Nähe unseres Hauses gibt es einen Imbiss, Frühstück ab 5 Uhr früh. Ich kann Ihnen heute nicht mehr sagen (hätte es Ihnen aber auch damals nicht sagen können), was mir durch den Kopf ging, während ich dasaß, einen Kaffee nach dem anderen trank und blind dem Geschwätz der Handwerker zuhörte, das, da es auf Ungarisch stattfand, für mich ebenso unverständlich war wie meine eigenen Gefühle. Es war 6 Uhr früh vorbei, als ich meine Rechnung bezahlte, mich durch die Hintertür ins Haus, dann die Treppe hinaufschlich und mich neben die schlafende Prue ins Bett legte.

17.

Immer wieder frage ich mich, wie der Samstag wohl verlaufen wäre, hätten Prue und ich nicht ein schon lange geplantes Mittagessen mit Larry und Amy in Great Missenden vorgehabt. Prue und Amy waren zusammen zur Schule gegangen und seither Freundinnen geblieben. Larry war ein biederer Familienrechtsanwalt, ein wenig älter als ich, der Golf und seinen Hund liebte. Zu seinem Bedauern hatte das Paar keine Kinder, die beiden wollten ihre Silberhochzeit feiern. Beim Essen sollten wir nur zu viert sein, gefolgt von einem Spaziergang in den Chiltern Hills. Prue hatte als Geschenk einen viktorianischen Bettüberwurf besorgt, der schon fertig eingepackt bereitlag, und irgendeinen ulkigen Kauknochen für ihren Hund, einen Boxer. Angesichts der scheinbar endlosen Hitzewelle und des Samstagsverkehrs schätzten wir die Fahrtzeit auf zwei Stunden, also wollten wir spätestens um 11 Uhr aufbrechen.

Um zehn lag ich noch immer schlafend im Bett, also war Prue so lieb, mir eine Tasse Tee zu bringen. Ich hatte keine Ahnung, wie lange sie schon auf den Beinen war, sie hatte sich in der Zwischenzeit angezogen, ohne mich zu wecken. So wie ich sie kannte, hatte sie bereits ein paar Stunden an ihrem Schreibtisch verbracht und sich mit der Pharmaindustrie angelegt. Umso dankbarer war ich, dass sie ihre Arbeit unterbrochen hatte. Es gibt einen Grund, warum ich mich so schwülstig ausdrücke. Die folgende Unterhaltung zwischen uns beginnt mit einem erwarteten »Wann bist du denn gestern Nacht nach Hause gekommen, Nat?«, worauf ich erwidere, Keine Ahnung, Prue, es war nur ungeheuer spät, oder was auch immer. Irgendetwas in meiner Stimme oder auf meinem Gesicht berührt sie. Wie ich nun weiß, hatte außerdem das Auseinanderklaffen unserer angeblich parallel geführten Leben seit meiner Rückkehr Spuren bei ihr hinterlassen. Sie ist in Sorge (wie sie mir erst später gestand), dass ihr Krieg gegen die Pharmaindustrie und mein Kampf gegen das Zielobjekt, das mir die Behörde in ihrer Weisheit zugewiesen hat, sich nicht nur gegenseitig ausschließen, sondern uns zu gegnerischen Parteien gemacht haben. Diese Befürchtung, gepaart mit meiner äußeren Erscheinung, führt wohl zu unserer scheinbar einfachen, aber doch bedeutsamen Unterhaltung.

»Aber wir *gehen doch hin*, oder nicht, Nat?«, fragt sie mich mit etwas in der Stimme, das ich als nervenzermürbende Eingebung deute.

»Wohin?«, entgegne ich ausweichend, obwohl ich es doch genau weiß.

»Zu Amys und Larrys Silberhochzeit. Was glaubst du denn?«

»Na ja, nicht wirklich wir *beide*, Prue, tut mir leid. Ich kann nicht. Du musst allein hingehen. Ach, warum fragst du nicht Phoebe? Die begleitet dich bestimmt gerne.«

Phoebe, unsere Nachbarin, ist vielleicht nicht die hellste Begleiterin, aber womöglich besser als niemand an Prues Seite.

»Nat, bist du krank?«, fragt Prue.

»Nicht dass ich wüsste. Ich habe Bereitschaft«, antworte ich so resolut, wie ich nur kann.

»Für wen?«

»Für die Behörde.«

»Kannst du denn nicht Bereitschaft haben und trotzdem mitkommen?«

»Nein. Ich muss hier anwesend sein. Physisch. Im Haus.«

»Warum? Was passiert denn im Haus?«

»Nichts.«

»Du kannst doch nicht auf *nichts* warten. Bist du in Gefahr?«

»Darum geht es nicht. Larry und Amy wissen, dass ich Spion bin. Hör mal, ich rufe ihn an«, schlage ich tapfer vor. »*Larry* wird keine Fragen stellen« – unterschwellig: *anders als du*.

»Und was ist mit dem Theater heute Abend? Wir haben zwei Karten für Simon Russell Beale, wenn du dich erinnerst. Parkettplätze.«

»Das geht leider auch nicht.«

»Weil du Bereitschaft hast.«

»Ich werde um 18 Uhr angerufen. Niemand weiß, was danach passiert.«

»Wir warten also den ganzen Tag darauf, dass es 18 Uhr wird.«

»So sieht es aus. Ich zumindest«, sage ich.

»Und davor?«

»Ich darf das Haus nicht verlassen. Befehl von Bryn. Hausarrest.«

»Bryn?«

»Höchstpersönlich. Direkt aus Washington.«

»Dann ist es wohl besser, ich rufe Amy an«, sagt sie nach kurzem Nachdenken. »Vielleicht möchten sie ja die Karten haben. Ich rufe sie von der Küche aus an.«

An diesem Punkt tut Prue das, was Prue immer tut, wenn ich schon befürchte, dass ihr endgültig die Geduld mit mir ausgeht: Sie macht einen Schritt zurück, betrachtet die Situation noch einmal neu und fängt dann an, sie zu klären. Als sie zurückkommt, trägt sie eine alte Jeans und diese alberne Trachtenjacke, die wir im Skiurlaub gekauft haben, sie lächelt.

»Hast du geschlafen?«, fragt sie und lässt mich ein Stück rutschen, bevor sie sich aufs Bett setzt.

»Nicht viel.«

Sie fühlt mir die Stirn, ob ich Fieber habe.

»Ich *bin nicht* krank, Prue«, wiederhole ich.

»Nein. Aber *ich* frage mich, ob der Dienst dich womöglich rausgeschmissen hat«, sagt sie und schafft es, dass die Frage eher nach dem Eingeständnis ihrer eigenen Befürchtungen klingt als nach meinen.

»Na ja, eigentlich schon, ja. Ich glaube, so ist es«, gebe ich zu.

»Ungerechterweise?«

»Nein. Eigentlich nicht, nein.«

»Hast *du* Mist gebaut oder die?«

»Sowohl als auch, ehrlich gesagt. Ich habe mich mit den falschen Leuten eingelassen.«

»Jemandem, den wir kennen?«

»Nein.«

»Die kriegen dich doch nicht irgendwie dran?«

»Nein. Darum geht es nicht«, versichere ich ihr, wobei mir in dem Augenblick, als ich das sage, klar wird, dass ich keineswegs mehr so gut die Kontrolle über mich habe, wie ich dachte.

»Was ist denn mit deinem Diensthandy passiert? Das hast du doch immer neben dem Bett liegen.«

»Das steckt wohl noch in meinem Anzug«, antworte ich und ergehe mich weiter in Selbsttäuschung.

»Tut es nicht. Ich habe nachgeschaut. Hat die Behörde es einkassiert?«

»Ja.«

»Wann?«

»Letzte Nacht. Heute früh. Die Sitzung ging die ganze Nacht lang.«

»Bist du sauer auf die?«

»Ich weiß nicht. Das versuche ich gerade herauszufinden.«

»Dann bleibe im Bett und finde es heraus. Der Anruf, den du um 18 Uhr erwartest, wird doch sicher über das Festnetz kommen.«

»Das muss er wohl, ja.«

»Ich schreibe Steff eine E-Mail, damit sie nicht versucht, mit uns zu skypen.« Prue geht zur Tür, überlegt es sich anders, macht kehrt und setzt sich wieder aufs Bett. »Darf ich mal was sagen, Nat? Ohne dich angreifen zu wollen? Nur rein grundsätzlich?«

»Natürlich darfst du das.«

Sie hat meine Hand genommen, aber diesmal nicht, um mir den Puls zu fühlen.

»*Wenn* die Behörde dich ankotzt«, erklärt sie mit fester Stimme, »und du *trotzdem* entschlossen bist, dort die Stellung zu halten, dann hast du meine uneingeschränkte Unterstützung, bis dass der Tod uns scheidet, und scheiß auf deinen Altherrenverein. Habe ich mich deutlich ausgedrückt?«

»Hast du. Danke.«

»Und wenn die Behörde dich annervt und du spontan beschließt, denen zu sagen, sie können sich das alles sonst wohinstecken und du scheißt auf deine Pension, dann denk dran, wir haben genug Geld, um über die Runden zu kommen.«

»Ich werde daran denken.«

»Und das kannst du auch genauso gut zu Bryn sagen, wenn es hilft«, fügt sie ebenso fest hinzu. »Sonst tu *ich* das.«

»Lieber nicht«, sage ich – gefolgt von ungezwungenem Lachen und Erleichterung auf beiden Seiten.

Gegenseitige Liebesbekundungen haben auf jemanden, der nicht ihr Empfänger ist, in den seltensten Fällen eine direkte Wirkung, doch in meiner Erinnerung klingen die Worte, die wir an diesem Tag austauschten – vor allem, was von Prue kam –, in meinen Ohren wie ein Weckruf. Es war, als habe sie mit einem Hieb eine unsichtbare Tür zwischen uns aufgestoßen. Und irgendwie gefällt mir der Gedanke, dass ich durch dieselbe Tür zum ersten Mal an den Punkt kam, langsam einen Sinn in all den wirren Theorien und Fetzen unausgegorener Eingebungen zu erkennen, die Eds rätselhaftes Benehmen bei mir geweckt hatte. Wie Feuerwerkskörper hatten sie mich damals angefallen, um dann folgenlos zu erlöschen.

»Meine deutsche Seele«, meinte Ed immer mit einem entschuldigenden Grinsen zu mir, wenn er für seinen eigenen Geschmack mal wieder zu ernst oder zu belehrend geklungen hatte.

Immer seine *deutsche Seele*.

Um Ed auf seinem Fahrrad anzuhalten, hatte TADZIO *Deutsch* mit ihm gesprochen.

Warum? Hätte Ed ihn tatsächlich sonst für einen Betrunkenen halten können?

Und warum denke ich *deutsch, deutsch, deutsch*, wo ich doch die ganze Zeit *russisch, russisch, russisch* denken sollte?

Und verrate mir mal jemand, bitte, warum ich die ganze Zeit den Eindruck habe, die falsche Musik zu hören, wenn ich mir den Dialog zwischen Ed und GAMMA zurück ins Gedächtnis rufe, wo ich doch völlig unmusikalisch bin?

Zwar habe ich noch keine klare Antwort auf diese Ansätze von Fragen, und eigentlich verstärkt sich dadurch nur das Ausmaß meiner Verwirrung, doch bleibt die Tatsache, dass ich mich – was Prues Verdienst war – gegen 18 Uhr an jenem Abend kampfeslustiger und fähiger fühlte, als ich es um 5 Uhr früh gewesen war. Erheblich bereiter, mich dem zu stellen, was mir die Leute von der Behörde noch an den Kopf werfen würden.

18 Uhr nach der Kirchenuhr, 18 Uhr auf meiner Armbanduhr, 18 Uhr nach Prues Familienstanduhr im Hausflur. Ein weiterer sonnendurchglühter Abend in der großen Londoner Dürre. Ich sitze in Shorts und Sandalen in meinem Arbeitszimmer im oberen Stock. Prue ist im Garten und wässert ihre armen, vor Durst schmachtenden Rosen. Es klingelt, aber nicht das Telefon. Es ist an der Haustür.

Ich springe auf, doch Prue kommt mir zuvor. Wir treffen uns auf halber Höhe der Treppe.

»Ich glaube, du solltest dir lieber etwas Anständiges anziehen«, sagt sie. »Draußen steht ein großer Mann mit einem Wagen, der sagt, er soll dich abholen.«

Ich trete ans Fenster am Treppenabsatz und schaue hinunter. Ein schwarzer Ford Mondeo, zwei Antennen. Und Arthur, langjähriger Fahrer von Bryn Jordan, der am Wagen lehnt und sich in aller Ruhe eine Zigarette gönnt.

Die Kirche steht auf der Anhöhe des Hampstead Hills; dort setzt mich Arthur ab. Bryn hatte es noch nie so mit irgendwelcher Betriebsamkeit außerhalb seines Hauses.

»Sie kennen den Weg«, sagt Arthur, eine Feststellung, keine Frage. Das ist das erste Mal, dass er etwas gesagt hat seit: »Hallo, Nat«. Ja, Arthur, den kenne ich gut, danke.

Schon damals, als ich der Neue in der Moskauer Außenstelle war und Prue meine Agentengattin, lebten Bryn, seine wunderschöne chinesische Frau Ah Chan, ihre drei musikalischen Töchter und ihr missratener Sohn in der kolossalen Villa aus dem 18. Jahrhundert mit Blick über Hampstead Heath. Wenn wir zu irgendwelchen Brainstormings aus Moskau zurückgerufen wurden oder auf Heimaturlaub waren, hatten wir uns alle in dieser angenehmen Festung aus Ziegeln hinter hohen Mauern und mit dem einen Klingelknopf zu fröhlichen Familiendinners versammelt. Die Töchter spielten Schubert-Lieder und die Mutigsten von uns sangen mit; in der Weihnachtszeit führten sie Madrigale auf, denn die Bryns, wie wir sie nannten, waren erzkatholisch, und im Schatten des Hausflurs hing ein Christus am Kreuz, um das zu verdeutlichen. Wie ausgerechnet ein Waliser erzkatholisch werden kann, entzieht sich meinem Verständnis, doch lag es durchaus in der Natur dieses Mannes, unerklärlich zu sein.

Bryn und Ah Chan waren zehn Jahre älter als wir. Ihre begabten Töchter hatten ihre herausragenden Karrieren schon lange begonnen. Ah Chan, so erklärte mir Bryn, als er mich mit seiner üblichen Warmherzigkeit an der Tür empfing, war gerade zu Besuch bei ihrer alten Mutter in San Francisco:

»Die alte Dame ist letzte Woche hundert geworden, aber sie wartet noch immer auf das blöde Telegramm der Queen«, beklagt er sich laut und marschiert einen Flur entlang, der so lang ist wie ein Eisenbahnwaggon. »Wir haben unser Ansuchen eingereicht wie jeder gute Bürger, aber Ihre Majestät ist nicht sicher, ob sich die alte Dame für ein Telegramm qualifiziert, wo sie doch in China geboren ist und in San Francisco lebt. Außerdem hat das hochverehrte Innenministerium ihre Akte verloren. Und das ist nur die Spitze des Eisbergs, wenn du mich fragst. Das ganze Land liegt in den letzten Zuckungen. Ist doch das Erste, was einem auffällt, wann immer man nach Hause kommt: Nichts funktioniert, alles ist nur ein Provisorium. Denselben Eindruck hatten wir schon damals in Moskau, wenn du dich erinnerst.«

Schon damals soll heißen, im Kalten Krieg, von dem Bryns Kritiker sagen, dass er ihn noch immer führen würde. Wir nähern uns dem großen Wohnzimmer.

»Und falls es dir noch nicht aufgefallen sein sollte, sind wir die Zielscheibe des Gespötts unserer geliebten Alliierten und

Nachbarn«, fährt er fröhlich fort. »Ein Haufen postimperialer Nostalgiker, die nicht mal einen Obststand betreiben könnten. Ist das auch dein Eindruck?«

So ungefähr, antworte ich.

»Und dein Kumpel Shannon scheint das offenbar auch so zu empfinden. Vielleicht liegt darin sein Motiv: *Schande*. Daran schon mal gedacht? *Die nationale Demütigung*, die nach unten durchtröpfelt, persönlich genommen. Das würde ich ihm glatt abkaufen.«

Das könnte eine Theorie sein, sage ich, auch wenn ich Ed nie wirklich für einen Nationalisten gehalten habe.

Eine hohe Balkendecke, rissige Ledersessel, dunkle Ikonen, naive Kunst aus den alten Tagen des Chinahandels, wilde Stapel alter Bücher mit Lesezeichen aus Papier darin, ein kaputter Holzski über dem Kamin, und ein riesiges Silbertablett mit Whisky, Soda und Cashewnüssen.

»Und der blöde Eisspender spinnt ebenfalls«, versichert mir Bryn stolz. »Wie auch sonst. Wohin du in Amerika auch kommst, bieten die Leute dir Eiswürfel an. Und wir Briten kriegen das Zeug noch nicht mal hergestellt. Aber das ist ja auch nicht anders zu erwarten. Du nimmst immer noch ohne Eis, richtig?«

Er hat es sich gemerkt. Das kann er. Er gießt zwei dreifache Scotch ein, ohne mich zu bitten, Stopp zu sagen, drückt mir ein Glas in die Hand, lächelt mir zwinkernd zu und bedeutet mir, mich zu setzen. Er nimmt selbst Platz und strahlt mich mit verschmitztem Wohlwollen an. In Moskau war er seinem Alter voraus gewesen. Nun hat ihn die Jugend wieder voll eingeholt. Die wasserblauen Augen leuchten in ihrem halbgöttlichen Glanz, doch diesmal ist das Strahlen heller und direkter. In Moskau hatte er seine Tarnung als Kulturattaché mit solcher Verve ausgelebt und sein verwirrtes russisches Publikum zu derart gebildeten Themen belehrt, dass es schon fast glauben mochte, es könnte sich bei ihm um einen echten Diplomaten handeln. *Tarnung, mein lieber Junge. Kommt gleich nach Gottesfurcht.* Bryn hält Predigten, wie andere Leute plaudern.

Ich erkundige mich nach der Familie. Die Mädchen schlagen sich hervorragend, bestätigt er, Annie am Courtauld Institute of Art, Eliza beim London Philharmonic Orchestra – ja, Cello, wie aufmerksam von dir, das zu behalten –, Scharen von Enkeln, die schon geboren wurden oder noch erwartet werden. Alle entzückende Wonneproppen.

»Und Toby?«, frage ich vorsichtig.

»Ach, eine *völlige* Niete«, antwortet er mit jener abschätzigen Begeisterung, mit der er alle schlechten Nachrichten abtut. »Vollkommen hoffnungslos. Wir haben ihm ein zwanzig Fuß langes Boot mit allen Schikanen gekauft und eine Krabbenfanglizenz von Falmouth aus besorgt, doch das Letzte, was wir von ihm gehört haben, war, dass er in Neuseeland in alle möglichen *Schwierigkeiten* geschlittert ist.«

Kurzes mitfühlendes Schweigen.

»Und Washington?«, frage ich.

»Ach du meine Güte, *einfach entsetzlich*, Nat« – mit noch breiterem Grinsen –, »überall in dem Laden brechen Bürgerkriege aus wie die Masern, und man kann nie wissen, wer für wie lange in welche Richtung tendiert und wer morgen geköpft wird. Und kein Thomas Wolsey, der vermittelt. Vor ein paar Jahren waren wir noch Amerikas Mann in Europa. Na ja, unregelmäßig und nicht immer einfach. Aber wir gehörten *dazu*, waren dabei, Gott sei Dank außerhalb des Euros, und ohne feuchte Träume von vereinter Außenpolitik, Verteidigungspolitik und was nicht noch alles« – er kichert und kneift die Augen zusammen. »Das war unsere *Special Relationship* mit den Vereinigten Staaten. Wir haben friedlich an der hinteren Zitze der amerikanischen Macht genuckelt. Hatten unseren Spaß. Und heute? Stehen wir in der Schlange hinter den Krauts und den Froschfressern. Und haben so viel weniger zu bieten. Eine einzige Katastrophe.«

Freundliches Kichern und kaum eine Unterbrechung, bevor er sich dem nächsten amüsanten Thema zuwendet:

»Ach übrigens, ich war eigentlich ganz angetan von dem, was dein Freund Shannon über Donald Trump zu sagen hatte: die Vorstellung, dass er alle demokratischen Chancen gehabt und sie allesamt vergeigt hat. Bin mir nicht ganz sicher, ob das alles so stimmt. Der Punkt ist, Trump ist ein Gangsterboss, durch und durch. Ist dazu erzogen worden, auf die bürgerliche Gesellschaft *zu scheißen*, nicht Teil von ihr zu sein. Das hat dein Bursche Shannon falsch verstanden. Oder ist das ungerecht?«

Ungerecht gegenüber Trump oder gegenüber Ed?

»Und der arme kleine Wladi Putin ist in Sachen Demokratie nie die Windeln losgeworden«, fährt Bryn nachsichtig fort. »Da muss ich Shannon recht geben. Als Spion geboren, immer noch ein Spion, und das ergänzt um Stalins Verfolgungswahn. Wacht jeden Morgen auf und wundert sich, dass der Westen ihn nicht mit einem Präventivschlag in die Luft gejagt hat.« Er kaut ein paar Cashews und spült sie gedankenverloren mit einem Schluck Scotch hinunter. »Er ist ein Träumer, nicht wahr?«

»Wer?«

»Shannon. Wer denn sonst?«

»Ich schätze schon.«

»Was für eine Sorte?«

»Keine Ahnung.«

»Wirklich nicht?«

»Wirklich nicht.«

»Guy Brammel hat da so eine *Grollficktheorie*«, spricht er weiter und erfreut sich an dem Ausdruck wie ein verzogener Bengel. »Schon mal davon gehört? *Grollfick?*«

»Ich fürchte nicht. Rudelbums erst kürzlich, aber Grollfick noch nie. Ich war wohl zu lange im Ausland.«

»Ich auch nicht. Dachte, ich hätte schon alles gehört. Aber Guy hat sich fest darin verbissen. Ein Mann auf *Grollfickmission* sagt zu der Person, mit der er ins Bett gehopst ist – in diesem Falle also Mütterchen Russland –, der einzige Grund, warum ich mit dir schlafe, ist, weil ich meine Frau noch mehr hasse als dich. Grollfick also. Könnte das auf deinen Burschen zutreffen? Was ist deine persönliche Ansicht dazu?«

»Bryn, meine persönliche Ansicht ist: Ich habe gestern Nacht eine ordentliche Tracht Prügel eingesteckt, erst von Shannon, dann von meinen verehrten Freunden und Kollegen, also frage ich mich gerade, warum ich hier bin.«

»Na ja, sie haben es ein wenig übertrieben, das stimmt wohl«, gibt er zu, wie immer offen für alle Ansichten. »Andererseits weiß im Augenblick sowieso niemand, wer was ist, oder? Das ganze verfluchte Land ist in Auflösung begriffen. Vielleicht ist das der Clou bei Shannon. Großbritannien liegt in Scherben, der geheimnisvolle Mönch sucht nach der absoluten Wahrheit, selbst wenn es dabei um absoluten Betrug geht. Doch statt zu versuchen, Westminster in die Luft zu jagen, schleicht er sich zu den Russen. Möglich?«

Alles ist möglich, entgegne ich. Ein langes Zusammenkneifen der Augen und ein täuschendes Lächeln warnen mich, dass er im Begriff ist, sich auf gefährlicheres Terrain zu begeben.

»Also, sag doch mal, Nat. Ganz unter uns. Wie hast du persönlich als Shannons Mentor, Beichtvater, Ziehpapa, nenn es, wie du willst, reagiert, als du deinen jungen Schützling dabei beobachtet hast, wie er ohne jede Vorwarnung mit der überheblichen Gamma auf Tuchfühlung geht?« – und gießt mir Scotch nach. »Was ist dir durch deinen privaten und was durch deinen professionellen Kopf gegangen, als du ganz allein dort sitzen und einfach nur überrascht zuschauen und zuhören musstest? *Denk* nicht so lange nach. *Spuck's aus.*«

Unter anderen Umständen hätte ich Bryn wohl tatsächlich meine innersten Gefühle offenbart, wie ich so unfreiwillig und allein mit ihm zusammensaß. Vielleicht hätte ich ihm sogar erzählt, dass ich mir, während ich im Einsatzraum saß und wie gebannt Valentinas Stimme gelauscht hatte, eingebildet hätte, einen Eindringling inmitten ihrer georgischen und russischen Töne zu vernehmen, der keins von beiden war: eine Kopie ja, aber nicht das Original. Und dass mir irgendwann im Laufe eines Tages voller Warterei eine Art Antwort in den Kopf gekommen wäre. Nicht im Sinne einer grellen Erleuchtung, sondern wie auf Zehenspitzen, wie jemand, der zu spät ins Theater kommt und im Halbdunkel durch die Reihe schleicht. Irgendwo in den hintersten Stübchen meiner Erinnerung hörte ich meine Mutter, wie sie mich laut und zornig für irgendein vermeintliches Versäumnis in einer Sprache maßregelte, die ihr aktueller Liebhaber nicht verstand, bevor sie umgehend wieder die Sprache wechselte, als hätte es die andere nicht gegeben. Doch Valentina-Gamma hatte das Deutsch in ihrer Sprache nicht *leugnen* wollen. Nicht für meine Ohren. Sie *nutzte es bewusst*. Sie fügte deutsche Laute in ihr gesprochenes Englisch ein, um den russisch-georgischen Makel zu *bereinigen*.

Doch während diese wilden Gedanken mich überfallen, gibt mir eine innere Stimme ein, dass ich sie unter gar keinen Umständen mit Bryn teilen sollte. Ist dies also der Ansatz eines Plans, der sich in meinem Kopf manifestiert, für den ich aber noch nicht bereit bin? Das habe ich später öfter gedacht.

»Ich *glaube*, ich habe gedacht«, erwidere ich und greife seine Frage nach meinen zwei Köpfen auf, »Shannon muss eine Art psychischen Zusammenbruch erlitten haben. Schizophrenie, schwere Bipolarität, was immer die Seelenklempner so auf Lager haben. In einem solchen Fall vergeuden wir Amateure nur unsere Zeit, wenn wir versuchen wollten, ihm rationale Motive zuzuschreiben. Und dann gab es da noch einen *Trigger*, natürlich, der letzte Tropfen«, warum muss ich so übertreiben?, »seine *Epiphanie*, um Himmels willen. Von der er behauptet, sie nie gehabt zu haben. Was ihn zum Ticken bringt, wie wir zu sagen pflegen.«

Bryn lächelt noch immer, doch sein Lächeln ist eingefroren und fordert mich zu mehr Risikobereitschaft auf.

»Kommen wir zum eigentlichen Punkt«, ersucht er mich höflich, so als hätte ich kein Wort gesagt. »Heute früh hat das Moskauer Hauptquartier um ein *zweites* Treffen mit Shannon in einer Woche gebeten, und Shannon hat zugesagt. Die Eile seitens des Hauptquartiers mag unschicklich wirken, doch meiner Meinung nach verbirgt sich dahinter eine professionelle Beurteilung der Lage. Sie fürchten auf lange Sicht um ihre Quelle – wer würde das nicht? –, was natürlich bedeutet, dass wir ebenfalls schnell auf den Beinen sein müssen.«

Eine Woge spontaner Verbitterung kommt mir zu Hilfe.

»Du sagst *wir*, als sei das alles schon geklärt, Bryn«, beklage ich mich mit der uns üblichen entschlossenen Heiterkeit. »Ich finde es nur recht schwer zu schlucken, dass all dies über meinen Kopf hinweg geschieht. Ich bin Verantwortlicher in Sachen STARDUST, falls du das vergessen haben solltest, warum also werde ich nicht auf dem Laufenden gehalten, was den Fortschritt meiner eigenen Operation angeht?«

»Aber du wirst doch auf dem Laufenden gehalten, alter Knabe. Von mir. Für den Rest des Hauses bist du Geschichte, und zwar ganz zu Recht. Wenn es nach mir gegangen wäre, dann hättest du die Oase niemals bekommen. Die Zeiten ändern sich. Du bist in einem gefährlichen Alter. Das warst du eigentlich immer, doch jetzt macht es sich bemerkbar. Geht es Prue gut?«

Sie lässt Grüße ausrichten, danke, Bryn.

»Weiß sie Bescheid? Über diese Angelegenheit mit Shannon?«

Nein, Bryn.

»Das soll auch so bleiben.«

Ja, Bryn.

Das soll auch so bleiben? Prue soll im Dunkeln bleiben, was Ed angeht? Prue, die mir erst am Vormittag bedingungslose Treue geschworen hat, selbst wenn ich mich bemüßigt fühlte, dem Dienst mitzuteilen, sie könnten sich alles sonst wohin stecken? Prue, eine Soldatenbraut, wie sie sich der Dienst nur wünschen konnte, die das Vertrauen, welches man in sie gesetzt hatte, nicht ein einziges Mal auch nur mit einem Wort oder Flüstern verraten hat? Und jetzt erzählt mir ausgerechnet Bryn, dass ich ihr nicht vertrauen soll? Er kann mich mal.

»Unser Bruderdienst fordert natürlich lautstark Shannons Blut, aber das dürfte ja keine Überraschung für dich sein«, sagt Bryn. »Ihn verhaften, ausklopfen, ein Exempel statuieren, und alle kriegen einen Orden verliehen. Resultat: ein landesweiter Skandal, mit dem absolut nichts erreicht wird und der uns alle mitten in diesem Brexit wie Dummköpfe aussehen lässt. Was mich betrifft, nehmen wir diese Option sofort vom Tisch.«

Schon wieder »wir«. Er hält mir den Teller mit Cashews hin. Ihm zuliebe nehme ich mir eine Handvoll.

»Oliven?«

Nein danke, Bryn.

»Früher hast du sie gemocht. Kalamata.«

Nein, wirklich nicht, danke, Bryn.

»Nächste Möglichkeit. Wir schleifen ihn in die Zentrale und starten einen klassischen Annäherungsversuch. Okay, Shannon, Sie sind ein enttarnter Agent des Moskauer Hauptquartiers und stehen ab sofort entweder unter unserer Kontrolle oder Sie sind erledigt. Glaubst du, das würde klappen? Du kennst ihn. Wir nicht. Seine eigene Abteilung auch nicht. Sie glauben, dass er eine Partnerin hat, aber selbst da sind sie sich nicht sicher. Könnte auch ein Mann sein. Könnte sein Innenausstatter sein. Shannon renoviert gerade seine Wohnung, sagen die. Hat eine Hypothek aufgenommen und die Wohnung über sich gekauft. Hat er dir das erzählt?«

Nein, Bryn. Hat er nicht.

»Hat er dir erzählt, ob er eine Freundin hat?«

Nein, Bryn.

»Na, vielleicht hat er keine. Manche kommen auch ohne aus, aber frage mich nicht, wie. Vielleicht ist er einer von den wenigen.«

Vielleicht, Bryn.

»Also, was hältst du davon, wenn wir einen klassischen Annäherungsversuch unternehmen?«

Ich denke so ernsthaft über diese Frage nach, wie sie es verdient.

»Ich glaube, Bryn, dass Shannon dir sagen würde, du solltest dich ins Knie ficken.«

»Warum das denn?«

»Spiel doch mal Badminton gegen ihn. Eher würde er mit wehenden Fahnen untergehen.«

»Allerdings spielen wir nicht Badminton gegeneinander.«

»Ed *verbiegt sich* nicht, Bryn. Da hilft keine Schmeichelei, kein Kompromiss, und wenn er glaubt, dass die Sache größer ist als er selbst, wird er auch seine eigene Haut nicht retten wollen.«

»Na, dann ist er aus dem richtigen Holz für einen Märtyrer geschnitzt«, bemerkt Bryn mit Befriedigung, so als würde er einen häufig gewählten Weg wiedererkennen. »In der Zwischenzeit sind wir natürlich mit dem üblichen Tauziehen beschäftigt, wem seine Leiche gehört. Wir haben ihn gefunden, also ist er so lange unser, wie wir ihn brauchen können. Wenn wir ihn nicht mehr brauchen können, ist das Spiel vorüber, und unser Bruderdienst geht seinen bösen Machenschaften nach. Ich möchte nur von dir wissen, ob du ihn immer noch *liebst*? Nicht körperlich. Sondern generell?«

So ist Bryn Jordan nun mal, der Fluss, den du nur ein einziges Mal überquerst. Er wickelt dich ein, hört sich deine Beschwerden und Vorschläge an, erhebt niemals die Stimme, urteilt nie vorschnell, hält sich aus allen Querelen heraus, macht mit dir einen Spaziergang durch den Garten, bis ihm der Sauerstoff gehört, den du atmest, und spießt dich dann auf.

»Ich mag ihn gern, Bryn. Jedenfalls mochte ich ihn, bis das hier mir um die Ohren flog«, sage ich leichthin, nachdem ich einen großen Schluck Whisky getrunken habe.

»Und er dich, alter Knabe. Kannst du dir vorstellen, dass er mit irgendjemand anderem so reden würde wie mit dir? Das können wir verwenden.«

»Aber wie denn, Bryn?«, entgegne ich mit einem ehrlichen Lächeln und spiele den braven Schüler, trotz all der widerstreitenden Stimmen in dem, was Bryn so gern meinen privaten Kopf nennt. »Ich frage andauernd nach, doch du antwortest nie wirklich. Wer sind denn *wir* in dieser Gleichung?«

Die Weihnachtsmannaugenbrauen steigen zu höchster Höhe auf, und Bryn schenkt mir sein breitestes Lächeln.

»Ach, alter Knabe. Du und ich natürlich, wer denn sonst?«

»Und *was* soll ich tun, wenn ich fragen darf?«

»Das, was du *schon immer* am besten konntest! Du freundest dich mit dem Mann bis dorthinaus an. Du hast es ja eh schon halb geschafft. Pass den richtigen Augenblick ab und schnapp dir auch noch die andere Hälfte. Sag ihm, wer du bist, zeig ihm ruhig und undramatisch den Irrtum seines Handelns auf und *drehe ihn um*. In dem Augenblick, wo er sagt: ›Ja, Nat, ich will‹, legst du ihm das Halfter an und führst ihn sanft auf die Weide.«

»Und wenn ich das getan habe?«

»Dann drehen wir ihn um. Wir lassen ihn weiter bei seiner Arbeit schuften, füttern ihn mit sorgfältig ausgeheckten Falschinformationen, die er nach Moskau weiterreicht. Wir lassen ihn so lange laufen, wie es geht, und wenn wir mit ihm fertig sind, lassen wir das Netzwerk Gamma von unserem Bruderdienst unter Trompetenklängen abwickeln. *Du* kriegst ein Anerkennungsschreiben vom Chef, *wir* jubeln dir am Wegesrand zu, und schon hast du alles getan, was du für deinen jungen Freund nur tun kannst. Bravo. Weniger wäre nicht loyal, mehr wäre sträflich. Und noch was anderes«, fährt er energisch fort, bevor ich etwas einwenden kann.

Bryn braucht keine Notizen. Hat er noch nie. Er rattert keine Fakten und Zahlen herunter, die er von seinem Diensthandy abliest. Er hält nicht inne, runzelt nicht die Stirn, kramt in seinem Gedächtnis nicht nach einer Einzelheit, die er gerade nicht findet. Bryn hat in einer Schule für Sowjetische Studien in Rom innerhalb eines Jahres fließend Russisch gelernt und in der Freizeit noch zusätzlich Mandarin.

»In den letzten neun Monaten hat dein Freund Shannon seinem Arbeitgeber gegenüber offiziell insgesamt fünf Besuche in europäischen diplomatischen Einrichtungen hier in London gemeldet. *Zwei* davon in der Französischen Botschaft bei reinen Kulturevents. *Drei* in der Deutschen Botschaft, einmal zum Tag der Deutschen Einheit, einmal zu einer Preisverleihung für britische Deutschlehrer. Und einmal aus nicht weiter erläuterten gesellschaftlichen Gründen. Du wolltest etwas sagen«, unterbricht er sich.

»Ich höre, Bryn. Ich höre.« Falls ich etwas gesagt habe, dann nur in meinem Kopf.

»Alle diese Besuche wurden von seinem Arbeitgeber genehmigt, ob nun im Voraus oder im Nachhinein, werden wir wohl nie erfahren, aber die Daten sind protokolliert und liegen dir vor«, womit er eine mit Reißverschluss versehene Schreibmappe neben sich hervorzaubert. »Dazu noch ein ungeklärter Anruf bei der Deutschen Botschaft von einer Telefonzelle in Hoxton aus. Er fragte nach einer Frau Brandt aus der Reiseabteilung und erhielt die korrekte Antwort, dass es dort keine Frau Brandt gibt.«

Bryn hält inne, aber nur, um sich zu vergewissern, dass er meine Aufmerksamkeit hat. Er muss sich keine Sorgen machen. Ich bin wie gebannt.

»Wir haben *auch* herausgefunden, dass Shannon unterwegs zum Ground Beta gestern Abend sein Rad abgestellt und zwanzig Minuten lang in einer *Kirche* gesessen hat, wie uns die Überwachungskameras offenbaren«, sagt Bryn mit gutmütigem Lächeln.

»Welche Konfession?«

»Reformierte Anglikaner. Die einzige Sorte Kirche, die heutzutage noch ihre Pforten offen hält. Kein Silber, keine Heiligenbilder, keine irgendwie wertvollen Gewänder.«

»Mit wem hat er gesprochen?«

»Mit niemandem. Da waren zwei Obdachlose, beide echt, und eine alte Frau in Schwarz auf der anderen Seite des Gangs. Und ein Küster. Shannon hat nicht gekniet, so der Küster, sondern saß nur da. Dann ist er hinausgegangen und radelte weiter. *Also*«, sagt Bryn voll neu erwachtem Genuss, »was hatte er vor? Hat er seine Seele dem Schöpfer überantwortet? – schon ein ziemlich merkwürdiger Zeitpunkt, meiner Meinung nach, aber das soll jeder machen, wie er will –, oder wollte er sich nur vergewissern, dass ihm keiner folgt? Ich schätze Zweiteres. Was, glaubst du, hat er bei seinen Besuchen in der Französischen und der Deutschen Botschaft vorgehabt?«

Und wieder schenkt er uns nach, lehnt sich zurück und wartet ebenso ungeduldig auf meine Antwort wie ich selbst, doch fällt mir momentan keine ein.

»Tja, Bryn. Vielleicht fängst du zur Abwechslung mal als Erster an«, schlage ich vor und spiele sein eigenes Spielchen mit ihm, was ihm Spaß macht.

»Also, meiner Meinung nach war er auf *Fischfang* in den Botschaften«, erwidert er zufrieden. »Schnüffelte nach weiteren Brocken, um seine russische Sucht zu befriedigen. Er mag ja Gamma gegenüber den Naivling gegeben haben, aber meiner Ansicht nach ist er absolut geeignet für eine steile Karriere, wenn er sich nicht unterwegs zum Narren macht. Jetzt bist du wieder dran. So viele Fragen, wie du magst.«

Eigentlich gibt es nur eine Frage, die ich stellen will, aber rein instinktiv fange ich mit einer unverfänglichen Version an. Ich entscheide mich für Dom Trench.

»*Dom!*«, ruft Bryn aus. »Ach du meine *Güte! Dom!* Ist völlig raus. Unbefristete Freistellung ohne Einspruch.«

»Warum? Was hat er verbrochen?«

»Erstens ist er von uns angeheuert worden. Das ist *unser* Vergehen. Manchmal schätzt unsere liebe Behörde Diebstahl einfach zu sehr. *Sein* Vergehen ist eine Heirat weit oberhalb seiner Gewichtsklasse. *Und zweitens* hat er sich von ein paar Schmierfinken mit heruntergelassener Hose im Darknet aufstöbern lassen. Ein paar Einzelheiten sind falsch, aber zu viele sind richtig. Übrigens, schläfst du mit diesem Mädchen, das bei uns hingeschmissen hat? Florence?«, fragt er und lächelt bescheiden.

»Nein, ich schlafe nicht mit Florence, Bryn.«

»Hast du auch nie?«

»Nie.«

»Und warum hast du sie dann von einer öffentlichen Telefonzelle aus angerufen und zum Essen ausgeführt?«

»Sie ist zur Oase hinausspaziert und hat ihre Quellen hängen lassen. Sie ist verwirrt, und ich hatte den Eindruck, dass ich mit ihr in Kontakt bleiben sollte.« Zu viele Entschuldigungen, was soll's.

»Na, dann sei von jetzt an verflucht vorsichtig. Sie bewegt sich außerhalb ihrer Möglichkeiten und du auch. Noch irgendwelche Fragen? Lass dir Zeit.«

Ich lasse mir Zeit. Und noch mehr Zeit.

»Bryn.«

»Alter Knabe?«

»Was um alles in der Welt ist die Operation Jericho?«, frage ich.

Außenstehenden ist nur schwer zu vermitteln, wie unantastbar mit Codewort verschlüsseltes Material ist. Schon die Codewörter an sich, die regelmäßig mitten im laufenden Betrieb geändert werden, um den Feind zu verwirren, werden mit derselben Geheimniskrämerei behandelt wie deren Inhalt. Sollte ein Angehöriger der indoktrinierten Auserwählten ein Codewort in Hörweite einer Person außerhalb der Tore äußern, dann würde das nach Bryns Maßstäben einer Todsünde gleichkommen. Und doch bin ich hier, ausgerechnet ich, und verlange von der Kultfigur der Spitze der Russlandabteilung zu erfahren: *Was um alles in der Welt ist Jericho?*

»Also wirklich, Bryn«, beharre ich und lasse mich von seinem erstarrten Lächeln nicht abwimmeln, »Shannon hat einen Blick auf das Material geworfen, als es durch den Kopierer lief, und das hat schon gereicht. Was immer er gesehen hat oder *glaubt*, gesehen zu haben, hat ausgereicht. Was soll ich sagen, wenn er mich darauf anspricht? Soll ich sagen, ich hätte nicht die leiseste Ahnung, wovon er spricht? So wird ihm nicht gerade sein gedanklicher Irrweg aufgehen. So lege ich ihm kein Halfter an und führe ihn sanft auf die Weide.« Dann setze ich nach: »*Shannon* weiß, worum es bei Jericho geht –«

»Das glaubt er zumindest.«

»– und *Moskau* weiß es. Gamma ist offenbar derart aus dem Häuschen wegen Jericho, dass sie die Aufgabe selbst übernimmt und Moskau ein ganzes Team zur Unterstützung schickt.«

Das Lächeln wird scheinbar zustimmend immer breiter, doch die Lippen bleiben fest versiegelt in dem Entschluss, dass ihnen kein falsches Wort entschlüpft.

»Ein Dialog«, sagt er schließlich. »Ein Dialog unter Erwachsenen.«

»Welchen Erwachsenen?«

Bryn ignoriert meine Frage.

»Wir sind eine gespaltene Nation, Nat, wie dir sicher schon aufgefallen ist. Die Risse, die durchs ganze Land gehen, spiegeln sich säuberlich in den Rissen zwischen unseren Herren wider. Keine zwei Minister denken an ein und demselben Tag ein und dasselbe. Es wäre also nicht überraschend, wenn die geheimdienstlichen Auflagen, die sie an uns stellen, sich ständig veränderten, bis zu dem Punkt, dass sie sich sogar widersprächen. Schließlich gehört es ja zu unserem Aufgabengebiet, das Undenkbare zu denken. Wie oft haben wir alten Russlandkämpen genau das getan, wie oft haben wir in ebendiesem Raum gesessen und das Undenkbare gedacht?«

Bryn sucht nach einem weisen Spruch, und wie üblich findet er einen: »Wegweiser *gehen* nicht den Weg, den sie *weisen*. Wir einfachen Menschen müssen selbst entscheiden, welchen Weg wir einschlagen. Der Wegweiser ist nicht für unsere Entscheidungen verantwortlich. Oder?«

Nein, Bryn, ist er nicht. Oder vielleicht doch. So oder so machst du mir viel blauen Dunst vor.

»Aber ich darf doch davon ausgehen, dass du KIM/1 bist?«, deute ich an. »Du bist der Leiter unserer Mission in Washington, auf zeitweiliger Versetzung aus der Russlandabteilung? Oder ist das eine falsche Vermutung?«

»Alter Knabe. Du kannst vermuten, was du willst.«

»Und mehr willst du mir nicht sagen?«, frage ich.

»Was musst du denn unbedingt noch mehr wissen? Also, folgender Schnipsel ist alles, was du kriegst. Der fragliche, streng geheime Dialog findet zwischen unseren amerikanischen Cousins und uns statt. Der Zweck ist rein exploratorisch, ein Abtasten. Das auf höchster Ebene abläuft. Der Dienst ist nur der Zwischenhändler. Alles, was diskutiert wird, ist rein theoretisch. Nichts davon ist in Stein gemeißelt. Shannon hat, wie er Gamma gegenüber selber ausgesagt hat, nur einen lächerlich kleinen Ausschnitt eines vierundfünfzig Seiten langen Dokuments gesehen, ihn sich möglicherweise falsch gemerkt und daraus seine eigenen falschen Schlüsse gezogen, die er dann an Moskau weitergegeben hat. Wir wissen nicht, welchen lächerlich kleinen Ausschnitt. Er ist *in flagranti* erwischt worden – dank deiner Bemühungen, könnte man anfügen, auch wenn das nicht deine Absicht gewesen ist. Du brauchst ihn in keinerlei philosophischen Diskurs zu verstricken. Zeig ihm einfach nur die Peitsche. Sag ihm, dass du sie nur benutzen wirst, wenn du unbedingt musst.«

»Und das ist alles, was ich erfahren darf?«

»Und mehr, als du brauchst. Einen Augenblick lang habe ich mich von meinen Gefühlen hinreißen lassen. Nimm das hier. Darunter erwischst du nur mich. Ich fliege zwischen hier und Washington hin und her, und wenn ich in der Luft bin, bin ich nicht erreichbar.«

Das abrupte »Nimm das hier« wird von dem Klappern eines metallischen Gegenstands begleitet, der auf dem Tisch mit den Drinks zwischen uns beiden landet. Es handelt sich um ein silbergraues Smartphone, dasselbe Modell, das ich auch meinen Quellen gebe. Ich sehe es an, dann Bryn, dann wieder das Smartphone. Mit demonstrativer Gelassenheit nehme ich es in die Hand und stecke es unter Bryns Blick in die Jackentasche. Sein Gesichtsausdruck wird sanfter und seine Stimme kehrt wieder zu ihrem freundlichen Ton zurück.

»Du wirst Shannons Retter sein, Nat«, tröstet er mich. »Niemand sonst wird auch nur halb so nett zu ihm sein wie du. Solltest du noch zögern, denk an die Alternativen. Soll ich ihn Guy Brammel überlassen?«

Ich denke an die Alternativen, wenn auch nicht ganz an die, die ihm vorschweben. Er steht auf, ich ebenfalls. Er fasst mich am Arm. Das tut er häufig. Er rühmt sich damit, recht gefühlsbetont zu sein. Wir machen uns auf den langen Weg zurück durch den Eisenbahnwaggon, vorbei an den Gemälden uralter Mitglieder der Familie Jordan mit Spitzenkragen.

»Und der Familie geht es sonst gut?«

Ich erzähle ihm, dass Steff sich verlobt hat.

»Meine Güte, Nat, sie ist doch erst *neun!*«

Wir kichern.

»Und Ah Chan hat sich ganz der Malerei verschrieben«, informiert er mich. »Demnächst gibt es eine Riesenausstellung, in der Cork Street sogar. Keine blöden Pastellzeichnungen mehr. Keine blöden Aquarelle. Keine Gouache. Nein, Öl, sonst nichts. Deine Prue hat sie ziemlich für ihre Arbeiten gelobt, wenn ich mich recht erinnere.«

»Das tut sie noch immer«, erwidere ich loyal, dabei sind das für mich Neuigkeiten.

Wir stehen in der Tür und schauen uns an. Vielleicht haben

wir beide so eine Vorahnung, dass wir uns nicht wiedersehen werden. Ich zermartere mir den Kopf und suche nach einem belanglosen Thema. Wie üblich kommt mir Bryn zuvor:

»Und mach dir keine Sorgen wegen Dom«, sagt er und kichert. »Der Kerl hat alles versaut, was er im Leben angefasst hat, er wird sich also großer Beliebtheit erfreuen. Wahrscheinlich wartet schon ein sicherer Sitz im Parlament auf ihn.«

Wir lachen weise über die Schlechtigkeit dieser Welt. Wir schütteln uns die Hand, er klopft mir nach amerikanischer Art auf den Rücken und folgt mir die vorgeschriebene halbe Treppe nach unten. Der Mondeo hält vor mir. Arthur fährt mich nach Hause.

Prue sitzt an ihrem Laptop. Ein Blick in mein Gesicht, und sie steht auf und schließt die Wintergartentür zum Garten hin auf.

»Bryn möchte, dass ich Ed anwerbe«, erzähle ich ihr. »Den Burschen, von dem ich dir erzählt habe. Meinen Badmintonpartner. Der große Redner.«

»Als was in aller Welt sollst du ihn denn anwerben?«

»Als Doppelagenten.«

»Gegen wen oder was?«

»Russland ist das Ziel.«

»Nun, müsste er dazu nicht erst ein *ganz normaler* Agent sein?«

»Genau besehen ist er das bereits. Er ist ein hochrangiger Angestellter in unserem Bruderdienst. Er ist auf frischer Tat dabei ertappt worden, wie er Geheimnisse an die Russen weitergegeben hat, weiß es aber noch nicht.«

Langes Schweigen, dann sucht sie Zuflucht in ihrer Professionalität: »In diesem Fall muss die Behörde *alle* Beweise dafür *und* dagegen sammeln, den Fall an die Staatsanwaltschaft übergeben und dafür sorgen, dass ihm ein ordentlicher Prozess vor einem öffentlichen Gericht gemacht wird. Und sich nicht auf seine Freunde stürzen, um ihn zu bedrängen und zu erpressen. Du hast abgelehnt, nehme ich an.«

»Ich habe ihm gesagt, ich mache es.«

»Warum?«

»Ich glaube, Ed hat auf den falschen Knopf gedrückt.«

18.

Renate war schon immer eine Frühaufsteherin gewesen.

Es ist 7 Uhr früh an einem Sonntagmorgen, die Sonne scheint bereits, und die Hitzewelle macht keinerlei Anstalten, nachzulassen, während ich nordwärts durch die verbrannte Tundra des Regent's Parks Richtung Primrose gehe. Dem Ergebnis meiner Recherchen folgend – die ich auf Prues Laptop durchgeführt habe, nicht auf meinem, wobei Prue mir im Zustand des Halbwissens zugeschaut hat, da ein Rest Loyalität meinem Dienst gegenüber, gepaart mit einer entschuldbaren Zurückhaltung, was meine alten Fehltritte angeht, es mir verbieten, sie umfassend einzuweihen –, suche ich nach *hervorragend sanierten Apartments in einem viktorianischen Anwesen mit Pförtner*. Eigentlich hätte mich diese Beschreibung überraschen müssen, denn Botschaftsangehörige wohnen gern in der Nähe ihres Mutterschiffs, was in Renates Fall die Deutsche Botschaft am Belgrave Square bedeutet hätte. Doch selbst in Helsinki, wo sie die Nummer zwei in ihrer Station gewesen war, während ich dort als Nummer zwei in der unsrigen gearbeitet hatte, hatte sie darauf bestanden, so weit weg – und, wie sie sagen würde, so frei – wie möglich vom *Diplomatengesindel* zu wohnen, wie es vernünftigerweise nur ging.

Ich erreiche Primrose. Sonntägliche Stille liegt über den pastellfarbenen edwardianischen Villen. Irgendwo schlägt, wenn auch schüchtern, eine Kirchenglocke. Ein mutiger italienischer Kaffeebarbesitzer kurbelt seine gestreifte Markise herunter, die im Takt zum Klang meiner Schritte quietscht. Ich biege rechts ab, dann links. Belisha Court ist ein grauer Haufen Ziegel mit sechs Stockwerken, der die dunkle Seite einer Sackgasse einnimmt. Steinerne Stufen führen zu einem bogenförmigen, wagnerianischen Säulenvorbau. Die schwarzen Türen sind allen Einlasssuchenden verschlossen. Die hervorragend sanierten Apartments sind durchnummeriert, haben aber keine Namensschilder. Der einzige Klingelknopf ist mit der Aufschrift »Pförtner« versehen, doch eine handschriftliche, ziemlich schnippische Notiz hinter dem Klingelschild verkündet: »Nicht an Sonntagen«. Zutritt erhalten nur Schlüsselbesitzer; das Schloss wird überraschenderweise mit einem Bartschlüssel geöffnet. Jeder Einbrecher des Büros könnte es in Sekunden knacken. Ich würde etwas länger brauchen, habe aber auch keinen Dietrich. Das Schließblech ist vom ständigen Gebrauch ganz verkratzt.

Ich gehe auf die sonnige Seite der Sackgasse und tue so, als würde ich mich für eine Schaufensterauslage mit Kinderbekleidung interessieren, beobachte aber das Spiegelbild der Doppeltür. Selbst im Belisha Court muss es doch einen Mieter geben, der früh am Morgen joggen geht. Eine Hälfte der Doppeltür öffnet sich. Nicht für einen Jogger, sondern für ein älteres Paar in Schwarz. Sie sind wohl auf dem Weg zur Kirche, nehme ich an. Ich gebe einen Ruf der Erleichterung von mir und eile über die Straße: meine Retter. Ich war so dumm und habe meine Schlüssel in der Wohnung vergessen, erkläre ich. Die beiden lachen. Ach, das ist ihnen selbst erst neulich auch passiert – wann war das genau, Liebling? Als wir uns verabschieden, huschen sie, immer noch lachend, die Stufen hinunter, und ich gehe einen fensterlosen Flur entlang zur letzten Tür links, bevor man zum Ausgang Richtung Gartentür kommt, denn wie schon in Helsinki hat sich Renate auch in London eine große Erdgeschosswohnung mit einem nützlichen Hinterausgang genommen.

In der Tür zu Apartment Nummer acht befindet sich eine polierte Messingklappe für die Briefe. Der Umschlag in meiner Hand trägt die Aufschrift: *Für Reni, privat*. Sie kennt meine Handschrift. Sie wollte immer, dass ich sie Reni nenne. Ich schiebe den Umschlag durch den Schlitz, lärme ein paarmal mit der Klappe, drücke auf die Klingel und eile den Flur entlang hinaus auf die Sackgasse, biege nach links und dann nach rechts ab in die High Street, komme an der Kaffeebar vorbei, winke dem italienischen Besitzer zu und sage »Hi«, gehe über die Straße durch ein eisernes Tor den Primrose Hill hinauf, der sich vor mir wie eine vertrocknete tabakfarbene Kuppel erhebt. Auf der Anhöhe versucht eine indische Familie in bunten Kleidern, einen riesigen Trapezdrachen steigen zu lassen, doch der Wind reicht noch nicht mal aus, um die trockenen Blätter zu bewegen, die rings um die einsame Bank liegen, die ich mir aussuche.

Ich warte eine geschlagene Viertelstunde, und in Minute sechzehn habe ich schon so gut wie aufgegeben. Renate ist nicht zu Hause. Sie ist joggen, sie ist bei einer Quelle, einem Liebhaber, sie ist auf einem ihrer Kulturabstecher in Edinburgh oder Glyndebourne, oder welchen Ort auch immer ihre Tarnung erfordert, um sich sehen zu lassen und Hände zu schütteln. Sie springt an einem ihrer geliebten Strände auf Sylt herum. Dann packt mich eine zweite Woge an Möglichkeiten, unter Umständen erheblich unangenehmer: Ihr Mann oder ihr Freund wohnt bei ihr, er hat ihr den Brief aus der Hand gerissen und stürmt nun den Hügel hinauf, um mit mir abzurechnen. Tatsächlich ist es aber nicht der rachsüchtige Mann oder Freund, sondern Renate selbst, die den Hügel heraufmarschiert kommt, ihre Fäuste fliegen vor dem gedrungenen kleinen Körper, kurze blonde Haare wippen im Takt ihres Gangs, blaue Augen blitzen, eine Miniatur-Walküre, die gekommen ist, um mir mitzuteilen, dass ich in der Schlacht mein Leben verlieren werde.

Sie entdeckt mich, wechselt die Richtung, wirft Staubwolken hinter sich auf. Als sie näher kommt, stehe ich aus Höflichkeit auf, doch sie huscht an mir vorbei, lässt sich auf die Bank fallen, starrt mich böse an und wartet, dass ich mich endlich neben sie setze. In Helsinki hatte sie ein ordentliches Englisch und ein besseres Russisch gesprochen, doch wenn die Leidenschaft sie übermannte, dann warf sie beides über Bord und suchte Trost in ihrer norddeutschen Muttersprache. Nach ihrer Eröffnungssalve ist klar, dass ihr Englisch sich erheblich verbessert hat, seit ich es das letzte Mal vor acht Jahren bei unseren heimlichen Wochenenden in einem heruntergekommenen Landhaus an der Ostseeküste mit einem Doppelbett und einem Holzofen gehört habe.

»Hast du das *letzte bisschen Restverstand* jetzt endgültig verloren, Nat?«, will sie von mir wissen und starrt mich wütend an. »Was, zum Henker, meinst du damit: *Privat – mündlich – vertrauliches Gespräch*? Willst du mich anwerben oder mit mir schlafen? Ich bin an beidem nicht interessiert, das kannst du denen sagen, die dich geschickt haben; du bist *völlig* außer Rand und Band, völlig *ballaballa* und in jeder Hinsicht peinlich. Stimmt's?«

»Stimmt«, pflichte ich ihr bei und warte darauf, dass sie sich beruhigt, denn die Frau in Renate war schon immer impulsiver als die Spionin.

»Geht es Stephanie gut?« fragt sie, als sie sich ein wenig abgeregt hat.

»Mehr als gut, danke der Nachfrage. Ist endlich auf dem

Boden gelandet und hat sich verlobt, kannst du das glauben? Und was macht Paul?«

Paul ist nicht ihr Sohn. Renate hat zu ihrem Leidwesen keine Kinder. Paul ist, oder war, ihr Ehemann; halb Playboy im mittleren Alter, halb Berliner Verleger.

»Danke, Paul geht es ausgezeichnet. Seine Frauen werden immer jünger und immer dümmer, und die Bücher, die er veröffentlicht, immer schlechter. Also alles ganz normal. Hast du seit damals noch andere kleine Affären gehabt?«

»Nein. Ich bin ruhiger geworden.«

»Und du bist noch immer mit Prue zusammen, hoffe ich?«

»Und wie.«

»Also. Wirst du mir sagen, warum du mich herbestellt hast, oder muss ich meinen Botschafter anrufen und ihm melden, dass unsere britischen Freunde seiner Außenstellenleiterin in einem Park in London unsittliche Anträge machen?«

»Vielleicht solltest du ihm melden, dass ich aus dem Dienst geschmissen wurde und auf einem Rettungseinsatz bin«, schlage ich vor und warte, während sie ihren Körper sortiert: Ellbogen und Knie eng zusammen, Hände im Schoß gefaltet.

»Stimmt das? Die haben dich gefeuert?«, will sie wissen. »Das ist keine blöde Masche? Wann?«

»Gestern, soweit ich mich erinnern kann.«

»Wegen irgendeiner leichtsinnigen *Liebschaft*?«

»Nein.«

»Und wen willst du retten, wenn ich fragen darf?«

»Dich. Nicht nur dich, euch. Dich, deine Mitarbeiter, deine Außenstelle, deinen Botschafter und einen Haufen Leute in Berlin.«

Wenn Renate zuhört und einen mit ihren blauen Augen anschaut, dann könnte man glauben, sie würde nie blinzeln.

»Meinst du das ernst, Nat?«

»So ernst wie noch nie.«

Darüber denkt sie nach.

»Und zweifellos nimmst du unsere Unterhaltung für die Nachwelt auf?«

»Eigentlich nicht. Und du?«

»Auch nicht«, antwortet sie. »Also, dann rette uns doch mal eben, wenn du schon deswegen hergekommen bist.«

»Wenn ich dir sagen würde, mein Ex-Dienst hätte Informationen darüber, dass ein Angehöriger der britischen Geheimdienste euch hier in London Informationen zu einem streng geheimen Dialog angeboten hat, den wir mit unseren amerikanischen Partnern führen, was würdest du darauf erwidern?«

Ihre Antwort kommt noch schneller, als ich erwartet hatte. Hatte sie sich die Worte schon zurechtgelegt, als sie den Hügel heraufkam? Oder hatte sie sich Anweisung von oben geholt, bevor sie ihre Wohnung verlassen hat?

»Ich würde darauf erwidern, dass ihr Briten wohl auf einem lächerlichen Fischzug seid.«

»Welcher Art?«

»Vielleicht führt ihr angesichts des drohenden Brexits einen plumpen Test unserer professionellen Loyalität durch. Eurer sogenannten Regierung ist in der gegenwärtigen absurden Krise alles zuzutrauen.«

»Aber du sagst nicht, dass euch kein Angebot gemacht worden ist?«

»Du hast mir eine hypothetische Frage gestellt. Ich habe dir eine hypothetische Antwort gegeben.«

Woraufhin sie den Mund zuklappt, um damit anzudeuten, dass das Meeting vorüber ist; allerdings stapft sie nicht davon, sondern sitzt stocksteif da und wartet auf mehr, ohne sich das anmerken zu lassen. Die indische Familie hat genug von den vergeblichen Versuchen, den Drachen in die Luft zu befördern, und macht sich auf den Weg den Hügel hinunter. Am Fuß des Hügels bewegen sich Jogger in Mannschaftsstärke von links nach rechts.

»Nehmen wir mal an, sein Name lautet Edward Shannon«, sage ich.

Abschätziges Schulterzucken.

»Und, immer noch rein hypothetisch, dass Shannon ein früherer Angehöriger unseres zwischendienstlichen Verbindungsteams in Berlin ist. Außerdem, dass er ganz hingerissen von Deutschland ist und am Deutschlandfieber leidet. Seine Motivation ist komplex und für unseren gemeinsamen Zweck unerheblich. Aber nicht böswillig. Sondern zeugt tatsächlich von bester Absicht.«

»Natürlich habe ich noch nie von diesem Mann gehört.«

»Natürlich nicht. Dennoch ist er in den letzten Monaten mehrmals in eurer Botschaft aufgetaucht.« Ich trage ihr die Daten vor, die ich von Bryn habe. »Da seine Tätigkeit in London ihm keine Verbindung zu deinem Dezernat hier ermöglichte, wusste er nicht, an wen er sich mit seinen Geheimnissen wenden sollte. Also verwickelte er jeden in eurer Botschaft ins Gespräch, den er nur finden konnte, bis er schließlich an ein Mitglied deines Dezernats weitergereicht wurde. Shannon ist ein intelligenter Mensch, aber was Spionage angeht, ist er ein *Vollidiot*, wie du das nennen würdest. Ist das ein plausibles Szenario – hypothetisch gesprochen?«

»Natürlich ist es plausibel. In Märchen ist alles plausibel.«

»Vielleicht würde es helfen, wenn ich erwähnte, dass Shannon von einer Person aus deinem Stab namens Maria Brandt empfangen wurde.«

»Bei uns gibt es keine Maria Brandt.«

»Natürlich nicht. Allerdings brauchte dein Dezernat zehn Tage, um zu entscheiden, dass es keine Maria Brandt bei euch gibt. Zehn Tage hektischer Überlegungen, bevor ihr ihm mitgeteilt habt, dass ihr an seinem Angebot nicht interessiert seid.«

»Falls wir ihm gesagt haben, dass wir kein Interesse hätten – was ich natürlich bestreite –, warum sitzen wir dann hier? Du kennst seinen Namen. Du weißt, er versucht Geheimnisse zu verkaufen. Du weißt, dass er ein *Vollidiot* ist. Jetzt musst du nur noch einen gefakten Käufer herbeischaffen und ihn verhaften. In solch einem hypothetischen Fall hat sich meine Botschaft also in jeder Hinsicht korrekt verhalten.«

»Einen *gefakten Käufer*, Reni?«, rufe ich ungläubig aus. »Willst du mir erzählen, dass Ed *einen Preis genannt hat*? Das kann ich kaum glauben.«

Wieder dieser Blick, nur sanfter, näher.

»Ed?«, wiederholt sie. »Nennt du ihn so? Deinen hypothetischen Verräter? *Ed?*«

»Andere nennen ihn so.«

»Du auch?«

»Ein einprägsamer Name. Hat nichts zu sagen«, entgegne ich und bin einen Augenblick lang in der Defensive. »Du hast gerade gesagt, dass Shannon versucht hat, seine Geheimnisse zu verkaufen.«

Nun ist sie an der Reihe, zurückzuweichen:

»Ich habe nichts dergleichen gesagt. Wir haben unsere absurde Hypothese durchgespielt. Jemand, der Geheimnisse zu verhökern hat, nennt nicht direkt den Preis seiner Ware. Erst zeigt er sie vor, um das Vertrauen des Käufers zu gewinnen. Dann wird verhandelt. Wie du und ich ja gut wissen, nicht wahr?«

Das tun wir tatsächlich. Ein in Deutschland geborener Hökerer von Geheimnissen hatte uns in Helsinki zusammengeführt. Bryn Jordan hatte damals Verdacht geschöpft und mich beauftragt, die Angelegenheit mit unseren deutschen Freunden abzuchecken. Sie schickten mir Reni.

»Hm, zehn lange Tage und Nächte, bis Berlin dir schließlich befahl, ihn abzuweisen«, grüble ich.

»Du redest völligen Blödsinn.«

»Nein, Reni. Ich versuche nur mitzufühlen. Zehn Tage und zehn Nächte darauf zu warten, bis Berlin ein Ei gelegt hat. Da sitzt du, Leiterin der Londoner Station, mit einer verlockenden Beute in Griffweite. Shannon bietet dir Geheimnisse, von denen man nur träumen kann. Aber, ach herrje, was passiert, wenn Shannon auffliegt? Denk doch nur mal an die diplomatischen Verwicklungen und unsere liebe britische Presse: ein hochkarätiger deutscher Spionageangriff mitten im Brexit!«

Reni will protestieren, doch erlaube ich ihr keine Ruhepause, da ich mir ja selber keine gönne.

»Habt ihr geschlafen? Du nicht. Hat dein Dezernat geschlafen? Dein Botschafter? Berlin? München? Zehn Tage und Nächte, bevor sie dich informieren, dass du Shannon mitteilen sollst, dass sein Angebot nicht akzeptabel ist. Sollte er sich dir erneut nähern, wirst du ihn bei den entsprechenden britischen Stellen melden. Und genau das hat Maria ihm gesagt, bevor sie sich selbst in Luft aufgelöst hat.«

»Es *hat* keine solchen zehn Tage *gegeben*«, entgegnet sie. »Du fantasierst mal wieder. Falls uns ein solches Angebot unterbreitet worden ist, was es nicht ist, dann wurde es von meiner Botschaft sofort, unwiderruflich und vollumfänglich abgelehnt. Wenn der Dienst oder dein ehemaliger Dienst etwas anderes glaubt, dann ist das ein Irrtum. Stehe ich jetzt plötzlich als Lügnerin da?«

»Nein, Reni. Du tust nur deine Arbeit.«

Sie ist wütend. Auf mich und auf sich selbst.

»Versuchst du mich mal wieder mit deinen Reizen zu bezwingen?«

»Sollte ich das etwa in Helsinki getan haben?«

»Natürlich. Du bezirzt alle. Dafür bist du bekannt. Deshalb haben sie dich angeheuert. Als Romeo. Wegen deines mitreißenden erotischen Charmes. Du warst beharrlich, ich war jung. *Voilà*.«

»Wir waren beide jung. Und wir waren beide beharrlich, wenn du dich erinnerst.«

»Ich erinnere mich an nichts dergleichen. Wir haben völlig unterschiedliche Erinnerungen an ein und dasselbe unglückselige Ereignis. Darauf sollten wir uns ein für alle Mal einigen.«

Reni ist eine Frau. Ich bin anmaßend und dränge mich ihr auf. Sie ist eine professionelle Spionin von hohem Rang. Sie fühlt sich in die Ecke gedrängt, und das gefällt ihr nicht. Ich bin ein früherer Liebhaber und ich gehöre mit dem Rest von uns aufs Abstellgleis. Ich bin ein kleiner, aber kostbarer Teil ihres Lebens, und sie wird mich nie ganz loslassen.

»Alles, was ich hier versuche, Reni«, betone ich und gebe mir gar nicht erst die Mühe, die Dringlichkeit zu unterdrücken, die in meiner Stimme liegt, »ist, so objektiv wie möglich herauszufinden, wie der *Ablauf* sich gestaltet hat, um innerhalb *und* außerhalb deines Dienstes über einen Zeitraum von zehn Tagen *und* Nächten mit Edward Shannons unangefragtem Angebot *hochklassiger* Informationen zum britischen Zielobjekt umzugehen. Wie viele hastig einberufene Treffen gab es in Berlin, München und Frankfurt? Wie viele Personen haben die Papiere in Händen gehabt, miteinander telefoniert, E-Mails ausgetauscht, Zeichen gegeben, vielleicht nicht immer über die sichersten Kanäle? Wie viel an geflüstertem Austausch gab es in Fluren zwischen panischen Politikern und Beamten, die verzweifelt versuchen, den eigenen Hals zu retten? *Herrgott noch mal*, Reni!«, platzt es aus mir heraus. »Ein junger Mann, der in Berlin gelebt und gearbeitet hat, deine Sprache und dein Volk liebt und glaubt, ein deutsches Herz zu haben. Kein zwielichtiger Söldner, sondern ein rationaler Mensch mit der verrückten Mission, Europa im Alleingang zu retten. Hast du das denn nicht *gespürt*, als du dich als Maria Brandt ausgegeben hast?«

»Ach, plötzlich habe *ich* mich als Maria Brandt ausgegeben? Wie um alles in der Welt kommst du auf *diese* dumme Idee?«

»Jetzt sag nur ja nicht, du hättest ihn an deine Nummer zwei weitergereicht. Du doch nicht, Reni. Da kommt einfach jemand vom britischen Geheimdienst mit einer ganzen Einkaufsliste an höchst geheimem Material hereinspaziert?«

Ich rechne schon damit, dass sie erneut leugnet, leugnet, leugnet, so wie man es uns beiden beigebracht hat. Stattdessen verfällt sie in eine Art Weichheit, eine Resignation, sie wendet sich ab und betrachtet den Morgenhimmel.

»Haben Sie dich deswegen gefeuert, Nat?«, fragt sie. »Wegen diesem Kerl?«

»Unter anderem.«

»Und jetzt bist du gekommen, um uns vor ihm zu retten.«

»Nicht vor Ed. Vor euch selbst. Was ich zu sagen versuche, ist, dass Shannons Angebot irgendwo zwischen London, Berlin, München, Frankfurt und wo auch immer deine Bosse sich treffen, nicht nur aufgeflogen ist. Es wurde sogar abgefangen, von einem Konkurrenzunternehmen abgegriffen.«

In einem einzigen Sturzflug hat sich ein Schwarm Möwen unterhalb von uns niedergelassen.

»Ein *amerikanisches* Unternehmen?«

»Die Russen«, antworte ich und warte, während sie die Möwen weiterhin mit größter Aufmerksamkeit beobachtet.

»Die sich als *uns* ausgeben? Unter *unserer* falschen Flagge? Moskau hat Shannon angeworben?«, will sie sich vergewissern.

Nur ihre kleinen Fäuste, die sie auf den Knien geballt hat wie zum Kampf, verraten ihren Zorn.

»Sie haben Shannon erzählt, Marias Weigerung, sein Angebot anzunehmen, sei nur eine Verzögerungstaktik, und haben in der Zwischenzeit alles andere vorbereitet.«

»Und er hat diesen Mist *geglaubt*? Meine Güte.«

Wieder sitzen wir schweigend da. Doch Renis Schutzpanzer aus Feindseligkeit hat sich in nichts aufgelöst. Genau wie in Helsinki sind wir Kampfgefährten, ohne es zuzugeben.

»Worum handelt es sich bei Jericho?«, frage ich. »Das ultrageheime, codewortgeschützte Material, das ihn hat umkippen lassen. Shannon hat nur einen kleinen Teil davon gelesen, aber das allein hat schon gereicht, dass er bei euch angerannt kam.«

Sie schaut mich die ganze Zeit über mit weit aufgerissenen Augen an, genau wie damals, wenn wir uns geliebt haben. Ihre Stimme hat jeden offiziellen Klang abgelegt.

»Du kennst *Jericho* nicht?«

»Dafür habe ich keine Freigabe. Nie gehabt, und so wie es aussieht, wird es dazu auch nie kommen.«

Reni ist eingenickt. Sie meditiert, ist in Trance. Langsam schlägt sie die Augen auf. Ich bin immer noch da.

»Schwörst du, Nat – als der Mann, der du bist –, dass du mir die Wahrheit sagst? Die ganze Wahrheit?«

»Wenn ich die ganze Wahrheit wüsste, würde ich sie dir sagen. Was ich dir gesagt habe, ist alles, was ich weiß.«

»Und die Russen haben ihn *überzeugt*?«

»Und meinen Dienst noch dazu. Sie haben sich ziemlich gut angestellt. Was ist Jericho?«, frage ich sie erneut.

»Nach allem, was Shannon mir gesagt hat? Ich soll dir die schmutzigen Geheimnisse deines eigenen Landes verraten?«

»Wenn sie das sind. Ich habe nur von einem *Dialog* gehört. Näheres weiß ich nicht. Einem hochsensiblen, hochrangigen angloamerikanischen Dialog mithilfe der Geheimdienstkanäle.«

Sie holt Luft, schließt die Augen wieder, schlägt sie auf und starrt mich an:

»Shannon zufolge war der Teil, den er gelesen hat, der klare Beweis für eine verdeckte angloamerikanische Operation auf Planungsebene mit dem doppelten Ziel, die sozialdemokratischen Institutionen der Europäischen Union zu unterminieren und unsere internationalen Handelszollabkommen zu demontieren.« Wieder holt sie tief Luft und fährt dann fort. »Nach dem Brexit wird Großbritannien verzweifelt versuchen, den Handel mit den USA auszuweiten. Die USA werden beispringen, aber nur unter gewissen Bedingungen. Eine dieser Bedingungen wird eine gemeinsame geheime Operation sein, um Offizielle, Parlamentarier und Meinungsmacher des europäischen Establishments anzuheuern – durch Überzeugungsarbeit, wobei Bestechung und Erpressung nicht ausgeschlossen sind. Dazu kommt die massive Verbreitung von Fake News, um die bestehenden Differenzen zwischen Mitgliedsstaaten der Europäischen Union zu verstärken.«

»Und du zitierst nicht zufällig gerade Shannon?«

»Ich zitiere so genau wie möglich, was er in der Einleitung zu dem Jericho-Dokument gelesen zu haben meint. Er behauptet, dreihundert Worte auswendig gelernt zu haben. Ich habe sie aufgeschrieben. Erst konnte ich ihm nicht glauben.«

»Aber jetzt schon?«

»Ich glaube ihm, ja. Meine Behörde ebenfalls. Und meine Regierung. Sieht so aus, als hätten wir zusätzliche Erkenntnisse, die diese Geschichte untermauern. Nicht alle Amerikaner sind europafeindlich. Nicht alle Briten sind scharf darauf, um jeden Preis eine Wirtschaftsallianz mit Trumps USA einzugehen.«

»Und dennoch hast du Shannon abgewiesen.«

»Meine Regierung zieht es vor, darauf zu hoffen, dass das Vereinigte Königreich eines Tages wieder seinen Platz in der europäischen Familie einnehmen wird, und ist aus diesem Grunde nicht gewillt, eine befreundete Nation auszuspionieren. Wir danken Ihnen für Ihr Angebot, Mr Shannon, bedauern aber, es aus oben genanntem Grund ablehnen zu müssen.«

»Und das hast du ihm gesagt.«

»So wurde es mir aufgetragen, also habe ich ihm das gesagt.«

»Auf Deutsch?«

»Auf Englisch, ehrlich gesagt. Sein Deutsch ist nicht so gut, wie er es gern glauben würde.«

Das also war der Grund, warum Valentina Englisch und nicht Deutsch mit ihm gesprochen hat, grüble ich und beantworte mir dabei zufällig eine Frage, die schon die ganze Nacht an mir genagt hat.

»Hast du ihn nach seinen Motiven gefragt?«

»Natürlich. Er antwortete mir mit einem Zitat aus Goethes *Faust*. *Im Anfang war die Tat*. Ich fragte ihn, ob er Mitwisser hätte, und er antwortete mir mit einem Zitat von Rilke: *Ich bin der Eine*.«

»Und was soll das heißen?«

»Na ja, er ist der Eine. Vielleicht der Einsame. Oder der Einzige. Vielleicht beides. Frag Rilke. Ich habe das Zitat gesucht, aber nicht gefunden.«

»War das bei eurem ersten Treffen oder dem zweiten?«

»Bei unserem zweiten Treffen war er wütend auf mich. In unserem Job weinen wir ja nicht, aber ich war kurz davor. Werdet ihr ihn verhaften?«

Eine von Bryns Weisheiten fällt mir ein:

»Er ist zu gut, um ihn zu verhaften, wie wir in der Branche sagen.«

Ihr Blick kehrt zum ausgedörrten Hügel zurück.

»Danke, dass du uns zu Hilfe gekommen bist, Nat«, sagt sie. »Ich bedaure, dass wir diesen Gefallen nicht erwidern können. Ich finde, du solltest jetzt nach Hause zu Prue gehen.«

19.

Gott allein weiß, welche Art von Reaktion ich von Ed erwartete, als er zu unserem fünfzehnten Badmintonmatch im Athleticus in den Umkleideraum spaziert kam; ganz sicher kein fröhliches Grinsen und nicht das »Hi, Nat, schönes Wochenende gehabt?«, das mir entgegenschallte. Verräter, die ein paar Stunden zuvor ihren persönlichen Rubikon überschritten haben und wissen, dass es keinen Weg zurück gibt, strahlen meiner Erfahrung nach keine heitere Zufriedenheit aus. Viel häufiger folgt auf das Hochgefühl, im Mittelpunkt des Universums zu stehen, der Sturz in ein Gefühlswirrwarr aus Angst, Selbstbeschuldigung und größter Einsamkeit: Denn wem kann ich auf der Welt noch trauen, außer dem Feind?

Und selbst Ed mochte doch in der Zwischenzeit zu der Erkenntnis gelangt sein, dass die perfektionistische Anette nicht unbedingt die treueste unter all den Freunden für sämtliche Lebenslagen war, selbst wenn ihre Bewunderung für Jericho keine Grenzen kannte. Ist ihm noch etwas anderes bewusst geworden, wie zum Beispiel die Tatsache der gelegentlichen Unregelmäßigkeiten in ihrer deutsch-englischen Aussprache, wenn sie unwillkürlich in ein georgisch eingefärbtes Russisch verfiel und sich dann schnell wieder korrigierte? Oder die überzeichneten deutschen Manieren, ein wenig zu viel der Klischees, zu sehr *aus der Zeit gefallen*? Während ich ihn dabei beobachte, wie er aus seiner Alltagskleidung steigt, suche ich vergeblich nach irgendwelchen Anzeichen, die meinem ersten Eindruck widersprechen könnten: keine düstere Miene, wenn er sich unbeobachtet fühlt, keine Unsicherheit in Gestik oder im Tonfall.

»Mein Wochenende war bestens, danke«, erwidere ich. »Und deins?«

»Toll, Nat, ja, *wirklich* toll«, beteuert er.

Und da er mir meiner Einschätzung nach vom allerersten Tag nie auch nur im Geringsten etwas vorgespielt hat, wenn es um seine emotionale Haltung ging, kann ich nur annehmen, dass die ursprüngliche Euphorie des Verrats noch anhält und dass er – angesichts seiner Vorstellung, dass er die höhere Sache Großbritanniens in Europa zu befördern und nicht zu verraten glaubt – auch wirklich genau so zufrieden mit sich selbst ist, wie es den Anschein hat.

Wir bewegen uns in Richtung Court eins, Ed stapft vorneweg, schwingt seinen Schläger und kichert in sich hinein. Wir werfen einen Federball, um zu entscheiden, wer aufschlägt. Der Federball weist auf Eds Seite des Netzes. Vielleicht wird mir mein Schöpfer eines Tages offenbaren, wie es dazu kam, dass Ed seit jenem schwarzen Montag, mit dem seine ungebrochene Siegesserie begann, jedes Mal sogar auch den Wurf um den Aufschlag für sich entschieden hat.

Doch ich lasse mich nicht einschüchtern. Ich mag ja vielleicht nicht gerade in Topform sein. Infolge höherer Gewalt habe ich mein morgendliches Lauftraining und meine Übungen im Fitnessstudio versäumt. Doch heute habe ich mich, aus Gründen, die zu komplex sind, um sie zu entwirren, dazu entschlossen, ihn zu schlagen, koste es, was es wolle.

Wir gewinnen beide je zwei Spiele. Ed zeigt alle Anzeichen, wieder von einer seiner Dämmerphasen erfasst zu werden, plötzlich scheint ihm ein paar Ballwechsel lang das Gewinnen völlig egal zu sein. Wenn ich ihn weiterhin mit hohen Lobs an der hinteren Linie halte, wird er wild durch die Gegend schlagen. Ich serviere ihm einen hohen Lob. Doch statt den Ball ins Netz zu schmettern, wie mit Fug und Recht zu erwarten wäre, wirft er seinen Schläger in die Luft, fängt ihn auf und verkündet mit freundlicher Gewissheit:

»Das war's, danke, Nat. Heute haben wir beide gewonnen. Und wenn wir schon dabei sind, muss ich mich noch für etwas anderes bedanken.«

Für *etwas anderes*? Wie zum Beispiel für das Versehen, ihn als verdammten russischen Spion enttarnt zu haben? Er schlüpft unter dem Netz hindurch, klatscht mir eine Hand auf die Schulter – etwas Neues – und lenkt mich durch die Bar zu unserem Stammtisch, wo er mich zum Platznehmen auffordert. Er kehrt mit zwei eiskalten Gläsern Carlsberg, Oliven, Cashews und Chips zurück, setzt sich mir gegenüber, reicht mir ein Glas, erhebt sein eigenes und beginnt mit einer vorbereiteten Rede; dies in einer Stimme, die unerklärlicherweise wieder den Klang ihres Ursprungs im Norden angenommen hat:

»Nat, ich muss dir etwas sagen, das für mich, und hoffentlich auch für dich, von großer Wichtigkeit ist. Ich werde eine wunderbare Frau heiraten, und ohne dich hätte ich sie niemals kennengelernt. Ich bin dir sehr dankbar, nicht nur für unsere höchst kurzweiligen Badmintonspiele in den letzten Monaten, sondern auch dafür, dass du mich mit der Frau meiner Träume bekannt gemacht hast. Ich bin dir zutiefst dankbar. Ja.«

Schon lange vor dem »Ja« wusste ich, um wen es ging. Es gab nur eine wunderbare Frau, mit der ich ihn bekannt gemacht hatte, und der Legende zufolge, die Florence in ihrem Zorn nicht hatte mitspielen wollen, hatte ich sie bei genau zwei Gelegenheiten getroffen: das erste Mal, als ich in das Büro meines fiktiven Freundes, des Rohstoffmaklers, spaziert war, wo sie seine erstklassige Aushilfsassistentin gewesen war, und zum zweiten Mal, als sie mir mitteilte, dass ihr nicht nach weiteren beschissenen Lügen zumute wäre. Hatte sie in der Zwischenzeit ihrem Verlobten eröffnet, dass sein geschätzter Badmintonpartner ein altgedienter Spion ist? Falls die direkte Herzlichkeit, mit der er lächelt, während wir die Gläser heben, als Hinweis zu verstehen ist, dann hat sie nichts gesagt.

»Ed, das sind ja wirklich tolle Neuigkeiten«, sage ich, »aber wer *ist* denn diese wunderbare Frau?«

Wird er mich als Lügner und Schwindler beschimpfen, weil er ganz genau weiß, dass Florence und ich fast sechs Monate lang Seite an Seite gearbeitet haben? Oder wird er weiterhin tun, was er jetzt tut, nämlich mir dieses gerissene Magier-Grinsen zeigen, ihren Namen aus dem Hut zaubern und mich damit blenden?

»Erinnerst du dich denn nicht an *Florence?*«

Ich bemühe mich. Florence? *Florence?* Einen Augenblick. Liegt wohl am Alter. Ich schüttle den Kopf. Nein, tut mir leid.

»Die junge Frau, mit der wir *Badminton* gespielt haben, um Himmels willen, Nat«, bricht es aus ihm heraus. »Gleich *hier*. Mit Laura. Court drei. Denk mal nach! Sie hat für deinen Geschäftsfreund gearbeitet, und du hast sie mitgebracht für unser gemischtes Doppel.«

Lassen wir die Erinnerung zu.

»Aber natürlich! *Die* Florence. Eine wirklich tolle junge Frau. Meine herzlichsten Glückwünsche. Wie konnte ich nur so vergesslich sein? Mein lieber Mann –«

Wir schütteln uns die Hand, und ich versuche, mit zwei neuen unvereinbaren Informationen zurechtzukommen. Florence hat sich an den Berufseid gehalten, zumindest, was mich betrifft. Und Ed, ein russischer Spion, will eine noch vor Kurzem für meine Behörde tätige Frau heiraten und damit die Wahrscheinlichkeit für einen landesweiten Skandal noch unendlich erhöhen. Doch dies sind nur Gedankensplitter, die mir durch den Kopf gehen, während Ed seine Pläne ausbreitet bezüglich eines »kurzen Besuchs auf dem Standesamt ohne jeden Schnickschnack«.

»Ich habe meine Mum angerufen und sie war *begeistert*«, vertraut er mir an, beugt sich über sein Bier und packt in seiner Euphorie meinen Unterarm. »Sie ist extrem gläubig, meine Mum, genau wie Laura, schon immer gewesen. Und ich hab schon *befürchtet*, sie würde sagen, wenn Jesus nicht bei der Hochzeit anwesend ist, dann wird das nichts.«

Ich habe Bryn Jordan im Ohr: *Hat zwanzig Minuten lang in einer Kirche gesessen ... Reformierte Anglikaner ... Kein Silber.*

»Nur, dass Mum nicht reisen kann, jedenfalls nicht so ohne Weiteres«, erklärt er. »Nicht spontan. Bei ihrem Bein und mit Laura. Also hat sie gesagt: Macht es so, wie ihr beide es wollt. Und wenn ihr so weit seid, nicht eher, dann lasst ihr euch auch kirchlich trauen, mit einer großen Feier, zu der alle kommen können. Sie hält Florence für etwas ganz Besonderes – wer nicht? –, und Laura tut das auch. Wir haben uns also auf den Freitag geeinigt, am Standesamt Holborn, pünktlich um 12 Uhr, denn da wird es einen hohen Andrang geben, gerade vor dem Wochenende. Die schätzen höchstens eine Viertelstunde pro Paar, dann kommt das nächste dran, und ab in den Pub, wenn es dir und Prue so kurzfristig noch passt, wo sie doch eine so beschäftigte Spitzenanwältin ist.«

Ich setze das gütige, väterliche Lächeln auf, das Steff immer auf die Palme bringt. Ich habe meinen Unterarm nicht aus seiner Umklammerung gelöst. Ich lasse mir Zeit, um die erstaunlichen Neuigkeiten zu verarbeiten.

»Du willst also Prue und mich zu deiner Hochzeit einladen,

Ed«, bestätige ich mit angemessen feierlichem Pathos. »Florence und du. Wir sind sehr geehrt, anders kann ich es nicht sagen. Ich weiß, dass Prue das genauso empfinden wird. Sie hat schon so viel von dir gehört.«

Ich versuche noch, mit dieser bedeutsamen Nachricht zurechtzukommen, da setzt Ed noch einen drauf:

»Na ja, ich dachte, wenn du sowieso dabei bist, dann könntest du ja auch gleich – na ja – mein Trauzeuge sein oder so. Wenn das für dich in Ordnung ist«, fügt er hinzu und setzt wieder ein breites Grinsen auf, das, gepaart mit seinem neu entdeckten Bedürfnis, mich bei jeder Gelegenheit zu berühren, während dieses Gesprächs zu einer Art festem Bestandteil geworden ist.

Wende den Blick ab. Schau zu Boden. Bekomm den Kopf frei. Blicke wieder auf. Lächle in spontaner Überraschtheit:

»Natürlich ist das für mich in Ordnung, Ed. Aber du hast doch sicherlich jemanden in deinem Alter, der dir nähersteht? Einen alten Schulfreund? Jemanden von deiner Uni?«

Er denkt nach, zuckt mit den Schultern, schüttelt den Kopf und grinst einfältig. »Eigentlich nicht«, sagt er, und zu diesem Zeitpunkt weiß ich nicht mehr, was ich fühle oder was ich zu fühlen vorgeben soll. Ich befreie meinen Unterarm, und wieder geben wir uns, ganz englisch, die Hand.

»Und wir dachten, wenn das für Prue in Ordnung ist, dass sie die *Trauzeugin* sein kann, denn irgendwer muss das ja machen«, setzt er gnadenlos nach, als ob das alles nicht schon genug wäre. »Man kann sich auch jemanden vom Standesamt stellen lassen, wenn es dringend ist, aber wir fanden, Prue wäre besser. Und außerdem ist sie Anwältin, richtig? Dann läuft auch alles rechtlich einwandfrei und in bester Ordnung ab.«

»Das macht sie, Ed. So lange, wie sie sich von ihrer Arbeit losreißen kann«, ergänze ich vorsichtig.

»Ach, und wenn das für dich in Ordnung ist, ich habe für uns drei um halb neun einen Tisch beim Chinesen reserviert«, fährt er fort, gerade als ich denke, schon alles gehört zu haben.

»Heute Abend?«, frage ich.

»Wenn das in Ordnung ist«, antwortet er und blinzelt kurzsichtig zur Uhr hinter der Bar hinüber, die zehn Minuten vorgeht und auf der es Viertel nach acht ist. »Schade nur, dass Prue nicht kommen kann«, fügt er nachdenklich an. »Florence freut sich schon darauf, sie kennenzulernen. Wirklich. Ja.«

Tatsächlich hat Prue ausnahmsweise ihre Pro-bono-Beratungstermine abgesagt, sitzt zu Hause und wartet auf das Resultat dieser abendlichen Begegnung. Im Augenblick behalte ich dieses Wissen allerdings für mich, denn in der Zwischenzeit übernimmt der Profi in mir wieder die Kontrolle.

»Florence freut sich natürlich auch, *dich* näher kennenzulernen, Nat«, sagt Ed, für den Fall, dass er mir auf die Zehen getreten sein sollte. »Du als mein Trauzeuge und alles. Und auch wegen der ganzen Matches, die wir uns geliefert haben.«

»Ich freue mich auch, *sie* näher kennenzulernen«, sage ich und entschuldige mich kurz.

Auf dem Weg zur Toilette entdecke ich einen Tisch, an dem sich zwei Frauen und ein Mann angeregt unterhalten, als ich vorbeikomme. Wenn ich mich nicht täusche, dann habe ich die größere der zwei Frauen das letzte Mal gesehen, als sie im Ground Beta einen Kinderwagen geschoben hat. Im Gewirr aus männlichen Stimmen im Umkleidebereich mache ich Prue in angemessen neutralem Ton mit der guten Nachricht vertraut und weihe sie in meinen Spontanplan ein: Ich bringe die beiden nach dem Essen beim Chinesen mit nach Hause. Prues Stimme ändert sich nicht. Sie möchte wissen, ob es irgendetwas Besonderes gebe, das sie beachten müsse. Ich antworte, ich bräuchte eine Viertelstunde in meinem Arbeitszimmer, um wie versprochen bei Steff anzurufen. Aber natürlich, Liebling, sagt sie, sie werde die Stellung halten, und ob es sonst noch etwas gebe? Nicht dass ich spontan wüsste, erwidere ich. Ich habe gerade den ersten unwiderruflichen Schritt innerhalb eines Plans getan, der, wenn ich mich nicht irre, seit Bryns und meinem Treffen, und vielleicht auch schon davor, seinen unbewussten Ursprung in meinem zweiten Kopf hatte, wie Bryn es sagen würde; denn die Saat der Rebellion wird, unseren dienstinternen Seelenklempnern zufolge, lange vor der Tat gesät, die daraus erwächst.

In meiner eigenen Erinnerung an das kurze Gespräch mit Prue, das ich gerade beschrieben habe, bin ich die Sachlichkeit in Person. In Prues Erinnerung bin ich kurz davor, jede Sachlichkeit zu verlieren. Ohne Zweifel hat sie sofort an meiner Stimme erkannt, dass wir uns im Profimodus befinden, und das zeigt wieder einmal, dass ihr Ausscheiden aus dem Dienst, auch wenn ich das niemals so aussprechen darf, ein großer Verlust für die Behörde bleibt.

Im *Golden Moon* freut man sich, uns zu sehen. Der chinesische Besitzer ist lebenslanges Mitglied im Athleticus. Er ist beeindruckt, dass Ed mein regelmäßiger Gegner ist. Florence trifft pünktlich, aber in charmanter Zerstreutheit ein, und sofort stürzen sich die Kellner, die sich noch an ihren letzten Besuch erinnern, auf sie. Sie hat sich bis gerade eben noch mit Handwerkern herumgeschlagen, wie der Farbfleck auf ihrer Jeans beweist.

Nach allen rationalen Maßstäben müsste ich nun mit meinem Latein am Ende sein, doch noch bevor wir uns setzen, kann ich mich von meinen zwei größten Befürchtungen verabschieden. Florence hat beschlossen, sich an unsere recht unwahrscheinliche Tarngeschichte zu halten: Beweis dafür ist unser freundliches, aber distanziertes »Ach, hallo.« Meine Einladung auf einen Kaffee mit Prue nach dem Essen, auf der meine gesamte Planung basiert, trifft auf herzliche Zustimmung beim zukünftigen Hochzeitspaar. Alles, was ich zu tun habe, ist, ihnen zu Ehren eine Flasche Spumante zu bestellen – das Beste, was das Haus anstelle von Champagner anzubieten hat – und mit ihnen herumzualbern, bis ich die beiden nach Hause mitnehmen und mich in mein Arbeitszimmer schleichen kann.

Ich frage, und warum auch nicht, da es ja erst gestern war, dass ich die jungen Verliebten miteinander bekannt gemacht habe, ob es sich um Liebe auf den ersten Blick gehandelt habe. Beide zeigen sich verwirrt ob dieser Frage, nicht, weil sie sie nicht beantworten können, sondern weil sie sie als überflüssig betrachten. Na ja, da sei ja das gemischte Doppel gewesen, richtig? – so als würde das alles erklären, was es ja wohl kaum tut, da ich mich hartnäckig an eine nach ihrer Kündigung wutentbrannte Florence erinnere. Und dann gab es da noch das chinesische Abendessen, das ich verpasst habe – »genau an diesem Tisch, an dem wir gerade sitzen, richtig, Flo?«, erklärt Ed ganz stolz – ja, richtig, Stäbchen in der einen Hand, Liebkosungen mit der anderen. »Und von da an – na, da war die Sache eigentlich entschieden, oder, Flo?«

Höre ich recht? *Flo? Nenne sie nur ja nie Flo* – es sei denn, du bist der Mann ihres Lebens? Ihr Heiratsgeplapper und ihr Unvermögen, die Finger voneinander zu lassen, erinnern mich an Steff und Juno beim Sonntagsessen. Ich erzähle, dass Steff ebenfalls verlobt sei, und sie brechen in symbiotische Heiterkeit aus. Ich gebe meine neue Partyanekdote über die Riesenfledermäuse von Barro Colorado zum Besten. Mein einziges Problem ist nur, dass ich jedes Mal, wenn Ed sich in die Unterhaltung einbringt, seine fröhliche, von Liebe durchsetzte Stimme mit jener widerwilligen Version ihrer selbst vergleiche, die sich Valentina alias Anette alias GAMMA drei Abende zuvor gefallen lassen musste.

Ich tue so, als hätte ich keinen vernünftigen Handyempfang, gehe hinaus auf die Straße, rufe noch einmal bei Prue an und wähle wieder diesen lässigen Ton. Auf der anderen Straßenseite steht ein weißer Lieferwagen.

»Irgendwelche Probleme?«, fragt Prue.

»Eigentlich nicht. Ich wollte nur sichergehen«, antworte ich und komme mir dumm vor.

Ich kehre an den Tisch zurück und bestätige, dass Prue bereits aus der Kanzlei zurück ist und uns schon neugierig erwartet. Meine Ankündigung wird von zwei Männern am Nachbartisch belauscht, beides langsame Esser. Aufgrund ihres professionellen Hintergrunds essen sie weiter, als wir gehen.

In meiner Personalakte in der Zentrale ist klipp und klar festgehalten, dass ich zwar in der Praxis zu erstklassigen operationellen Denkansätzen in der Lage bin, dies aber nicht über meine Schriftstücke gesagt werden kann. Während wir drei also Arm in Arm die paar Hundert Meter zu meinem Haus ziehen – Ed hat eine gute halbe Flasche Spumante intus und besteht darauf, dass ich als sein Trauzeuge den Griff seiner knochigen linken Hand zu erdulden habe –, wird mir klar, dass ich zwar über ein paar erstklassige Denkansätze verfüge, doch von nun ab alles von der Qualität meiner Planungen abhängt.

Bislang war ich bei meinen Beschreibungen von Prue recht zurückhaltend, aber nur, weil ich darauf gewartet habe, dass sich die Wolken unserer erzwungenen Entfremdung verziehen und sich unsere gegenseitige Wertschätzung in den gebührenden Farben zeigen kann; das ist dank Prues lebensrettender Grundsatzaussage am Morgen nach der Inquisition durch meine verehrten Kollegen eingetreten.

Unsere Ehe mag womöglich nicht für jeden nachvollziehbar sein, und das gilt auch für Prue. Freimütige, leicht linksgerichtete Anwältin der Armen und Unterdrückten; unerschrockene Verfechterin von Sammelklagen; Battersea-Bolschewikin; keiner dieser direkten Titel, die ihr anhaften, werden der Prue gerecht, die ich kenne. Trotz ihrer vielversprechenden Herkunft hat sie alles aus eigener Kraft erreicht. Ihr Vater, ein Richter, war ein Mistkerl, der Kampfeswillen bei seinen Kindern hasste, ihnen das Leben zur Hölle machte und sich weigerte, Prue im Studium oder an der Law School zu unterstützen. Ihre Mutter erlag dem Alkohol. Ihr Bruder ging vor die Hunde. Was mich persönlich betrifft, müssen ihre humane Art und ihr gesunder Menschenverstand nicht extra betont werden, anderen, vor allem meinen verehrten Kollegen, gegenüber aber schon.

Die überschwängliche Begrüßung ist vorüber. Wir vier haben es uns im Wintergarten unseres Hauses in Battersea bequem gemacht und ergehen uns in fröhlichen Banalitäten. Prue und Ed sitzen auf dem Sofa. Prue hat die Türen zum Garten geöffnet, um die leichte Brise hereinzulassen, die aufgekommen ist. Sie hat Kerzen aufgestellt und für das zukünftige Brautpaar eine Schachtel Pralinen aus ihrer Geschenkeschublade gezogen. Sie hat eine Flasche alten Armagnac aufgetrieben, von der ich nicht mal gewusst habe, dass wir sie hatten, und Kaffee in die große Picknickthermoskanne gefüllt. Doch da ist etwas, das sie sich bei all dem Spaß noch unbedingt von der Seele reden will:

»Nat, Liebling, tut mir leid, aber *bitte* vergiss nicht, dass du und Steff noch etwas Dringendes zu besprechen habt. 21 Uhr, hast du, glaube ich, gesagt« – mein Stichwort, um auf die Uhr zu schauen, aufzuspringen und mit einem hastigen »Gott sei Dank hast du mich daran erinnert, bin sofort wieder zurück« in mein Arbeitszimmer hinaufzueilen.

Ich nehme das gerahmte Foto meines verstorbenen Vaters in Paradeuniform von der Wand, lege es mit dem Bild nach oben auf meinen Schreibtisch, ziehe einen Stapel Schreibpapier aus der Schublade und lege ein einzelnes Blatt nach dem anderen auf die Glasscheibe, um keinen Abdruck zu hinterlassen. Erst später geht mir auf, dass ich damit uralte Dienstvorschriften beachte, während ich mich daranmache, anderweitig gegen sämtliche Regeln zu verstoßen.

Als Erstes erstelle ich eine Zusammenfassung der Informationen, die bislang über Ed vorliegen. Dann halte ich zehn Einsatzanweisungen fest, einen sauberen Absatz nach dem anderen, keine blöden Adverbien, wie Florence sagen würde. Ich setze ihr früheres Dienstkürzel an den Anfang des Dokuments und meins ans Ende. Ich gehe noch einmal durch, was ich geschrieben habe, kann keinen Fehler entdecken, falte die Seiten doppelt, stecke sie in einen einfachen braunen Umschlag und schreibe mit ungelenker Handschrift *Rechnung für Mrs Florence Shannon* darauf.

Ich kehre in den Wintergarten zurück und stelle fest, dass ich überflüssig bin. Prue hat Florence bereits als weitere aus den Klauen des Büros Geflohene erkannt (ohne diese Erkenntnis zu offenbaren), und damit als eine Frau, zu der sie sofort einen engen, wenn auch unspezifischen Draht hat. Aktueller Gesprächsinhalt sind Handwerker. Florence, die trotz ihrer angeblichen Vorliebe für Burgunder ein ordentlich gefülltes Glas Armagnac in der Hand hält, hat das Wort, während Ed neben ihr auf dem Sofa döst und gelegentlich die Augen aufschlägt, um sie anzuhimmeln.

»*Ganz ehrlich*, Prue, wenn ich mit polnischen Maurern, bulgarischen Schreinern und einem schottischen Vorarbeiter zu tun habe, dann denke ich manchmal: Wo bleiben nur die blöden *Untertitel?*«, verkündet Florence unter Ausbruch in Gelächter.

Sie muss mal. Prue zeigt ihr den Weg. Ed schaut ihnen hinterher, lässt dann den Kopf sinken, schiebt die Hände zwischen die Knie und verfällt in eine seiner Träumereien. Florence' Lederjacke hängt über der Stuhllehne. Unbemerkt von Ed nehme ich sie, bringe sie in den Flur, schiebe den braunen Umschlag in die rechte Tasche und hänge sie neben der Haustür auf. Florence und Prue kehren zurück. Florence bemerkt, dass ihre Jacke fehlt, und schaut mich fragend an. Ed hat noch immer den Kopf gesenkt.

»Ach. Deine Jacke«, sage ich. »Ich hatte spontan Sorge, du könntest sie vergessen. Da schaute etwas aus der Tasche heraus. Es sah verdächtig nach einer Rechnung aus.«

»Ach, Mist«, erwidert sie, ohne zu zögern. »Wahrscheinlich der polnische Elektriker.«

Botschaft angekommen.

Prue gibt eine Kurzfassung ihres anhaltenden Kampfes gegen die Bosse der großen Pharmafirmen. Florence reagiert darauf mit einem kräftigen »Das sind doch die Schlimmsten von allen. Verflucht noch mal.« Ed schläft schon halb. Ich sage, es sei wohl Zeit, dass alle braven Kinder ins Bett gingen. Florence pflichtet mir bei. Sie würden ja auf der anderen Seite der Stadt wohnen, merkt sie an, so, als wüsste ich das nicht: Anderthalb Kilometer mit dem Fahrrad von Ground Beta entfernt, um genau zu sein, aber das sagt sie natürlich nicht. Vielleicht weiß sie auch nichts davon. Ich nehme mein Privathandy und bestelle ein Uber. Der Wagen kommt gespenstisch schnell. Ich helfe Florence in ihre Lederjacke. Der Abschied verläuft nach der ganzen Danksagerei glücklicherweise kurz.

»Es war wirklich, wirklich toll, Prue«, sagt Florence.

»Fantastisch«, pflichtet ihr Ed aus einem Nebel aus Müdigkeit, Spumante und altem Armagnac bei.

Wir stehen in der Tür und winken dem davonfahrenden Wagen nach, bis er nicht mehr zu sehen ist. Prue packt mich am Arm. Wie wäre es in dieser perfekten Sommernacht mit einem Spaziergang im Park?

An der nördlichen Grenze des Parks gibt es eine Bank, die ein wenig abseits des Fußwegs auf einer eigenen kleinen Fläche zwischen dem Fluss und einer Gruppe von Weiden steht. Prue und ich nennen sie *unsere Bank* und sitzen nach Dinnerpartys gern dort, wenn das Wetter es erlaubt und wir die Gäste zu einer vernünftigen Uhrzeit losgeworden sind. Meiner Erinnerung nach wechseln wir aus einem aus Moskauer Zeiten übrig gebliebenen Instinkt kein verdächtiges Wort, bis wir Platz nehmen und unsere leisen Stimmen vom Lärm des Flusses und dem Grollen der nächtlichen Stadt übertönt werden.

»Glaubst du, das ist echt?«, frage ich sie, das längere Schweigen als Erster durchbrechend.

»Die beiden, meinst du?«

Prue, die mit ihrem Urteil meist vorsichtig ist, hat in diesem Fall keine Zweifel.

»Die beiden waren ein Topf und ein Deckel, die einander gefunden haben«, erklärt sie rundheraus. »So sieht es Florence, und dem schließe ich mich gern an. Sie sind aus demselben Holz geschnitzt, und solange sie glaubt, dass alles in Ordnung ist, wird er glauben, was sie glaubt. Sie hofft, schwanger zu sein, ist sich aber nicht sicher. Was immer du also wegen Ed ausheckst, denk daran, dass wir es für alle drei tun.«

Prue und ich mögen vielleicht unterschiedlicher Ansicht darüber sein, wer von uns in dem geflüsterten Gespräch was gedacht oder gesagt hat, aber ich erinnere mich ganz genau daran, dass unsere Stimmen auf Moskauer Niveau sanken, so als säßen wir auf einer Bank im Gorki-Park für Kultur und Erholung, und nicht mitten im Battersea Park. Ich berichtete ihr alles, was Bryn mir gesagt hatte, und alles, was Reni mir gesagt hatte, und Prue hörte kommentarlos zu. Ich hielt mich kaum mit Valentina und der Geschichte von Eds Demaskierung auf, denn das lag ja schon in weiter Vergangenheit. Der entscheidende Punkt, wie so oft bei der operationellen Planung, bestand in der Frage, wie wir die Ressourcen des Feindes gegen ihn verwenden konnten, wobei ich allerdings nicht so schnell damit bei der Hand war, die Behörde als Feind zu betrachten, wie Prue.

Als wir uns an die Feinarbeit dessen machten, was nach und nach zu unserem Masterplan wurde, war ich voller Dankbarkeit, weil unsere Gedanken und Worte sich auf eine Weise zusammenfügten, bei der es unwichtig wurde, wer der Urheber war. Doch Prue sieht das aus bestimmten Gründen anders. Sie verweist auf die vorbereitenden Schritte, die ich bereits unternommen hatte, und zitiert meinen immens wichtigen, handgeschriebenen Brief an Florence mit den Anweisungen. Ihrer Version nach bin ich die treibende Kraft, und sie folgt in meinem Kielwasser: dies alles, nur um nicht zugeben zu müssen, dass die Agentengattin ihrer Jugend und die Anwältin von heute auch nur entfernt miteinander verbunden sind.

Sicher ist jedenfalls, dass Prue und ich uns, als ich mich von unserer Bank erhob, innerhalb von Prues Hörweite ein paar Meter am Fluss entlangging und auf die Taste des manipulierten Handys drückte, das Bryn Jordan mir gegeben hatte, in allen wichtigen Fragen absolut einig waren.

Bryn hatte mich gewarnt, dass er irgendwo zwischen London und Washington unterwegs sein könnte, doch der Hintergrundlärm, den ich vernehme, verrät mir, dass er sich auf festem Land befindet, dass er Menschen, überwiegend Männer, um sich hat und dass es sich um Amerikaner handelt. Folglich ist meine Vermutung, dass er sich in Washington aufhält und ich in ein Meeting platze, was bedeutet, dass ich mit ein wenig Glück nicht seine ganze Aufmerksamkeit habe.

»Ja, Nat. Wie geht's uns denn?« – der gewohnheitsmäßig freundliche Ton, von Ungeduld durchsetzt.

»Ed will heiraten, Bryn«, teile ich ihm rundheraus mit. »Am Freitag. Meine frühere Nummer zwei in der Oase. Die Frau, von der wir gesprochen haben. Florence. Im Standesamt in Holborn. Sie haben vor ein paar Minuten unser Haus verlassen.«

Er klingt nicht überrascht. Er weiß es schon. Er weiß mehr als ich. Aber wann war das schon mal anders? Doch ich stehe nicht mehr unter seinem Kommando. Ich bin mein eigener Herr. Er braucht mich mehr als ich ihn. Denk daran.

»Er möchte, dass ich sein Trauzeuge bin, kannst du das glauben?«, füge ich hinzu.

»Und du hast angenommen?«

»Was erwartest du von mir?«

Seitliches Gemurmel, er klärt etwas Dringendes. »Du hattest eine ganze Stunde allein mit ihm im Verein neulich«, erinnert mich Bryn gereizt. »Warum zum Teufel hast du dich nicht auf ihn gestürzt?«

»Wie hätte ich das denn anstellen sollen?«

»Indem du ihm gesagt hättest, dass es noch ein paar Dinge gibt, die er über sich wissen sollte, bevor du die Aufgabe als Trauzeuge übernehmen kannst, an der Stelle hättest du ansetzen können. Ich habe verdammt große Lust, Guy die Aufgabe zu überlassen. Der fackelt nicht lang.«

»Bryn, hörst du mir bitte zu? Die Hochzeit ist in vier Tagen. Shannon ist in einer völlig anderen Umlaufbahn. Hier geht es nicht um die Frage, wer von uns ihn stellt. Es geht darum, ob wir ihn jetzt stellen oder damit bis nach der Hochzeit warten.«

Ich bin ebenfalls genervt. Ich bin ein freier Mann. Von unserer Bank fünf Meter vom Fluss entfernt aus schenkt Prue mir ein stummes, zustimmendes Nicken.

»Shannon ist nicht bei sich, Bryn, um Himmels willen. Ich habe guten Grund zu der Annahme, wenn ich ihn jetzt anspreche, wird er mir erzählen, ich soll mich verziehen, egal, was passiert. Bryn?«

»Warte!«

Ich warte.

»Hörst du zu?«

Ja, Bryn.

»Ich werde *nicht* zulassen, dass Shannon zu einem weiteren Treff mit Gamma oder sonst wem geht, bis wir ihn im Sack haben. Hast du verstanden?«

Treff. Eine geheime Begegnung. Deutscher Spionageausdruck. Und Bryns.

»Und das soll ich ihm ernsthaft *mitteilen?*«, entgegne ich erzürnt.

»Du sollst mit deinem verfluchten Auftrag vorankommen und keine Zeit mehr verschwenden«, schnauzt er zurück, und die Hitze zwischen uns nimmt zu.

»Ich sag's dir noch mal, Bryn. In seiner momentanen Stimmung ist er unkontrollierbar. Punkt. Ich werde ihn nicht anrühren, bis er wieder auf dem Boden ist.«

»Und was zum Teufel *wirst* du anrühren?«

»Lass mich mit seiner Verlobten reden, mit Florence. Sie ist der einzig mögliche Zugang zu ihm.«

»Sie wird ihm einen Tipp geben.«

»Sie kennt die Behörde und hat für mich gearbeitet. Sie ist

clever, und sie weiß um das Risiko. Wenn ich ihr die Situation klarmache, wird sie sie Shannon klarmachen.«

Hintergrundgemurmel, dann ist er wieder in der Leitung.

»Hat sie eine *Ahnung*? Das Mädchen. Was ihr Freund vorhat.«

»Ich bin mir nicht sicher, ob das von Bedeutung ist, Bryn. Nicht, solange ich ihr die Lage nicht ein einziges Mal erklärt habe. Und wenn sie mit drinhängt, dann weiß sie, dass sie ebenfalls über die Klippe geht.«

Bryns Stimme wird etwas ruhiger.

»Und was schlägst du als mögliches Annäherungsszenario vor?«

»Ich lade sie zum Essen ein.«

Wieder seitliches Gemurmel. Dann eine vehemente Reaktion: »Du tust *was*?«

»Sie ist erwachsen, Bryn. Sie wird nicht hysterisch, und sie mag Fisch.«

Stimmen im Hintergrund, doch die von Bryn ist nicht darunter. Schließlich: »Und wohin willst du sie ausführen, um Himmels willen?«

»Dorthin, wo ich schon mal mit ihr war.« Der richtige Zeitpunkt, etwas temperamentvoller zu werden. »Hör mal, Bryn, wenn dir mein Vorschlag nicht gefällt, in Ordnung; übertrage Guy die verdammte Aufgabe. Oder komm zurück und mach es selbst.«

Auf unserer Bank macht Prue eine Bewegung mit dem Finger über die Kehle, als Zeichen, dass ich auflegen soll, doch Bryn kommt mir spontan zuvor: »Melde dich sofort bei mir, wenn du mit ihr gesprochen hast.«

Arm in Arm und mit zusammengesteckten Köpfen gehen Prue und ich nach Hause.

»Ich glaube, sie hat so eine *Ahnung*«, grübelt Prue. »Sie *weiß* vielleicht nicht sehr viel, aber genug, um in Sorgen zu verfallen.«

»Tja, in der Zwischenzeit sollte sie mehr als nur eine Ahnung haben«, entgegne ich harsch und stelle mir Florence vor, wie sie in ihrer Wohnung in Hoxton inmitten des Bauschutts hockt und meinen Zehn-Punkte-Plan liest, während Ed den Schlaf des Gerechten schläft.

20.

Es überraschte mich nicht – es hätte mich erheblich mehr überrascht, wenn dem nicht so gewesen wäre –, dass ich Florence' Gesicht noch nie so angespannt oder erstarrt gesehen hatte. Selbst damals nicht, als sie mir in ebendiesem Restaurant gegenübersaß und ihre Anklageschrift gegen Dom Trench und seine wohltätige Baroness vortrug.

Und mein eigenes Gesicht in den vielen Spiegeln, tja: professionelles Pokerface beschreibt es wohl am besten.

Das Restaurant ist L-förmig angelegt. Im schmaleren Teil gibt es eine Bar mit gepolsterten Bänken für die Gäste, denen man mitgeteilt hat, dass ihr Tisch noch nicht frei sei, und ob sie sich nicht setzen und einen Champagner für zwölf Pfund das Glas trinken wollen? Und genau das tue ich jetzt gerade, während ich darauf warte, dass Florence ihren Auftritt hat. Ich bin allerdings nicht der Einzige, der auf sie wartet. Verschwunden sind die Kellner, die an schläfrige Wespen erinnerten. Das Personal ist übertrieben aufmerksam, angefangen vom Oberkellner, der es gar nicht abwarten kann, mir den Tisch zu zeigen, den ich reserviert habe, oder sich zu erkundigen, ob Madame oder ich irgendwelche ernährungstechnischen Einschränkungen oder besondere Wünsche hätten. Unser Tisch ist nicht, wie gewünscht, im Fensterbereich – leider waren unsere Fenstertische schon lange ausgebucht, Sir –, doch er wagt zu hoffen, dass diese ruhige Ecke mir zusagt. »Und Percy Price' Wanzen«, hätte er hinzufügen können, denn Percy zufolge können Fenster einem die Aufnahmequalität verhunzen, wenn man es mit lautem Hintergrundgeplauder zu tun hat.

Doch selbst Percys Zauberkünstler können nicht alle Winkel und Ecken einer vollen Bar abdecken, daher meine Antwort auf die nächste Frage des Oberkellners, die er in die Möglichkeitsform verpackt, den geliebten Modus dieses Berufsstandes:

Und ob wir überlegen möchten, uns direkt an den Tisch zu setzen und unseren Aperitif in aller Ruhe zu genießen, oder es an der Bar versuchen möchten, wo es manchen doch ein wenig zu lebhaft werden *kann*?

Lebhaft ist genau das, was ich brauche, und Percys Wanzen nicht, also beschließe ich, dass wir es an der Bar versuchen. Ich suche mir ein Plüschsofa für zwei und bestelle ein großes Glas Burgunder, dazu ein Zwölf-Pfund-Gläschen Champagner. Eine Gruppe von Gästen kommt herein, höchstwahrscheinlich von Percy bereitgestellt. Florence muss sich ihnen angeschlossen haben, denn ehe ich mich's versehe, sitzt sie schon ohne viel Aufhebens neben mir. Ich deute auf ihr Glas Burgunder. Sie schüttelt den Kopf, also bestelle ich ein Glas Wasser mit Eis und Zitrone. Statt der Bürokleidung trägt sie ihren schicken Hosenanzug. Statt des schäbigen Silberrings am Ringfinger trägt sie nichts.

Ich habe einen marineblauen Blazer und eine graue Flanellhose an. In der rechten Tasche meines Blazers steckt ein Lippenstift in einem zylindrischen Messinghalter. Ein japanisches Produkt, Prues einzige Schwäche. Schneidet man die untere Hälfte des Lippenstifts ab, hat man eine Aushöhlung, die tief und breit genug ist, um einen ordentlichen Streifen Mikrofilm oder, in meinem Fall, eine handschriftliche Notiz auf einem winzigen Stück Papier aufzunehmen.

Florence' Haltung ist gespielt lässig, exakt so, wie sie sein soll. Ich habe sie zum Essen eingeladen, aber mein Ton war rätselhaft, und um welche Legende es sich handelt, muss sie erst noch herausfinden: Habe ich sie in meiner Eigenschaft als Trauzeuge ihres zukünftigen Gatten eingeladen oder als ihr ehemaliger Vorgesetzter? Wir tauschen Banalitäten aus. Sie ist höflich, aber wachsam. Ich senke meine Stimme auf das Niveau unterhalb des Stimmengewirrs und komme auf den anstehenden Punkt zu sprechen:

»Erste Frage«, sage ich.

Sie holt Luft und neigt ihren Kopf derart nah zu mir, dass mich ihre Haare kitzeln.

»Ja, ich will ihn immer noch heiraten.«

»Nächste Frage?«

»Ja, ich habe ihm gesagt, er solle es tun, aber ich wusste nicht, was es war.«

»Aber du hast ihn ermutigt«, frage ich.

»Er meinte, da gebe es etwas, das er unternehmen müsse, um eine antieuropäische Verschwörung zu stoppen, dass es aber gegen die Vorschriften sei.«

»Und was hast du gesagt?«

»Wenn er es für richtig hielte, dann sollte er es tun, und scheiß auf die Vorschriften.«

Sie kümmert sich nicht weiter um meine Fragen, sondern macht direkt weiter.

»Nachdem er es getan hatte – das war am Freitag –, kam er nach Hause und weinte. Er wollte nicht sagen, warum. Ich sagte zu ihm, wenn er der Überzeugung sei, das, was er getan habe, sei richtig, dann sei alles in Ordnung. Er sagte, er sei der Überzeugung. Dann sei ja alles in Ordnung, oder?, meinte ich.«

Sie vergisst ganz ihren vorherigen Entschluss und trinkt einen Schluck Burgunder.

»Und wenn er herausfindet, mit wem er es tatsächlich zu tun hat?«, hake ich nach.

»Dann würde er sich stellen oder umbringen. Ist es das, was du hören willst?«

»Es geht um Informationen.«

Sie hebt die Stimme, fasst sich aber wieder und flüstert. »Er kann nicht lügen, Nat. Die Wahrheit ist alles, was er kennt. Er wäre als Doppelagent völlig nutzlos, selbst wenn er sich dazu bereit erklären würde, was er niemals machen wird.«

»Und eure Hochzeitspläne?«, frage ich.

»Ich habe Gott und die Welt eingeladen, sich mit uns hinterher im Pub zu treffen, wie du uns angewiesen hast. Ed glaubt, ich hätte den Verstand verloren.«

»Und wohin fahrt ihr in die Flitterwochen?«

»Nirgendwohin.«

»Sobald du nach Hause kommst, buchst du ein Hotel in Torquay. Das *Imperial* oder so. Die Hochzeitssuite. Zwei Nächte. Wenn eine Anzahlung verlangt wird, dann leistest du sie. Jetzt öffne deine Handtasche und stell sie zwischen uns.«

Sie öffnet die Handtasche, zieht ein Taschentuch heraus, tupft sich ein Auge ab und lässt unachtsamerweise die Tasche offen zwischen uns stehen. Ich trinke einen Schluck Champagner, strecke die linke Hand aus und lasse Prues Lippenstift hineinfallen.

»Sobald wir am Tisch sitzen, sind wir live auf Sendung«, sage ich zu ihr. »Der Tisch ist verwanzt, und das Restaurant ist gesteckt voll mit Percys Leuten. Stell dich so kompliziert an wie immer, und dann legst du noch eins drauf. Verstanden?«

Distanziertes Nicken.

»Sag es.«

»Schon verstanden, verfluchte Kacke«, zischt sie mich an.

Der Oberkellner wartet auf uns. Wir setzen uns an unserem

netten Ecktisch einander gegenüber. Der Oberkellner versichert mir, ich hätte die beste Sicht auf den Raum. Percy muss ihn wohl in einen Fortgeschrittenenkurs für Süßholzraspler geschickt haben. Dieselben riesigen Speisekarten. Ich bestehe darauf, Vorspeisen zu bestellen. Florence willigt ein. Ich dränge ihr den Räucherlachs auf, und sie bestellt ihn. Als Hauptgericht gibt es Steinbutt.

»Sie wünschen also heute dasselbe wie beim letzten Mal, Sir«, verkündet der Oberkellner, so als würde das den Unterschied zu all den anderen Tagen ausmachen.

Bis zu diesem Augenblick hat Florence es geschafft, mich nicht anzuschauen. Jetzt tut sie es.

»Können Sie mir wohl erklären, warum zum *Teufel* Sie mich hierhergeschleift haben?«, will sie plötzlich wissen.

»Sehr gern«, entgegne ich mit ebenso zusammengebissenen Zähnen. »Der Mann, mit dem Sie zusammenleben und den Sie offenbar zu heiraten gedenken, ist durch den Dienst, dem Sie selbst mal angehört haben, als williger Gehilfe des russischen Geheimdienstes identifiziert worden. Aber vielleicht ist das ja nichts Neues für Sie? Oder doch?«

Vorhang auf. Wir sind auf Sendung. Ein Widerhall von Prue und mir, wie wir in Moskau unsere Show für die Mikrofone abziehen.

In der Oase hatte man mir gesagt, dass Florence ziemlich hitzköpfig sein kann, aber bis heute habe ich das nur auf dem Badmintonfeld zu spüren bekommen. Falls Sie mich fragen, ob es echt oder nur gespielt war, so kann ich darauf nur antworten, dass sie ein Naturtalent ist. Das hier war Improvisationskunst von höchster Güte: Kunst frei Schnauze, beseelt, spontan, gnadenlos.

Erst hört sie mich regungslos und mit starrem Gesicht an. Ich sage ihr, dass wir über unwiderlegbare Bild- und Tonaufnahmen von Eds Verrat verfügen. Ich erkläre ihr, dass sie sich gern die Aufnahmen anschauen kann, was eine glatte Lüge ist. Ich sage, dass wir allen Grund zu der Annahme haben, dass sie zu dem Zeitpunkt, als sie davongestürmt ist, vom Hass auf die politische Elite Großbritanniens zerfressen war, und es mich daher nicht sonderlich überrascht, zu erfahren, dass sie sich mit einem verbitterten Loser zu einem Rachefeldzug zusammengetan hat, um unsere heißesten Geheimnisse den Russen anzubieten. Ich teile ihr mit, dass ich trotz dieser ungeheuren Dummheit, wenn nicht gar Schlimmerem, dazu befugt bin, eine Rettungsleine vorzuschlagen:

»Sie erklären Ed in einfachen Worten, dass er himmelhoch aufgeflogen ist. Sie sagen ihm, dass wir handfeste, wasserdichte Beweise haben. Sie teilen ihm mit, dass sein eigener Dienst ihm an die Kehle will, dass ihm aber noch ein Weg zur Rettung offensteht, wenn er sich zu umfassender Zusammenarbeit bereit erklärt. Falls er das infrage stellt, so lautet die Alternative zur Zusammenarbeit: eine sehr lange Gefängnisstrafe.«

All dies in geringer Lautstärke, müssen Sie wissen, kein Drama, unterbrochen nur durch das Auftragen des Räucherlachses. Ich kann an ihrem ungebrochenen Schweigen erkennen, dass sie sich in einen wahren Rausch aus rechtschaffener Wut hineinsteigert, doch nichts, was ich bislang von ihr gesehen oder gehört habe, hat mich auf das Ausmaß der Explosion vorbereitet. Mit keinem Wort geht sie auf die vollkommen eindeutige Botschaft ein, die ich ihr gerade geliefert habe, sondern stürzt sich frontal auf den Boten: mich.

Ich glaube wohl, nur weil ich ein Spion sei, gehöre ich zu den von Gott Auserwählten, halte mich für den Nabel des verfluchten Universums, dabei bin ich nichts anderes als ein weiterer dieser überdominanten Privatschulwichser. Ich mache meine

Fangzüge beim Badminton. So angle ich mir die schönen Jungs. Ich hab mich in Ed verknallt, und nur weil er meine Annäherungen abgewiesen hat, stelle ich ihn jetzt als russischen Spion hin.

So stürzt sie sich blindlings voller Wut auf mich, ist ein verwundetes Tier, die animalische Beschützerin ihres Mannes und ihres ungeborenen Kindes. Wenn sie die ganze Nacht damit zugebracht hätte, jeden schwarzen Gedanken zusammenzutragen, den sie je über mich gehegt hat, dann hätte sie keine bessere Arbeit abliefern können.

Nach einer überflüssigen Unterbrechung durch den Oberkellner, der darauf besteht, zu erfahren, ob alles in Ordnung sei, setzt sie ihre Anschuldigungen fort. Und wie direkt aus dem Handbuch präsentiert sie mir ihren ersten taktischen Plan B:

»Na gut, *nehmen wir mal an* – rein theroretisch –, dass Ed in einen Loyalitätskonflikt geraten ist. Nehmen wir an, dass er mal in einer Nacht auf Sauftour war und die Russen ein *kompromat* gegen ihn haben. Und dass Ed mitgespielt hat, was er in tausend Jahren nicht tun würde, aber nur mal angenommen. Glaube ich denn *wirklich*, dass er *ohne irgendwelche Bedingungen* als *verfluchter Doppelagent* anheuern würde, obwohl er genau wisse, dass er jederzeit, wann immer uns danach wäre, in einer Grube landen könnte? Kurz gesagt, möchte ich ihr doch bitte mal verraten, *welche Art von Garantien meine Behörde* einem Doppelagenten anzubieten hat, der nichts vorzuweisen hat, während er seinen Kopf in den verfluchten Rachen des Löwen stecken soll?«

Und als ich darauf erwidere, dass Ed nicht in der Position ist, über irgendetwas zu verhandeln, und uns entweder vertrauen oder die Konsequenzen hinnehmen muss, rettet mich nur das Servieren des Steinbutts vor einem weiteren Angriff, und sie attackiert den Fisch mit kurzen wütenden Gabelstichen und klopft die weiteren taktischen Möglichkeiten ab:

»Nehmen wir mal an, er arbeitet *tatsächlich* für den Dienst«, räumt sie mit ein wenig sanfterer Stimme ein. »Nur mal angenommen. Sagen wir, ich kann ihn dazu überreden, was ich ja müsste. Und er versaut den Job, oder die Russen durchschauen ihn, was auch immer zuerst kommt. *Was* dann? Er wäre aufgeflogen, er wäre verbraucht, scheiß drauf, er gehört auf den Müll. Warum sollte er sich den ganzen Mist überhaupt antun? Wozu die Mühe? Warum sollte er nicht einfach sagen, sie können ihn alle mal, und ins Gefängnis gehen? Was wäre denn letztlich schlimmer? Von beiden Seiten manipuliert zu werden wie eine Scheißmarionette und tot in irgendeiner Hintergasse zu enden, oder seine gerechte Strafe abzusitzen und heil wieder rauszukommen?«

Das ist mein Stichwort, um die ganze Angelegenheit auf die Spitze zu treiben:

»Sie übersehen bewusst das Ausmaß seines Verbrechens und den Berg an glasklaren Beweisen gegen ihn«, sage ich in einem Ton fester Überzeugung und Endgültigkeit. »Alles andere ist reine Spekulation. Ihr zukünftiger Gatte steckt bis zum Hals in Schwierigkeiten, und wir bieten Ihnen eine Chance, ihn rauszubuddeln. Ich fürchte, es gilt hier das Prinzip von friss oder stirb.«

Doch dies löst nur eine weitere bissige Reaktion aus:

»Ach, jetzt sind Sie auf einmal Richter und Geschworene in einem? Scheiß auf die Gerichte! Scheiß auf einen fairen Prozess! Scheiß auf *Menschenrechte* und all das, wofür Ihre Zivilgesellschaftsfrau glaubt einzutreten!«

Erst nach einer längeren Denkpause auf ihrer Seite erziele ich den widerwilligen Durchbruch, den zu erreichen sie mich lange hat schuften lassen. Und selbst an dem Punkt schafft sie es noch, sich eine Spur von Würde zu bewahren: »Ich gebe gar nichts zu, okay? Nicht das kleinste bisschen.«

»Fahren Sie fort.«

»Falls, und nur *falls* Ed sagt: Also gut, ich hab einen Fehler gemacht, ich liebe mein Land und werde kollaborieren, ich mache den Doppelagenten, ich gehe das Risiko ein. *Falls* er das tut. Wird ihm eine Amnestie gewährt?«

Ich spiele auf Zeit. Versprich nichts, was du nicht auch zurücknehmen kannst. Eine von Bryns Weisheiten.

»Wenn er sie sich verdient und wir *entscheiden*, dass er sie verdient hat, und wenn der Innenminister das absegnet: Ja, dann wird ihm aller Wahrscheinlichkeit nach eine Amnestie gewährt.«

»Und *was dann*? Soll er seinen Hals einfach so für lau riskieren? Und ich? Wie wär's mit einem Risikozuschlag?«

Es ist genug. Florence ist erschöpft, ich bin erschöpft. Zeit, einen Schlussstrich zu ziehen.

»Florence, wir haben große Anstrengungen unternommen, um Sie zu treffen. Wir verlangen uneingeschränkte Zusammenarbeit. Von Ihnen und von Ed. Im Gegenzug bieten wir professionelle Betreuung und volle Unterstützung. Bryn braucht eine klare Antwort. *Jetzt.* Nicht morgen. Also entweder, ja, Bryn, mach ich. Oder nein, Bryn, und die Konsequenzen hinnehmen. Welche Variante soll es sein?«

»Erst muss ich Ed heiraten«, sagt sie, ohne den Kopf zu heben. »Nicht vorher.«

»Vorher sagen Sie ihm nicht, worauf wir uns gerade geeinigt haben?«

»Ja.«

»Wann werden Sie es ihm sagen?«

»Nach Torquay.«

»Torquay?«

»Wo wir unsere verfluchten achtundvierzig Stunden Flitterwochen verbringen werden«, schnauzt sie, in einem heftigen Wiederaufflammen ihrer Wut, von Neuem los.

Geteiltes Schweigen, einvernehmlich abgestimmt.

»Sind wir Freunde, Florence?«, frage ich. »Ich glaube schon.«

Ich strecke ihr die Hand hin. Sie greift mit noch immer gesenktem Kopf danach, erst zögernd, dann richtig, und ich gratuliere ihr heimlich zu der größten Aufführung ihres Lebens.

21.

Die zweieinhalb Tage Wartezeit hätten genauso gut auch hundert Tage gewesen sein können, und ich erinnere mich an jede einzelne Stunde. Florence war mit ihren Sticheleien zwar übers Ziel hinausgeschossen, aber ihre Vorwürfe hatten doch eine Grundlage, und bei den seltenen Gelegenheiten, zu denen ich nicht über die operationellen Schwierigkeiten grübelte, die uns bevorstanden, holte mich ihre beißende Darbietung in Gedanken ein und konfrontierte mich mit vielen Sünden, die ich nicht begangen hatte, aber auch mit recht vielen, die ich tatsächlich begangen hatte.

Seit ihrem Treueschwur hat Prue nicht ein einziges Mal auch nur die kleinsten Anzeichen gezeigt, dass sie ihre Zusage bereuen würde. Sie ließ keinerlei Schmerz über mein Treffen mit Reni erkennen. Schon seit Langem hatte sie derlei Dinge der unveränderlichen Vergangenheit überantwortet. Als ich es wagte, sie auf die Gefahren für ihre Anwaltskarriere hinzuweisen, erwiderte sie nur ein wenig bitter, das sei ihr durchaus bewusst, vielen Dank. Als ich sie fragte, ob irgendein britischer Richter einen Unterschied machen würde zwischen dem Verrat von Geheimnissen an die Deutschen gegenüber dem Verrat an die Russen, erwiderte sie mit einem grimmigen Lachen, dass in den Augen vieler verehrter Richter die Deutschen schlimmer wären.

Und die ganze Zeit über ging die ausgebildete Agentengattin in ihr, deren Präsenz sie weiterhin leugnet, ihren geheimen Pflichten mit einer Effizienz nach, die ich im Stillen als selbstverständlich betrachtete.

Im Berufsleben hatte sie ihren Familiennamen, Stoneway, wieder angenommen, und unter diesem Namen wies sie ihre Assistentin an, ihr einen Wagen zu mieten. Sollte die Leihfirma irgendwelche Führerscheindaten verlangen, so würde sie diese bei der Abholung liefern.

Auf meinen Wunsch hin rief sie zwei Mal bei Florence an, das erste Mal, um in Vertrautheit unter Frauen nachzufragen, in welchem Hotel in Torquay die Flitterwöchner absteigen würden, denn sie wolle gern Blumen schicken, und Nat sei ebenso entschlossen, Ed eine Flasche Champagner zukommen zu lassen. Im *Imperial*, als Mr und Mrs Shannon, antwortete Florence; Prue berichtete, dass sie fokussiert gewirkt habe und Percys Lauschern gegenüber eine gute Vorstellung als nervöse Braut abgab. Prue schickte ihre Blumen, ich meine Flasche Champagner, beides online bestellt, wobei wir auf die Wachsamkeit von Percys Team vertrauten.

Beim zweiten Telefonat fragte Prue Florence, ob sie in irgendeiner Form bei den Vorbereitungen der Hochzeitsfeier im Pub behilflich sein könne, wo doch die Kanzlei nur ein paar Häuser entfernt läge. Florence meinte, es würde einen großen Nebenraum geben, soweit sie gesehen habe, der ganz okay sei, aber nach Urin stänke. Prue versprach, mal einen Blick hineinzuwerfen, obwohl sich beide einig waren, dass es eh zu spät sei, die Location noch zu wechseln. Percy, hörst du da unten zu?

Wir nutzten Prues Laptop und ihre Kreditkarte statt meiner, wir checkten die Flüge zu verschiedenen europäischen Zielen und stellten fest, dass in der Hochsaison die Club Class bei den meisten Fluggesellschaften noch verfügbar war. Im Schatten unseres Apfelbaums gingen wir die letzten Details unseres Operationsplans ein weiteres Mal durch. Hatte ich irgendeinen wichtigen Schritt übersehen? War es möglich, dass ich nach einem Leben in Heimlichkeit an der letzten Hürde scheitern würde? Nein, sagte Prue. Sie hatte unsere Arrangements durchgesehen und keinen Fehler entdeckt. Warum also könnte ich nicht aufhören, mich sinnlos zu quälen, und stattdessen Ed anrufen und herausfinden, ob er Zeit hätte, mit mir essen zu gehen? Ohne einer weiteren Ermutigung zu bedürfen, tue ich genau dies in meiner Funktion als Trauzeuge, vierundzwanzig Stunden bevor Ed und Florence sich das Jawort geben.

Ich rufe Ed also an.

Er ist begeistert. Was für eine tolle Idee, Nat! Ausgezeichnet! Er hat nur eine Stunde Mittagspause, aber vielleicht kann er auch ein paar Minuten mehr rausschinden. Wie wär's mit der *Dog & Goat Saloonbar*, pünktlich um eins?

Also *Dog & Goat*, sage ich. Bis dann. Punkt 1 Uhr.

An diesem Tag ist das *Dog & Goat* gedrängt voll mit Anzugträgern aus dem öffentlichen Dienst, was nicht sonderlich überrascht, da das Lokal keine fünfhundert Meter von der Downing Street, dem Außenministerium und dem Finanzministerium entfernt liegt. Ein Großteil der Anzugträger ist in Eds Alter, deshalb finde ich es merkwürdig, dass sich kaum ein Kopf umdreht, um ihn zu begrüßen, während er sich am Vortag seiner Eheschließung einen Weg durch das Gedränge bahnt.

Es gibt keinen freien Tisch, doch Ed setzt seine Größe und seine Ellbogen wirkungsvoll ein und befreit schon bald zwei Barhocker aus dem Gewühl. Ich kämpfe mich irgendwie in die erste Reihe vor und bestelle uns zwei Gläser Lager vom Fass, nicht eiskalt, aber fast, und zwei Käseteller mit Cheddar, eingelegten Zwiebeln und Knäckebrot, die mir an der Bar von Hand zu Hand weitergereicht werden.

Mit dieser Basisverpflegung erkämpfen wir uns eine Art Beobachtungsecke und brüllen uns über den Lärm hinweg an. Ich hoffe nur, dass Percys Leute es schaffen, mitzuhören, denn alles, was Ed sagt, ist Balsam für meine angespannten Nerven:

»Sie ist vollkommen *durchgedreht*, Nat! Flo, meine ich! Hat ihre ganzen hochnäsigen Freunde nach dem Standesamt in den Pub eingeladen! Mit Kindern und allem! *Und* uns auch noch ein verflucht schickes *Hotel* in Torquay mit *Swimmingpool und Wellnessbereich* gebucht! Weißt du was?«

»Was denn?«

»Wir sind abgebrannt, Nat! Pleite! Ist alles für die Renovierung draufgegangen! Ja! Wir müssen nach unserer Hochzeitsnacht in der Früh alles selbst abspülen!«

Dann ist es Zeit für ihn, in sein dunkles Loch in Whitehall zurückzukehren, in dem er hockt. Die Bar leert sich wie auf Kommando, und wir stehen in relativer Ruhe auf dem Bürgersteig, umgeben nur vom Verkehrslärm von Whitehall.

»Ich wollte eigentlich einen Junggesellenabschied veranstalten«, sagt Ed linkisch. »Nur du und ich, irgendwie so. Flo meinte, das sei nur Männerschwachsinn.«

»Da hat sie recht.«

»Ich hab ihr den Ring abgenommen«, spricht er weiter. »Ich meinte, sie kriegt ihn wieder, wenn wir verheiratet sind.«

»Gute Idee.«

»Ich hab ihn bei mir, damit ich ihn nicht vergesse.«

»Soll ich bis morgen darauf aufpassen?«

»Nein, nein. Tolles Badminton, Nat. Beste Spiele aller Zeiten.«

»Und wir machen weiter, wenn ihr aus Torquay zurück seid.«

»Das wird toll. Ja. Also bis morgen.«

Auf den Straßen von Whitehall ist eine Umarmung unter Männern nicht angemessen, obwohl ich befürchte, dass Ed daran gedacht hat. Stattdessen begnügt er sich mit einem kräftigen Händedruck, packt meine rechte Hand mit beiden Händen und presst sie immer wieder.

Irgendwie ist die Zeit verflogen. Es ist früher Abend. Prue und ich sitzen wieder unter dem Apfelbaum, sie an ihrem iPad, ich mit einem Buch, das Steff mir dringend empfohlen hat; es geht um die drohende ökologische Apokalypse. Meine Jacke habe ich über die Rückenlehne des Stuhls gehängt; ich muss wohl ziemlich abwesend gewesen sein, denn es dauert einen Augenblick, bis ich erkenne, dass das Quaken, das ich höre, von Bryn Jordans manipuliertem Handy stammt. Doch diesmal bin ich zu langsam. Prue hat es aus meiner Jackentasche gefischt und hält es sich ans Ohr:

»Nein, Bryn. Seine Frau«, sagt sie forsch. »Eine Stimme aus der Vergangenheit. Wie geht es dir? Gut. Und was macht die Familie? Gut. Tut mir leid, der liegt im Bett, ihm geht es nicht gut. Ganz Battersea liegt flach. Kann ich weiterhelfen? Ja, da wird er sich gleich *viel* besser fühlen, da bin ich mir sicher. Ich sage es ihm sofort, wenn er wieder wach ist. Ja, dir auch, Bryn. Nein, noch nicht, aber die Post hier spielt völlig verrückt. Wenn es uns nur irgend möglich ist, kommen wir natürlich. Wie ungeheuer findig von ihr. Ich habe mich mal an Aquarellen versucht, aber das war nicht von Erfolg gekrönt. Dir auch einen schönen Abend, Bryn, wo immer du bist.«

Sie legt auf.

»Er lässt Glückwünsche ausrichten«, sagt sie. »Und er hat uns zu Ah Chans Kunstausstellung in der Cork Street eingeladen. Ich habe da so ein unbestimmtes Gefühl, dass wir es wohl nicht dorthin schaffen werden.«

Es ist Vormittag. Schon seit längerer Zeit ist es immer Vormittag: in den hügligen Wäldern um Karlovy Vary, auf einem verregneten Hügel in Yorkshire, am Ground Beta und auf den zwei Monitoren im Einsatzraum; es war Vormittag auf dem Primrose Hill, in der Oase, auf dem Court eins im Athleticus. Ich habe Tee gekocht, Orangen ausgepresst und bin gerade zurück ins Schlafzimmer gekommen: die beste Zeit für uns, um die Entscheidungen zu treffen, die wir gestern nicht treffen konnten, oder um herauszufinden, was wir am Wochenende machen oder wohin wir in den Urlaub fahren wollen.

Heute früh reden wir allerdings ausschließlich darüber, was wir beim großen Ereignis tragen wollen, was für ein Spaß das sein wird und was für ein Geniestreich es meinerseits war, Torquay vorzuschlagen, weil die Kinder offenbar überhaupt nicht in der Lage sind, *selbst irgendwelche* vernünftigen Entscheidungen zu treffen – wobei *Kinder* unsere neue Kurzbezeichnung für Ed und Florence ist, und unsere Unterhaltung eine Vorsichtsmaßnahme. Wir kehren zu unseren Moskauer Tagen zurück, denn eins muss man über Percy Price wissen: Wenn es einen Telefonanschluss direkt neben deinem Bett gibt, kommt bei ihm Freundschaft an zweiter Stelle.

Bis gestern Abend war ich davon ausgegangen, dass sich alle Standesämter im Erdgeschoss befinden, doch ich sollte schlagartig eines Besseren belehrt werden, als ich auf meinem Rückweg vom *Dog & Goat* eine unauffällige fotografische Erkundung unseres Zielgebiets unternahm und so bestätigen konnte: Das Standesamt, das Ed und Florence sich ausgesucht hatten, befand sich im fünften Stock, und der einzige Grund, warum sie so kurzfristig noch einen Termin bekommen hatten, bestand darin, dass es keinen Fahrstuhl gab, sondern nur acht anstrengende Treppen in einem kalten steinernen Treppenhaus, bevor man den Empfangstresen erreichte, und eine weitere halbe

Treppe zu einem riesigen, gewölbten Wartebereich, der wirkte wie ein Theater ohne Bühne, mit leiser Musik im Hintergrund und Plüschsesseln, einem Haufen von in Grüppchen versammelten Menschen in unbehaglicher Verfassung sowie einer glänzend schwarzen Tür am anderen Ende mit der Aufschrift »Eheschließungen«. Zudem gab es noch einen winzigen Fahrstuhl, der Personen mit Behinderungen vorbehalten war.

Ich fand bei derselben Erkundung auch heraus, dass der dritte Stock, der als Ganzes an eine Kanzlei von Steuer- und Wirtschaftsprüfern vermietet war, auf eine leicht venezianisch anmutende Fußgängerbrücke zu einem ähnlichen Gebäude auf der anderen Straßenseite führte; was noch besser war: Von dort ging es in ein an einen Leuchtturm erinnerndes Treppenhaus, das in ein unterirdisches Parkhaus führte. In der unhygienischen Tiefe des Parkhauses war das Treppenhaus für alle zugänglich, die so dumm waren, hinaufsteigen zu wollen. Für alle anderen aber, die das Treppenhaus über die Brücke begehen wollten, war der Zugang versperrt, abgesehen von den befugten Bewohnern des Gebäudes, wie man auf dem Schild an den zwei massiven und elektrisch kontrollierten Türen lesen konnte: DURCHGANG VERBOTEN! Auf dem Messingschild der Wirtschaftsprüferkanzlei waren sechs Namen aufgelistet. Der oberste lautete: Mr M. Bailey.

Am nächsten Morgen zogen Prue und ich uns nahezu schweigend an.

Ich werde von den Ereignissen so berichten, wie ich das bei jeder anderen Sonderoperation auch tun würde. 11.15 Uhr. Wir treffen, wie beabsichtigt, vorzeitig ein. Auf dem Weg die steinerne Treppe hinauf halten wir im dritten Stock, wo Prue mit ihrem Blumenhut auf dem Kopf lächelnd dasteht und ich die Empfangsdame der Kanzlei in ein Gespräch verwickle. Nein, antwortet sie auf meine Frage, ihre Chefs schließen die Türen am Freitag nicht früher als sonst. Ich teile ihr mit, dass ich ein alter Mandant von Mr Bailey bin, worauf sie ganz automatisch antwortet, dass er den ganzen restlichen Vormittag in Besprechungen sitzt. Ich sage, wir sind alte Schulfreunde, aber ich will nicht stören, und ich werde irgendwann nächste Woche einen Termin ausmachen. Ich reiche ihr eine Visitenkarte, die noch von meinem letzten Einsatz übrig geblieben ist: *Wirtschaftsberater, Botschaft Ihrer Majestät, Tallinn*, und warte, bis sie sich dazu herablässt, sie zu studieren.

»Wo ist Tallinn?«, fragt sie unverblümt.

»In Estland.«

»Wo ist Estland?«, fragt sie und kichert.

»Im Baltikum«, antworte ich. »Nördlich von Lettland.«

Sie fragt mich nicht, wo das Baltikum ist, doch das Kichern verrät mir, dass ich Eindruck gemacht habe. Außerdem habe ich meine Tarnung platzen lassen, aber was soll's. Wir begeben uns weitere zweieinhalb Stockwerke höher in den riesigen Wartebereich und beziehen Position in der Nähe des Eingangs. Eine große Frau in grüner Uniform mit Epauletten, die an einen Generalmajor erinnern, arrangiert die Hochzeitsgesellschaften der Reihe nach. Glöckchen ertönen über Lautsprecher, wenn eine Eheschließung beendet ist, woraufhin die Gruppe, die der glänzend schwarzen Tür am nächsten steht, hineingebeten wird. Die Tür schließt sich, und eine Viertelstunde später klingeln wieder die Glöckchen.

11.51 Uhr. Florence und Ed kommen herein; die beiden sehen aus wie aus einer Bausparkassenwerbung: Ed in einem neuen grauen Anzug, der genauso schlecht sitzt wie sein alter, und Florence in demselben Hosenanzug, den sie schon an dem sonnigen Frühlingstag vor tausend Jahren getragen hatte, als sie, als vielversprechende junge Spionagebeamtin, den weisen Alten der Operativen Abteilung ROSEBUD vorstellte. Sie hat einen Strauß Rosen in der Hand. Ed muss ihr den wohl gekauft haben.

Wir tauschen Küsschen aus: Prue küsst Florence und dann Ed; danach gebe ich als Trauzeuge Florence einen Kuss auf die Wange, zum ersten Mal.

»Jetzt gibt es kein Zurück mehr«, flüstere ich ihr in meinem heitersten Ton ins Ohr.

Kaum haben wir uns voneinander gelöst, da umschlingen mich Eds lange Arme schon in einer tollpatschigen männlichen Geste – ich bezweifle, dass er das jemals zuvor versucht hat –, und ehe ich mich's versehe, hat er mich auf seine Höhe hochgehoben, drückt mich an seine Brust und zerquetscht mich fast.

»Prue«, verkündet er, »dieser Mann spielt ein fürchterliches Badminton, aber sonst ist er ganz in Ordnung.«

Er setzt mich wieder ab, keucht und lacht vor Nervosität, und ich schaue mich bei den Neuankömmlingen nach einem Gesicht um, einer Geste oder Silhouette, die mir bestätigt, was ich schon weiß: Prue wird auf gar keinen Fall die einzige Zeugin dieser Hochzeit sein.

»*Hochzeitsgesellschaft Shannon! Hochzeitsgesellschaft Shannon*, bitte. Hier entlang. So ist's recht.«

Die Generalmajorin in ihrer grünen Uniform weist uns den Weg, doch die glänzend schwarze Tür ist noch geschlossen. Glöckchen erheben sich zu einem Crescendo und verklingen wieder.

»He, Nat, ich hab doch glatt den Ring vergessen«, flüstert mir Ed zu und grinst.

»Du Blödmann«, erwidere ich, und er drückt meine Schulter, um mir zu bedeuten, dass er nur einen Spaß gemacht hat.

Hat Florence in Prues teuren japanischen Lippenstift geschaut, den ich heimlich in ihre Handtasche gesteckt habe? Hat sie die darin enthaltene Adresse abgelesen? Hat sie die Adresse über Google Earth gecheckt und sie als eine entlegene Pension hoch oben in den Transsilvanischen Alpen erkannt, die von einem älteren katalanischen Paar betrieben wird, frühere Agenten von mir? Nein, das wird sie wohl nicht getan haben, dazu ist sie zu clever, sie kennt sich mit Gegenüberwachung aus. Aber hat sie zumindest meinen Begleitbrief an die beiden gelesen, ganz nach alter Sitte auf zusammengerolltem Papier geschrieben? *Liebe Pauli, lieber Francesc, bitte gebt für diese beiden guten Menschen Euer Bestes, Adam.*

Die Standesbeamtin ist eine wohlwollende Dame, streng für eine gute Sache. Sie trägt eine blonde Turmfrisur und das Verheiraten ist ihr Beruf, jahrein, jahraus, wie man am geduldigen Rhythmus ihrer Stimme erkennt. Wenn sie am Abend zu ihrem Gatten nach Hause kommt, fragt er: »Wie viele waren es denn heute, Liebling?«, und sie antwortet: »Es ging rund um die Uhr, Ted«, oder George, oder wie er heißen mag, und die beiden lassen sich vor dem Fernseher nieder.

Wir haben den Höhepunkt der Trauung erreicht. Meiner Erfahrung nach gibt es zwei Sorten von Bräuten: die, die ihren Text nahezu unhörbar murmeln, und diejenigen, die ihn für alle Welt hörbar hinausposaunen. Florence gehört zur zweiten Sorte. Ed folgt ihrem Beispiel und brüllt ebenfalls, drückt Florence' Hand und blickt ihr unverwandt ins Gesicht.

Unterbrechung.

Die Standesbeamtin ist unzufrieden. Sie schaut auf die Uhr über der Tür. Ed tastet sich ab. Ihm fällt nicht ein, in welche Tasche seines neuen Anzugs er den Ring getan hat, und er murmelt leise: »Mist.« Der Unmut der Standesbeamtin weicht einem verständnisvollen Lächeln. Hab ihn! – die Gesäßtasche seiner neuen Hose, dort, wo er auch den Spindschlüssel aufbewahrt, wenn er mich im Badminton schlägt.

Die beiden tauschen die Ringe. Prue stellt sich links neben

Florence. Die Standesbeamtin spricht ihre ganz persönlichen Glückwünsche aus. Das tut sie zwanzig Mal am Tag. Glöckchen verkünden die frohe Botschaft ihrer Vermählung. Eine zweite Tür öffnet sich. Wir sind fertig.

Ein Flur links, ein weiterer rechts. Wir gehen die Treppe hinunter in den dritten Stock, und alle beeilen sich, nur Florence trödelt. Hat sie es sich anders überlegt? Die Empfangsdame der Wirtschaftsprüferkanzlei lächelt, als wir uns nähern.

»Ich hab nachgeschaut«, sagt sie stolz. »Überall rote Dächer. In Tallinn, meine ich.«

»Tatsächlich, und Mr Bailey hat mir versichert, wir dürften jederzeit den Durchgang benutzen«, sage ich zu ihr.

»Kein Problem«, flötet sie und drückt auf einen gelben Knopf. Die elektrischen Türen ruckeln, öffnen sich langsam und schließen sich genauso langsam hinter uns.

»Wo gehen wir hin?«, fragt Ed.

»Eine Abkürzung, mein Lieber«, antwortet Prue, und wir huschen über die Brücke, Prue voran, fahrende Autos unter uns.

Ich jogge, zwei Stufen auf einmal, die Leuchtturmtreppe hinunter. Ed und Florence sind direkt hinter mir, Prue folgt. Als wir ins unterirdische Parkhaus kommen, weiß ich allerdings immer noch nicht, ob Percys Leute uns auf den Fersen sind, oder ob es nur das Klappern unserer Schritte ist, das uns folgt. Der Mietwagen ist ein schwarzer VW Golf Hybrid. Prue hat ihn hier vor einer Stunde abgestellt. Sie schließt auf und setzt sich hinters Steuer. Ich halte Braut und Bräutigam die hintere Tür auf.

»Na komm schon, Ed. Eine Überraschung«, sagt Prue heiter.

Ed ist unsicher und schaut Florence an. Florence schiebt sich an mir vorbei auf den Rücksitz und schlägt mit der flachen Hand auf den freien Platz neben sich.

»Na komm schon, Ehemann. Verdirb es nicht. Auf geht's.«

Ed klettert neben sie, ich setze mich auf den Beifahrersitz. Ed muss seine langen Beine seitwärts halten. Prue drückt auf die Zentralverriegelung, fährt bis zur Ausfahrt und schiebt dann den Parkschein in den Automaten. Die Schranke gleitet zitternd nach oben. Die Seitenspiegel zeigen bislang noch nichts: kein Auto, kein Motorrad. Doch das hat alles nichts zu bedeuten, gesetzt den Fall, dass Percys Leute Eds Schuhe mit einem Peilsender versehen haben, seinen neuen Anzug oder was man sonst noch verwanzen kann.

Prue hat schon vorher London City Airport als Ziel ins Navi eingegeben, und das kann man auf dem Monitor auch ablesen. Verflixt. Daran hätte ich denken sollen. Habe ich aber nicht. Florence und Ed sind mit Knutscherei beschäftigt, aber es dauert nicht lang, Ed streckt den Hals nach vorn, schaut aufs Navi und dreht sich dann zu Florence um:

»Was ist denn hier los?«, fragt er. Und als niemand antwortet: »Was ist los, Flo? Sag es mir. Und erzähl mir keinen Quatsch. Das möchte ich nicht.«

»Wir wollen ins Ausland«, sagt sie.

»Das können wir nicht. Wir haben kein Gepäck. Was ist denn mit all den Leuten, die wir in den Pub eingeladen haben? Wir haben unsere Pässe nicht dabei. Das ist doch verrückt.«

»Die Pässe habe ich. Gepäck besorgen wir uns später. Wir kaufen uns was.«

»Womit?«

»Nat und Prue haben uns etwas Geld gegeben.«

»Warum?«

Dann ist jeder mit seiner Stille allein: Prue neben mir, Ed und Florence im Rückspiegel sitzen weit auseinander und starren einander an.

»Weil sie Bescheid wissen, Ed«, erwidert Florence schließlich.

»Bescheid? Worüber?«, fragt Ed.

Wir fahren wieder schweigend weiter.

»Sie wissen, dass du getan hast, was dein Gewissen von dir verlangt hat«, antwortet Florence. »Man hat dich dabei ertappt und ist stinksauer.«

»Wer?«

»Dein Dienst. Und der von Nat.«

»*Nat?* Nat gehört doch zu keinem Geheimdienst. Nat ist Nat.«

»In deinem Bruderdienst. Er gehört dazu. Ist nicht seine Schuld. Und jetzt gehen du und ich mit Nats und Prues Unterstützung für eine Weile ins Ausland. Sonst müssten wir beide wohl ins Gefängnis.«

»Stimmt das mit dir, Nat?«, fragt Ed.

»Ich fürchte ja, Ed«, antworte ich.

Danach klappte alles wie am Schnürchen. Der Prozess der Exfiltration lief so reibungslos ab, wie man es sich nur wünschen konnte. Ich habe im Laufe meiner Zeit ein paar davon durchgeführt, nur noch nie aus meinem eigenen Land. Kein Aufsehen, als Prue mit ihrer Kreditkarte last minute zwei Club-Class-Tickets nach Wien buchte. Kein Namensaufruf über Lautsprecher beim Check-in. Kein »Kommen Sie bitte mit«, als Prue und ich dem glücklichen Paar an der Absperrung vorm Sicherheitsbereich nachwinken. Stimmt schon, sie winkten nicht zurück, aber sie waren ja auch erst seit ein paar Stunden verheiratet.

Stimmt schon, Ed sprach kein Wort mehr mit mir, nachdem Florence meine Tarnung hatte auffliegen lassen, und verabschiedete sich auch nicht. Was Prue anging, war für ihn alles in Ordnung, er murmelte: »Bis dann, Prue«, und brachte sogar einen Kuss auf die Wange zustande. Doch als ich an die Reihe kam, sah er mich nur durch seine große Brille an und wandte den Blick dann ab, so als habe er mehr gesehen, als er sehen wollte. Ich wollte ihm noch sagen, dass er ein anständiger Kerl sei, doch dazu war es nun zu spät.

Dank

Mein aufrichtiger Dank gilt der kleinen Schar treuer Freunde und Vorableser (von denen manche nicht genannt werden möchten), die durch die frühen Entwürfe dieses Buchs gewatet sind und großzügig waren mit ihrer Zeit, mit Rat und Ermutigung. Ich darf Hamish MacGibbon, John Goldsmith, Nicholas Shakespeare, Carrie und Anthony Rowell und Bernhard Docke nennen. Schon seit einem halben Jahrhundert ist uns Marie Ingram, die literarische Nestorin unserer Familie, treu mit ihrer Belesenheit und ihrem Enthusiasmus. Der Autor und Journalist Misha Glenny ließ mich uneingeschränkt teilhaben an seinem Expertenwissen zu allen Fragen des Russischen und Tschechischen. Manchmal denke ich darüber nach, ob meine Romane bewusst nur deswegen durch das Labyrinth der englischen Rechtsprechung irren, damit Philippe Sands, Schriftsteller und Kronanwalt, mir den Weg hinaus weist. So auch diesmal, indem er ein strenges Auge auf meine inhaltlichen Missgeschicke richtete. Für die Poesie des Badmintons bin ich meinem Sohn Timothy zu Dank verpflichtet. Meiner langjährigen Assistentin Vicki Phillips gilt meine von Herzen kommende Dankbarkeit für ihre Sorgfalt, ihre vielen Talente und ihr unerschöpfliches Lächeln.